国家林业局经济发展研究中心
国家林业局发展规划与资金管理司

国家林业重点工程社会经济效益 2016 监测报告

中国林业出版社

图书在版编目(CIP)数据

2016国家林业重点工程社会经济效益监测报告 / 国家林业局经济发展研究中心，国家林业局发展规划与资金管理司编. — 北京：中国林业出版社，2017.2

ISBN 978-7-5038-7887-9

Ⅰ. ①2… Ⅱ. ①国… ②国… Ⅲ. ①林业经济－经济效益－研究报告－中国－2016 Ⅳ. ①F326.24

中国版本图书馆CIP数据核字（2017）第039182号

中国林业出版社·生态保护出版中心

责任编辑：李　敏

出　版：中国林业出版社（100009　北京市西城区德胜门内大街刘海胡同7号）

E-mail:lmbj@163.com　电话：(010) 83143575

网　址：http://lycb.forestry.gov.cn

发　行：中国林业出版社

印　刷：北京中科印刷有限公司

制　版：北京美光设计制版有限公司

版　次：2017年3月第1版

印　次：2017年3月第1次

开　本：889mm×1194mm　1/16

印　张：12.5

字　数：274千字

定　价：110.00元

2016

国家林业重点工程社会经济效益监测报告
编辑委员会

监测点调查员（按姓氏笔画排序）

于吉英　马广波　马英花　马金锁　马胜利　马　原　马晓玲
王卫东　王仁申　王玉珍　王玉亭　王玉霞　王巧燕　王平静
王成理　王旭东　王丽春　王丽娜　王　宏　王　岩　王洪海
王　贺　王　莉　王爱琴　王彩梅　王焕义　王琼英　王新婷
王　燕　牛晓敏　乌玮琪　邓正群　邓德洪　甘拥军　艾小慧
节艳霞　石青梅　卢善德　叶秀军　田道野　史晓燕　包小兰
包云贺　冯金凤　冯轶蓉　冯　艳　曲凤静　朱晓丽　朱继红
伍秀琼　伊建科　庄焮喆　刘久波　刘小云　刘小平　刘亚儒
刘　安　刘志伟　刘志远　刘贤慧　刘国光　刘俊平　刘菊莲
江林红　汤　宇　汤明华　安必宁　安永涛　祁有存　孙加富
孙宝红　孙建青　孙妮妮　杨九军　杨文涛　杨永娟　杨光华
杨志锋　杨丽丽　杨佳超　杨　洁　杨　振　杨　爱　杨　浩
杨智广　杨　璐　李风霞　李东文　李业学　李如明　李　纳
李松韩　李尚瑜　李忠玉　李宝林　李建军　李建春　李　栋
李　健　李祥乾　李　萍　李梅英　李雅慧　李　翔　李瑞云
李　蓓　李聪霞　李嬰娲　肖　杰　吴安康　吴晓敏　吴　震
利世锋　何汝态　何　均　何武梅　何晓光　何梅英　余兆波
谷臣兵　邹大明　邹世静　库瓦提别克　汪成明　汪华婷
汪春云　汪　敏　宋成林　宋泽华　宋　莉　张义清　张子锐
张东忠　张立杰　张伟明　张丽娟　张　林　张明友　张金荣
张春萍　张显松　张俊容　张　娜　张艳香　张　峰　张　凌
张海财　张梦媛　张彩霞　张　蓉　张　瑎　张赞昌
阿吾提江·吾斯曼　阿曼古丽·卡哈尔　陈天强　陈　政　陈　涛
陈雪钗　陈笛秋　陈翰林　武雅星　范心奎　范永霞　范珍梅
林广旋　罗在贵　罗阳富　罗位坤　罗俊荣　罗福海　和文琳
和玲莉　周先明　周艳冰　周爱梅　庞武斌　郑发辉　郑　伟
单　凯　赵少英　赵国强　赵欣敏　赵浩君　赵　萍　赵　晶
胡日查　胡佩珍　段吉平　段懿芳　保新丽　俄力哈尔别克·吾木提别克
姚　松　贺建峰　骆荣君　袁　琼　聂宏善　贾茂金　夏固成
柴永峰　钱菊秀　徐　伟　徐向东　徐应辉　徐明山　徐　斌
郭天清　郭　艺　郭　光　郭岗虎　郭保才　唐　红　唐荣栋
唐　浩　黄　良　黄　河　黄晓江　黄　惠　黄　斌　黄嘉俊
曹瑞芳　梁　运　董曼茹　蒋丽君　蒋　思　韩红林　韩启虎
覃　琨　喻克刚　程建军　鲁嘉俊　谢　青　蒲　畅　雷友福
解生彬　窦彩虹　蔺成阁　谭本旺　谭甫辉　熊剑平　潘　燕
燕贲恭　薛俊刚　薛艳丽　薛景文　薛瑞杰　霍建光　魏小河
魏长安　魏业勤　魏桂平

序

实施重大生态修复工程是建设生态文明和美丽中国的重要举措。党的十八大报告明确提出要实施重大生态修复工程，十八届五中全会进一步强调要实施山水林田湖生态保护和修复工程。林业重点工程是生态保护和修复工程的骨干工程，是推进林业现代化建设的重要抓手。近年来，在各有关方面共同努力下，我国天然林资源保护、退耕还林、京津风沙源治理等林业重点工程持续深入实施，取得了巨大的生态、经济和社会效益，得到了国际社会的广泛关注和高度赞誉。

为客观记录和科学评估林业重点工程建设的社会经济效益，国家林业局从2003年开始启动林业重点工程社会经济效益年度跟踪监测工作。目前已对天然林资源保护、退耕还林、京津风沙源治理和野生动植物保护及自然保护区建设4项重点工程进行了连续13年监测，监测范围涵盖28个省（自治区、直辖市）175个县37个国有森工企业79个国有林场40个国家级自然保护区278个村1656个农户。

2015年监测结果显示，各项林业重点工程稳步推进，总体运行情况良好，工程区森林资源稳步增长，森林、湿地生态系统和生物多样性得到有效保护和恢复，沙化土地面积持续减少，工程建设与精准扶贫和全面建成小康社会有机结合，林业的生态、经济和社会效益日益明显。天然林资源保护工程停止天然林商业性采伐政策落实到位，木材产量下降七成，森工企业职工转岗就业积极有效，国有林区经济基本稳定，林下经济等绿色富民产业发展迅速，但也存在社会管理职能移交困难、森林资源管护制度不健全、林业职工富余与人力资源短缺并存等问题；新一轮退耕还林工程总体上加快推进，退耕还林范围得到严格界定，精准扶贫精准脱贫的作用明显，更多的新型经营主体开始参与新一轮退耕还林，工程对提高耕地生产力、改善生态作用都充分显现，但是新一轮退耕地块零星分散、补助标准低的问题仍很突出，巩固前一轮退耕还林成果形势不容乐观；京津风沙源治理工程区生态状况进一步改善，林草植被恢复明显，特色林果业、绿色养殖业和休闲旅游产业等发展迅速，工程建设对促进区域经济发展、增加农牧民收入发挥了积极作用，但工程建设难度越来越大，工程后期管护经费不足，局部地区林分退化严重，京津冀生态一体化建设有待加强；野生动植物保护及自然保护区建设工程，在保护生物多样性方面发挥了积极作用，工程区野生动植物生境得到进一步改善，种类数量持续增加，珍稀濒危野生动物得到有效保护，极小种群野生植物保护得到进一步加强，但保护区仍需进一步加强林业有害生物防控，提高野生动物疫源疫病监控能力，加大社区扶贫力度，完善生态补偿政策。

林业重点工程社会经济效益监测是一项长期、细致的工作。连续13年的跟踪监测，积累了丰富经验，取得了丰硕成果，不仅为科学评价工程建设成效提供了重要依据，也为解决工程建设中存在的突出问题提供了决策参考。当前，林业重点工程建设难度越来越大，要求越来越高，新情况新问题层出不穷。希望从事监测工作的同志们，充分认识实施重大生态修复工程的重要意义，进一步增强工作积极性和主动性，以改革创新的精神、科学严谨的态度、真抓实干的作风，扎实有效地做好监测工作。同时，要进一步探索工程建设规律，研判工程发展趋势，要在客观反映、准确判断、科学分析、深入研究上下功夫，使监测发现的问题更加准确，提出的对策建议更具针对性和操作性，为推动各项工程顺利实施、加快推进林业现代化建设作出新的更大贡献。

2016年11月10日

目录

2016

总报告

摘 要

2015年国家林业重点工程建设稳步推进，工程总体运行情况良好。《国有林场改革方案》和《国有林区改革指导意见》出台，提出停止重点国有林区天然林商业性采伐；《关于加快落实新一轮退耕还林还草任务的通知》（发改办西部〔2015〕2502号）和《关于扩大新一轮退耕还林还草规模的通知》（财农〔2015〕258号）颁布，新一轮退耕还林还草工程加速推进；京津风沙源治理二期工程加大了京津冀协同发展的力度；野生动植物保护力度加大，自然保护区建设监督管理加强。

2015年是国家林业重点工程连续跟踪监测的第13年，继续对天然林资源保护、退耕还林、京津风沙源治理和野生动植物保护及自然保护区建设4项工程进行监测，监测范围涵盖全国28个省（自治区、直辖市）175个县37个国有森工企业79个国有林场40个国家级自然保护区278个村1656个农户。

2015年各工程监测重点突出。天保工程针对林区如何转向、企业如何转型、职工如何转岗？继续重点反映停伐后森工企业转型发展、林业职工转岗就业等问题；退耕还林社会经济效益监测对新一轮退耕还林工程任务落地和前一轮退耕还林补助到期等热点问题进行重点监测；京津工程增扩了陕西府谷和横山县、北京门头沟和密云区4个县级监测点，更加全面反映京津二期工程实施的效果和影响；野保工程对濒危及极度濒危野生动物保护、极小种群野生植物拯救保护以及野生动物疫病监测防控等多项重点工作加强跟踪和研究。监测主要结果如下。

一 天然林资源保护工程

（一）主要发现

1. 停伐政策落实到位，木材产量下降七成

2015年样本企业年度实际木材产量为54.88万立方米，比2014年调减了42.15万立方米，下降了43.43%。在东北、内蒙古等重点国有林区，天然林木材产量减少32.65万立方米，下降了63.07%。近一年来全国木材市场价格指数总体呈逐渐下降的趋势，反映出木材市场需求不足供应充分，说明天然林停伐政策的实施且恰到好处。

2. 职工转岗就业积极有效，收入水平首超当地平均水平

全面停伐后，企业大力发展林区经济，积极促进职工转岗就业，2015年样本企业安置富余职工15874人，占原下岗待安置职工的68.59%。在东北、内蒙古等重点国有林区职工分配效益指数0.7192，职工平均工资水平为3.01万元，比刚启动天保工程二期的时候增长了41.72%，比当地平均收入水平高出0.02万元。

3. 林区经济基本稳定，林下经济继续有增长

2015年，样本企业总产值为199.39亿元，比2014年减少了4.32亿元，下降了2.12%。第一、二、三产业产值分别占39.08%、29.92%和31.00%。样本企业林下经济产值67.35亿元，比2014年增加了0.80亿元，占企业总产值的33.78%。

（二）问题与政策建议

1. 林业职工富余与人力资源短缺问题并存，需多措并举促进职工转岗就业

一是其他行业职工逆向回流，职工安置压力增大。随着林木采伐管理政策从限伐转变为停伐，各个林业局富余职工安置问题更加突出。二是林业职工年龄结构偏大，森林资源经营管护将缺乏有效人力资源。

建议：一是推进森林可持续经营，把森林经营与职工就业增收相结合；二是重点扶持下岗职工从事林下经济、家庭经济、种植养殖和林区旅游等经营项目；三是借鉴其他改革经验，统一量化股权，分配给职工，既增加职工财产性收入，又能促进部分职工直接参与林地经营。

2. 森林资源管护存在问题，需加强森林资源管护制度建设

一是森林资源平级重复管理问题凸显；二是管护面积过大，人员过少，管护质量与效难以保障；三是各林业局管护模式单一，均采取森林资源专业管护模式。

建议：一是落实森林资源保护国家责任；二是建立健全森林管护档案，加强制度建设；三是鼓励企业在森林资源管护模式上大胆实践，探索分析不同管护模式的优缺点，实现因地制宜、科学高效的森林资源管护。

3. 社会管理职能移交困难，需用政企分开带动事企、管办分开

目前地方政府对所承担的责任履行不充分，不到位，而林区社会发展长期形成的“大林业、小政府”格局也不利于地方政府履行责任，同时地方经济体量小，政府财力弱，尽责能力不强，简单移交可能会影响社会正常运行，引发一系列社会矛盾。

建议：采用“政企分开”带动事企、管办分开，政企分开后，对企业应根据具体情况采取逐步淘汰或继续建立与天保工程的挂钩机制的办法；对林业局可依情况把林业局和国有林管理局合并或直接转为国有森林资源管理局。

4. 林区经济发展的“瓶颈”问题和盲目发展问题并存，需加快林区经济转型发展

“瓶颈”问题包括：产业发展建设用地或配套用地紧缺，招商引进的产业无法正常落地；林下经济发展缺乏专项扶持政策；水、电、路、网短缺，而且收费过高。盲目发展问题包括：盲目引进所谓的“战略投资者”，钟情于周期短、见效快的矿产、风电等项目，存在破坏森林资源的隐患。

建议：一是大力发展品牌经济。做大做强对外多领域合作开发，打造跨境产业链和产业聚集带；二是大力发展林下经济，重点国有林区经济转型发展要走重“森”“工”并重的新路。促进资源多重利用，提高林下经济产品产量和产出；三是大力发展混合经济。需要创新产权模式，促进森林资源转化为资产，吸引金融、工商、社会资本投资林区经济发展。

5. 社会保险补助对贫困林业职工的保障力度不够

长期以来，中央财政对森工企业和国有林场职工缴纳社会保险补助的扶持力度不够，政策调整严重滞后，远跟不上近几年各地的社会平均工资上涨步伐，因而林区的社会保障水平依然非常低。监测显示，样本县近5年天保工程社会保险补助人数变动幅度较大，2015年减少了近4000人。如果不对社会保险补助政策做出调整，长江上游、黄河上中游天保工程区的贫困林业职工缴纳养老和医疗保险将成为沉重的负担，历时10多年初步建立起来的林区社会保障体系也将面临瘫痪的危险。

建议：中央财政增加天保工程实施单位在册国有林业职工的社会保险补助，在天保工程区建立完善、精准的社会保障体系。首先，增加中央财政投入，将“五险”的缴费补助比例提高到50%以上。其次，甄别补助对象，明确受益群体，规定非在册国有林业职工、工程启动后进入天保工程实施单位的人员不能作为中央财政资金补助对象。最后，完善社会保险补助资金的增长机制，按前3年度省（自治区、直辖市）社会平均工资的平均增长率动态核定当年的社会保险缴费基数。

二 退耕还林工程

（一）主要发现

1．尽管面临落地难等问题，新一轮退耕还林还草工程执行进度加快

100个退耕还林监测县2015年新一轮退耕还林还草73840.37公顷，比2014年增长182.15%，其中，25度以上非基本农田坡耕地退耕任务占84.59%，15～25度非基本农田坡耕地占 6.10%，严重沙化耕地退耕占8.02%。

2．新一轮退耕还林还草范围要求得到严格贯彻执行，总体看退耕还林生态林的比例高于还经济林

2015年100个退耕还林监测县新一轮退耕还生态林面积38459.92公顷，还经济林面积28679.68公顷，分别占新一轮退耕总面积的52.09%和38.84%，还生态林的比例高于经济林13.25个百分点。在新一轮退耕还林还草政策给予农户自主选择树种的权利下，新一轮退耕农户不是一股脑地种经济林，而是根据立地情况选择树种，这一监测结果表明新一轮退耕还林农户的自主性和经济理性提高。

3．在城镇化加速发展和金融资本向农村扩张的形势下，新型经营主体开始参与新一轮退耕

共有74个合作社、339个大户和66家企业参与新一轮退耕还林，这些新型经营主体主要集中在人地矛盾突出的重庆、湖北和四川等地。

4．新一轮退耕还林对精准扶贫作用突出

2015年，100个退耕还林监测样本县年末累计参加新一轮退耕还林的农户数是23.12万个，其中建档立卡贫困户数为43308个，对贫困户的覆盖达18.73%，其中，重庆市城口县、甘肃省环县和会宁县新一轮退耕还林对建档立卡贫困户的覆盖面分别达48%、49%和39.92%；甘肃省环县将345名建档立卡贫困户作为生态护林员，参与新一轮退耕还林管护。

5．创新机制、方法，积极应对退耕地块落实难

为解决退耕地块落实难问题，各地采取不同措施积极应对。湖北省秭归县采用招标采购方式确定具有测绘资质的第三方中介机构进行坡耕地核实认定。测绘人员同乡镇政府、林业站工作人员及村干部一同上路，根据退耕户意愿，将退耕还林任务落实到山头地块和退耕农户。甘肃环县退耕还林到户面积利用平板电脑现场勾绘、定位和计算，一户一班，建立信息系统管理，实行无纸化检查验收，改变了传统退耕还林作业设计方式，提高了面积、地块核实准确率。

6．前一轮退耕还林任务已接近尾声

2015年，100个退耕还林监测县的退耕地已全部进入完善退耕还林阶段，有3.92%的退耕地已结束前一轮退耕补助；在农户层次，有23.39%的退耕监测户前一轮退耕补助到期。

7. 退耕还林改善生态的大局已定，对提高耕地生产力功不可没

与退耕前的1998年相比，退耕监测县的森林面积从860.86万公顷增加到2015年的1165.09万公顷，增长35.34%，森林覆盖率从25.18%增加到35.88%，增加10.70个百分点，高于全国退耕还林森林覆盖率增长的平均值（3个百分点）7个多百分点。同期，在粮食播种面积增长4.13%的情况下，退耕监测县粮食总产增长30.30%，粮食单产增长25.13%，退耕还林改善生态、提高耕地生产力对粮食增产的贡献不容忽视。

8. 18.25%的退耕林木纳入生态公益林补偿，退耕接续政策初现

2015年，退耕样本县累计已有60.23万公顷退耕地纳入生态公益林，占退耕样本县累计退耕还林面积329.96公顷的18.25%，其中，纳入国家级公益林的39.66万公顷，纳入地方公益林的20.57万公顷，前一轮退耕还林有了初步的接续政策。

（二）存在问题

1. 新一轮退耕补助标准低、农户不高兴，对巩固退耕成果极其不利

在农民经济理性明显提高的情况下，不按机会成本或接近的标准补偿退耕农户，不仅在政策执行过程中遇到阻力，而且为今后巩固成果埋下隐患。根据2015年监测结果，退耕农户耕地亩均收益在900元左右，目前1500元的退耕补助明显偏低，不受农户欢迎。新一轮退耕农户调查问卷显示，大家反映最多的问题是补助标准偏低。

2. 新一轮退耕地块分散、实施难的问题没有解决，给基层退耕工作造成很大困难

甘肃会宁县确定的9.19万亩涉及9000多个小班，1亩或几分地的地块很多，位置偏僻，给工程实施造成很大困难。这种情况普遍存在。同时，新一轮退耕实施程序复杂，从坡耕地认定、农户申请、规划设计、苗木采购、组织实施、检查验收、政策兑现，基层实施工作量非常大，人力物力有限，而且涉及部门多，协调难度非常大。监测点反映，新一轮退耕还林政策不完善不稳定，一方面要求基层严格执行国家政策，一方面又要求边实施边调整，基层难以把握。

（三）政策建议

1. 坚持生态优先，以完成林业建设目标为重

长期以来，由于我国林业生态建设的主战场多在偏远、贫困地区，不解决贫困人口的生计问题，林业生态建设成果就难以持久保护，因此，实现生态改善与减轻贫困双赢一直是我国生态林业政策的目标。经过几十年的经济快速发展，我国农村贫困问题已经得到很大程度的解决，近年来，粮食直补等惠农政策不断增加，农村社会保障体系逐渐完善，精准扶贫战略必将进一步缩小农村贫困范围，这些惠农政策已经形成广泛、基本的托底保障，因退耕致贫的可能性将大幅降低。

在此情况下，退耕还林政策应当将工作重点转移到生态恢复上，将国家的巨额建设投资转变为生态效益良好的林子，才是我们工作的本分和重点。

2．新一轮退耕政策向生态优先靠拢，留出“试错”空间

一调新一轮退耕林种政策。保留农户自愿选择树种政策，但通过退耕地规划向生态林倾斜；生态林必须种植乡土树种；借鉴澳大利亚退耕还林经验，退耕还乡土树种，永远不准复耕，让新一轮退耕从开始就有可持续的法律基础。

二调工程执行工作方式，留出“试错”空间。在确保完成退耕总任务的前提下，不设定年度完成任务量和资金进度，允许任务和资金年度结转，减轻工作压力，给基层充分的时间探索合适的退耕方式，经验成熟后，再加速实施。

三调退耕空间分布，减少干旱地区任务。退耕农户监测数据显示在甘肃定西等干旱县、青海和宁夏的大部分监测农户自退耕以来几乎每年都在补植补造，补植补造面积和株数最多的是青海省。

四调退耕还生态林补助标准，鼓励退耕还生态林。为保持政策连续性，目前的补助政策暂时不动，5年补助期满后，调高退耕还生态林补助标准。

3．前一轮退耕还林设立退出机制，重点保生态林

总体判断：退耕还林改善生态的大局已定，复耕主要发生在粮食高产区、人地矛盾突出地区和干旱、退耕不成林地区，抓紧巩固已有退耕成果是前一轮退耕重中之重。应对策略：丢卒保车，保生态林，设立退出机制，逐渐更换成乡土树种，使退耕林木转化成稳定的森林生态系统，真正实现退耕还林生态建设目标。

一是“不动声色”退出机制。根据我们的观察，前一轮退耕林木在一个村庄的保存状况基本是“离村越远保存越好，挨着村庄的不是复耕就是不成林”。“不动声色”就是：一方面设置新政策大张旗鼓地鼓励退耕还林保存好、生态好的农户，巩固退耕成果；另一方面，对已复耕的农户，尤其是原先不该退的良田退耕，考虑到退耕补助资金的普惠和减轻贫困效应，不予追究。

二是“稳定军心”，将符合条件的退耕生态林尽快纳入生态公益林。政策不确定对退耕林木保护的杀伤力很大，大多数退耕农户都处在观望状态，尽快出台前一轮退耕还林纳入生态公益林制度，考虑到退耕农户已享受到了退耕补贴，补偿标准可相当于农业补贴的一半，用生态效益补偿政策接续退耕还林政策。

三是“收缩战线”，将工作重点放在生态区位重要的退耕还生态林地区。将巩固退耕成果重点放在华中和西南水土条件好的地区，加大乡土树种更换和自然修复力度；西北干旱、半干旱省份减少退耕地还林任务，重在封育。

四是“调整结构”，奠定退耕还林长期生态效益基础。制定退耕还林经营长期规划，逐步调整退耕林木结构，大力引入乡土树种，使退耕还林形成森林，真正发挥森林生态效益。

五是“加强管理”，提高退耕林木质量。加强退耕林木抚育管理，有条件的地方与国有林场改革相结合，组建由村社与国有林场相结合的管护队伍，提高退耕还林森林经营质量和效益。

三 京津风沙源治理工程

（一）主要发现

1．工程区植被恢复明显

生态恶化的趋势基本得到控制，原有植被得到有效保护和恢复，林草植被覆盖率显著提高，森林覆盖率较2000年提高了21.2个百分点，其中，森林覆盖率上升超过20个百分点的样本县（旗）有3个，上升10～20个百分点的有12个，新增4个县级样本点的平均覆盖率也在40%以上，森林生态多样性显著提升。

2．工程区生态环境得到改善

土壤侵蚀面积大幅减少，2015年与2000年相比，减少了238.13万公顷，减幅达70.37%，沙尘天气减弱，受风沙危害的乡镇数也有所下降。2015年农作物受灾面积42.25万公顷，较2014年减少了14.74万公顷，下降了34.88%。

3．林业特色产业快速发展

京津工程区特色林果业、绿色养殖业和休闲旅游业在保护生态的前提下，紧紧围绕自然、生态、乡土、历史文化等优势资源，重点发展生态良好、就业富民的绿色产业，提升一产、优化二产、扩展三产，林业总产值显著提高，加快了群众脱贫致富步伐。样本县（旗）家庭农村居民人均纯收入从2000年的3289.12元增长至2015年的8647.29元，增长了163.91%。工程建设对带动区域经济发展、增加农民收入、改善工程区农民生活水平发挥了积极作用。

（二）问题

1．工程建设难度越来越大，投资标准仍然偏低

一期工程按照先易后难的原则，自然条件比较好的地段优先得到了治理，剩余需要治理的地段水资源缺乏、土壤瘠薄、砂砾石多、盐碱化程度高，立地条件越来越差，是难啃的“硬骨头”。二期工程西扩区域大部分地区干旱少雨，沙地流动性强、面积大，是生态保护和建设的重点难点区域。

近年来，受材料价格和人工成本上涨等因素影响，工程造林育林成本不断上升。据测算，2015年样本县（旗）人工造乔木林平均成本780元/亩，封山育林平均成本130元/亩。而京津二期工程在2016年人工造乔木林中央投资标准才调整为500元/亩，封山育林中央投资标准为100元/亩。由于工程区多为贫困地区，地方财政根本无力配套，仅靠中央投资远不能满足工程实际所需费用，在一定程度上影响了工程建设的质量和效益。

2．工程后期管护经费不足，林区防火形势严峻

京津工程投资主要在工程实施的直接投入上，对后期管护经费投入不足，而要保证工程的效果主要靠长期的后续管护，这样就造成了工程后期管护与资源、社会经济的动态发展不协调。另一方面，随着国家经济的快速增长，物价水平在不断上

升，城市居民和其他行业职工的收入都有了显著提高。但是森林管护人员工资待遇低，社会保障体系不完善，出现了队伍不稳、人员变动频繁、工作积极性不高、巡山管护走过场等问题，森林管护工作存在不少隐患。

另外，由于工程区立地条件差，可供选择的造林树种少，栽植纯林面积大，给森林病虫害防治带来较大压力。同时，随着森林面积的不断扩大，林草植被迅速增加，可燃物量不断增多，火险等级不断提高，森林防火压力越来越大，但森林防火基础设施薄弱，难以适应当前森林防火的需要，加大了管护难度，势必会存在着管护不到位的隐患，各种管护措施和要求难以全面落实，不利于森林资源的有效保护。

3．林业生态工程与区域性生态环境匹配不紧密，局部地区林分退化严重

为了尽快发挥林业生态工程的效果，在工程实施过程中采用了较为单一的林种，且林龄结构单一。部分地区的生态林已经进入过熟期，部分地区出现了大面积死亡现象。同时，坝上地区生态环境较为脆弱，尤其是水资源缺乏，不合理的水资源利用更进一步降低了当地的地下水水位，也影响了生态林的生长。

4．京津冀生态建设不平衡，一体化建设有待加强

实现京津冀协同发展，已上升为重大国家战略，生态环境是京津冀协同发展的重要突破口。目前面临的问题是：一是区域间不平衡和需求的差异影响林业生态工程的发展，经济较发达地区更关注林业生态工程的生态价值，而经济不发达地区更关注其经济价值；二是京津冀林业生态工程已有的布局并不能满足现阶段经济发展的需求，如何协调已有工程与后期工程的关系是影响生态工程功能的重要因素；三是已有林业生态工程功能、林种和林龄结构单一将影响下一步林业生态工程的开展。

（三）建议

1．增加工程管护资金，建立巩固成果长效机制

一是建议国家建立长效的工程管护机制，出台生态补偿政策，对工程区的林地加强管护，确保治理成效。同时，加强护林队伍建设，建立专门的管护队伍，专列管护资金，提高林木保存率，切实巩固工程建设成果。二是将工程造林全部及时纳入生态公益林补偿范围，减轻工程农牧民对工程依赖程度，减轻对工程成果巩固压力。三是重视工程区林牧矛盾的解决，改变养殖户传统的养殖习惯，进一步推广舍饲圈养，实行划区放牧、季节性休牧，科学核定载畜量，逐步实现全面保护林草植被的目的。四是尽快全面启动工程区退化林分改造项目。工程区目前有很多“小老树”杨树由于树龄增长，已经成为过熟林，加之气候与立地条件差，出现了濒临死亡现象，防护效益逐渐减弱，建议国家尽快全面启动工程区退化林分改造项目。

2．强化科技支撑，提高造林质量

建议切实加大科技防沙治沙力度。加大造林树种结构调节力度。促进项目区造林由单一树种向多树种转变，由单一林分向乔灌草混交复合林分转变；强力推广以容器苗为主的抗旱造林实用技术。根据项目区自然条件，把推广容器苗造林作为抗旱保活的关键措施，推广普及容器苗造林技术。积极推广集水保墒、地膜覆盖、生根粉、保水剂等抗旱保活技术，稳步提高造林质量。

3．依托京津风沙源治理等林业工程，推动京津冀生态一体化建设

一是进行林业生态工程顶层优化设计。将现有林业生态工程整合，按照区域生态与产业布局，明确不同功能区建设目标、建设任务、重要技术途径、资金安排、组织经营方式等。二是开展林业生态工程建设模式研究。从理论与技术层面，系统总结类似山区生态治理与林果产业、森林旅游业有机结合，与贫困地区精准扶贫有机结合的林业生态工程建设新模式。三是开展林业生态工程资金投入方式研究。在京津冀林业生态工程区开展分类投资标准、资金来源、资金使用和管理等研究。四是开展林业生态工程组织经营形式研究。探索既保护农民合法利益，又能够调动社会资本投入的新型林业生态工程组织经营形式。五是开展林业生态工程效果评价体系研究。有针对性地开展不同建设类型效果评价体系、评价方法研究。

四　野生动植物保护及自然保护区建设工程

（一）主要发现

1．生态效益方面

野生动植物保护及自然保护区建设工程在生物多样性保护方面发挥了积极作用。一是工程区野生动植物生境得到进一步改善，种类数量持续增加。2015年，9个样本保护区新记录到野生动物27种，3个样本保护区新记录到野生植物3种。完成并对外公布结果的4项专项调查证实区内野生动植物种类多样，生存环境持续改善，物种种类数量不断增加。二是珍稀濒危野生动物得到有效保护。5个样本保护区对6种珍稀濒危野生动物实施了人工繁育，共成功繁育103只，对2种珍稀濒危野生动物实施了野外放归自然，共放归9只。三是极小种群野生植物保护得到进一步加强。2015年，13个样本保护区反映区内41种极小种群野生植物得到有效保护；4个样本保护区反映有5种极小种群野生植物呈现出种群数量稳定、规模扩大的效果。四是林业有害生物防治形势严峻。2015年，4个样本保护新发生林业有害生物7种，16个样本保护区林业有害生物发生面积2.87万公顷。五是野生动物疫源疫病得到有效防控。2015年，有20个样本保护区反映重点区域监测覆盖率在80%以上；仅有1个样本保护区内发生野生动物疫源疫病1起。

2．社会效益方面

一是工程建设继续带动社区群众就业。2015年，样本保护区带动社会就业人员55502人，比2014年增加687人；就业人员人均收入1.36万元，比2014年增长3.81%。二是因生态保护造成的社区群众的利益损失得到进一步弥补。有9个样本保护区开展了野生动物肇事补偿工作。有2个样本保护区所在地省级政府提高了区内集体生态公益林补偿标准，每亩补偿标准分别提高9.62%和11.76%。三是社区基础设施建设不断加强，95%的受访农户反映，保护区为社区新建或修缮了相应的基础设施，包括修缮房屋，建设人畜饮水、节能灶、道路、桥梁、海堤、有线电视、围网围栏、公交场站等设施，在社区基础设施建设方面发挥了积极作用，改善了群众生产生活条件。

3．保护区管理科研水平方面

一是科研经费和科研成果进一步增加。2015年，样本保护区科研经费比2014年增长32.54%，新取得的科研成果76项。二是管护水平进一步提高，区内资源和生物多样性得到有效保护。2015年，样本保护区巡护工作量比2014年增长了2.45%，制止非法进入保护区人员13744人次，清除非法进入保护区人员5358人次，清除非法狩猎工具1229套（铗），非法进入保护区人员和非法狩猎工具数量分别下降了25.96%和53.92%，破坏资源各类案件数量下降了12.93%。三是信息化建设水平稳步提升。有26个样本保护区引入了GIS地理信息系统软件，28个样本保护区引入了GPS全球定位系统，16个样本保护区引入了RS遥感技术。这些保护区中，有18个已成功将3S（RS、GPS、GIS）技术有效应用于日常巡护、森林防火、资源监测、数据库建设等领域。3S技术的引入与应用，实现了资源的可视化管理，使保护区在护林防火、野生动植物保护、疫源疫病监测、林业有害生物防治等方面的工作能力和工作效率得到了明显提高。

（二）政策建议

1．进一步加强保护区林业有害生物防控

自然保护区保护着我国大量具有代表性的自然生态系统和有特殊意义的自然遗迹，更是珍稀濒危野生动植物物种的天然集中分布区。因此，应加强林业有害生物防治工作。**建议：**将林业有害生物防治列为工程建设内容，安排建设资金；配备齐全的药械设备；配足专业技术人员；增加专业技术培训。

2．提高保护区野生动物疫源疫病监控能力

建议：一是加大投入，解决野生动物疫源疫病资金不足问题；二是加强队伍建设，对现有职工加强专业技能培训，提升监测防控能力；三是完善基础设施、设备建设，加强防控物质储备；四是加强与相关科研院所、社会机构的协作，建立起科技支撑平台，在合作中不断学习和掌握监测防控的新技术、新方法，并在监测预警、取样调查、应急处置等工作中予以应用，提高工作的效率和能力。

3．加大保护区社区扶贫力度

要解决保护区社区居民贫困这一问题，政府始终应承担主体责任，发挥主导作用。**建议：**将保护区内贫困人口一并纳入国家扶贫计划或地方扶贫计划，通过产业扶贫、移民扶贫、教育扶贫、就业扶贫、保障扶贫等，多渠道开展精准扶贫，彻底解决保护区居民贫困问题。

4. 完善生态补偿机制

建议：一是对有补偿标准，但标准较低的，应按照实际情况，设计更为科学、合理补偿标准，并且随着国家财力不断提升，逐步提高生态公益林补偿标准；二是对尚无补偿标准，要制定统一补偿政策，如湿地以及野生动物肇事补偿；三是要制定有激励性补偿政策，探索建立差异化补偿机制，以解决不公平问题。特别是对生态区位重要的保护区应给予更高的补偿标准。

天然林资源保护工程

天然林资源保护工程
重点国有森工企业
社会经济效益监测报告

天然林资源保护工程（以下简称“天保工程”）既是重大的生态修复工程，也是生态文明建设的基础性工程，为我国生态安全和经济社会发展做出了卓越贡献。自十八大以来党中央、国务院高度重视天然林保护工作，从生态文明建设、社会主义法治建设、完善天然林保护制度等多个层面对天然林保护工作提出了新的要求，保护天然林资源已经上升为党和国家的意志。

2014年3月，在中央财经领导小组第5次会议上，习近平总书记强调：要研究把天保工程范围扩大到全国，争取把所有天然林都保护起来。眼前会增加财政支出，也可能减少一点国内生产总值，但长远是件功德无量的事。此后，总书记又多次强调天然林保护问题，党中央、国务院出台的几个重要文件都把加强天然林保护放在突出位置，为天然林保护工作指明了新的方向。

2015年2月8日，党中央、国务院印发了《国有林场改革方案》和《国有林区改革指导意见》，提出停止重点国有林区天然林商业性采伐、逐步推进国有林区政企分开、创新森林资源管护机制等7项改革任务和5项保障措施，将为天保工程顺利实施提供制度基础和资金保障。

此后，天然林保护朝着“扩面、提标、改革、完善”的方向，着力在“推动转型发展”、“扩大天保范围”、“提高补助标准”、“加强团队建设”4个方面下功夫，做文章，并取得了明显成效。天然林保护工程是长久之战。在创新、协调、绿色、开放、共享的发展理念指引下，如何破解建设难题、增强改革动力、厚植发展优势，如何用科学地方法、详实的数据材料来评价其产生的多重效益，这需要通过持续的监测，跟踪工程实施进展，评估工程建设成效，科学解答天保工程建设面临的重大问题，及时为党中央、国务院和相关决策部门的决策服务（表2-1）。

为此，天然林资源保护工程重点国有森工企业社会经济效益监测（以下简称“监测”）在反映重点国有林区天保工程的实施进展和政策落实情况、停伐之后森工企业转型发展、林业职工转岗就业等问题基础上，通过一套系统性的指标体系对天保工程二期进行中期评估，客观分析工程资金使用效率、为国有林区创造的经济效益和社会效益，从而为加快推进天保工程顺利实施、重点国有林区科学发展，提供决策参考和政策建议。

表2-1　2015—2016年关于国有林改革的重要政策、文件、讲话和活动

项目	内　容
重要政策	2015年4月1日起，内蒙古、吉林重点国有林区，以及内蒙古岭南8局、吉林营林4局和大兴安岭范围内未纳入天保工程范围的100个国有林场，全面停伐
重要文件	2015年2月8日，中共中央、国务院印发了《国有林场改革方案》和《国有林区改革指导意见》（中发〔2015〕6号，以下简称“中央6号文件”）。这是党中央、国务院站在全局和战略的高度，作出的一项重大决策，是我国林业改革发展进入新阶段的重要里程碑
	2015年12月31日，《中共中央 国务院关于落实发展新理念加快农业现代化 实现全面小康目标的若干意见》强调推进林业装备现代化；加快国有林区防火应急道路建设；加强生态保护和修复，开展大规模国土绿化行动，增加森林面积和蓄积量；完善天然林保护制度，全面停止天然林商业性采伐
	2016年4月28日，《国务院办公厅关于健全生态保护补偿机制的意见》指出健全国家和地方公益林补偿标准动态调整机制。完善以政府购买服务为主的公益林管护机制。合理安排停止天然林商业性采伐补助奖励资金
重要会议讲话	2015年1月5日，国家林业局局长赵树丛在全国林业厅局长会议上强调，保护好生态，首先要保护好天然林。一定要站在建设生态文明、维护国家生态安全、实现中华民族永续发展的战略高度，坚定不移地严格保护天然林，加快制定全国天然林保护实施方案，全面落实中央的战略意图。要果断停止天然林商业性采伐，把所有天然林都纳入保护范围；要着力提升天然林生态功能，对独特的天然林实行重点保护；要提高天然林保护补助标准，并配套建立国家用材林储备制度，筑牢维护国家生态安全的根本基础
	2015年7月23日，国家林业局局长张建龙在全国林业厅局长电视电话会议上指出：2015年，东北、内蒙古重点国有林区全面停止了天然林商业性采伐，启动了森林资源管理与利用分开试点；落实国有林区停止天然林商业性采伐试点补助资金15.2亿元；提高了国有国家级公益林补偿标准以及天然林保护工程森林管护费和社会保险补助标准，中央财政为此新增投入37亿元。并强调一是要进一步抓好天然林保护工程核查、绩效考评和效益监测，推动出台《全国天然林保护实施意见》。二是要积极争取政策资金支持。林业发展既要积极争取政府增加投入，建立长期稳定的政策和资金投入机制，又要创新投融资方式，多渠道筹措资金，解决投入不足问题。要保障各项改革顺利推进，完善全面停止天然林商业性采伐补助政策，提高森林管护费和社会保险补助费标准，争取落实富余人员安置、职工提前退休、金融债务化解等政策
	2016年1月10日，国家林业局局长张建龙在全国林业厅局长会议上强调，要全面保护天然林。扩大天然林保护范围，全面停止国有林场天然林商业性采伐，完善天然林保护政策，提高补助标准，巩固停伐成果。加强后备资源培育，恢复天然林生态功能。启动古树名木普查试点，严禁移植天然大树。完善林业法律法规体系，推动制修订《天然林保护条例》
	2016年5月23日，习近平总书记考察黑龙江伊春时强调，转型发展，民生为要，林区转型发展过程中要采取措施，搞好帮扶、做好低保工作，确保林业工人平稳转型、生产生活上有序过渡，同时要积极培育林业工人掌握新本领、新技能；生态就是资源，生态就是生产力，国有重点林区全面停止商业性采伐后，要按照绿水青山就是金山银山、冰天雪地也是金山银山的思路，摸索接续产业发展路子

本年度监测样本、数据采集方法与往年保持一致，在数据分析方法上第一次使用了层次分析法和功效系数法。监测样本为37个重点国有森工企业（以下简称“样本企业”）及其下属的79个林场（以下简称“样本林场”）。37个样本企业分布在全国9个省（自治区），占国有林区135个木材采运企业和20个重点营林局的23.87%。在监测方法上，本年度监测继续沿用往年数据调查方法，并加大专题调研力度。在调查内容上，本年度监测在以往关注点的基础上增加了林区社会管理、公共服务和林业生产组织方式创新等内容，共10个方面、467个指标来反映政策执行及成效。

一 天保工程进展及政策执行情况

2015年度，天然林全面停伐，森林管护补助政策、森林培育经营补助政策、社会保险补助政策均得到有效落实。

（一）森林资源保护力度加大

1．停伐政策落实到位

2015年，37个样本企业年度实际木材产量为54.88万立方米，比2014年调减了42.15万立方米，减少了43.43%。在东北、内蒙古等重点国有林区，24个样本企业的木材产量为53.03万立方米，比2014年减少了36.79万立方米，下降了40.47%（表2-2，图2-1），其中天然林木材产量减少32.65万立方米，下降了38.68%。黑龙江省内样本企业除方正林业局（方正林业局3249立方米的木材产出，是当地政府为高铁建设项目而特批的采伐指标）外均没有木材产量，说明样本企业严格执行了停伐政策。停伐的红线坚决不能碰！黑龙江省给自己定下了死杠杠——全面停采、停伐、停运输，彻底封山、封设备，确保零采伐、零运输、零木材商业性活动。

表2-2 不同工程区样本企业年度实际木材产量及结构 万立方米

项 目		2011年	2012年	2013年	2014年	2015年
实际木材产量	东北内蒙古	173.47	128.00	110.61	90.91	53.03
	长江黄河	5.97	5.27	4.27	6.12	1.85
按起源：天然林	东北内蒙古	169.57	123.03	105.78	84.42	51.77
	长江黄河	2.81	0.66	0.02	1.50	0.45
人工林	东北内蒙古	3.90	4.97	4.83	6.48	1.26
	长江黄河	3.16	4.61	4.25	4.62	1.40

专栏 2-1 鹤北林业局旧物改造，变废为宝

龙江森工鹤北林业局充分改造利用采伐时期留下的"遗产"，将其变废为宝。把100多万平方米的储木场全部改成粮食仓储，先后引进5家粮食仓储企业整合为仓储集团，统一签订了粮食收储、加工及销售协议，实现规模经营。鹤北还计划建立100万吨粮食仓储、30万吨粮食加工及100万平方米商贸物流园区等项目。

利用停伐后闲置的大量房屋，鹤北找到了另一条"财路"——发展养老产业。采取引入资本和合作伙伴、与国内知名养老中心联盟等形式，鹤北正大力推进"居家式""公寓式""候鸟式""医养结合式"等多种形式的养老休闲产业。

从2015年1月到2016年1月，全国木材市场价格指数CTI①从1182.55降低到了1107.38，下降了6.36%，总体呈逐渐下降的趋势（图2-2）。从侧面反映出木材市场需求不足供应充分，导致木材滞销，说明天然林停伐政策的实施且恰到好处。天然林停伐改变了林区资源利用结构和方式，如今木材不砍了，资源保护起来了，企业可以利用资源优势发展其他产业。

2．森林资源管护面积增加

2015年，样本企业实际管护面积1337.04万公顷，比2014年增加了68.93万公顷，增长了5.44%。从事管护的人员有2.85万人，比2014年少了0.15万人，人均管护面积为469.22公顷，比2014年多了46.61公顷（表2-3）。其中，东北、内蒙古等重点国有林区人均管护433.13公顷，长江上游、黄河上中游地区人均管护568.76公顷，均超过天保工程二期实施方案②要求。在落实管护人员的数量中，林业职工有2.68万人，

① 数据来源：中国木材价格指数网http://www.yuzhuprice.com/

② 依据林规发〔2011〕21号，东北、内蒙古等重点国有林区确定的管护标准是人均管护380公顷，长江上游、黄河上中游地区的标准是384.49公顷。

图2-2 中国木材价格指数CTI

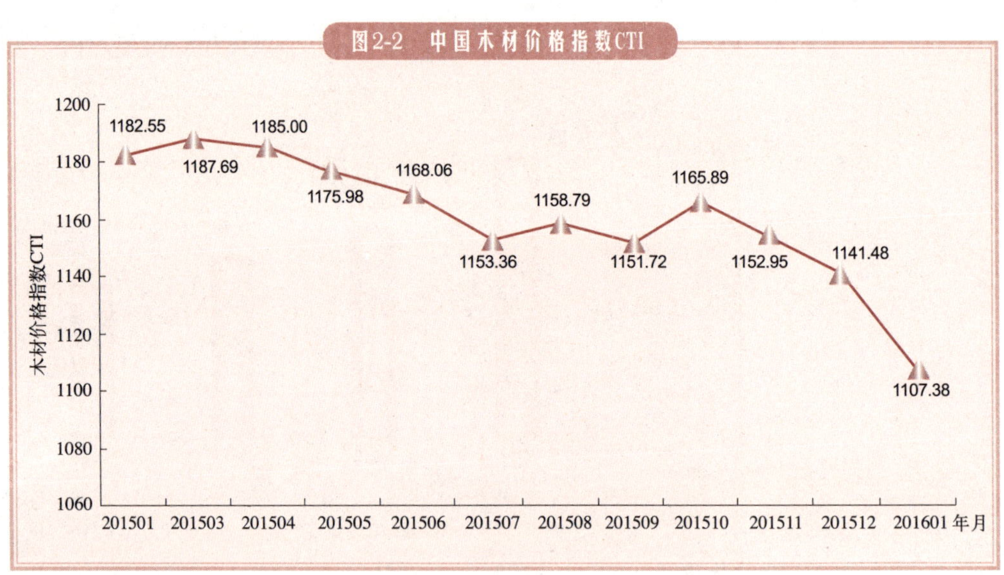

专栏 2-2　2015 年是我国木材及制品对外贸易最困难的一年

2015 年我国的国内外林产品销售市场困难依旧，是木材进口及制品出口最困难的一年。在国内方面，由于国民经济发展进入到新常态，经济发展下行压力加大，木材及制品销售市场一直清淡；在国际上，由于欧盟及许多新兴国家经济发展在减速，欧元及许多国家的货币不断贬值，严重影响木材及制品的出口；加上美国大幅度提高实木复合地板的反倾销税率和提高人造板、木质家具和强化地板等木制品的进口甲醛释放量标准等，使我国的实木复合地板和强化地板等木材制品出口大量减少，受其影响，使我国以胶合板为代表的全部人造板出口数量较上年，达到两位数的下降，木质家具出口虽有增长，但是增幅较上年也下降了9.68个百分点。由于国内外林产品市场销售困难，使我国木材加工产品的木材消费能力下降，造成一些地区木材库存继续增大，大多数地区木材进口困难，尤其是原木进口量较上年大幅度下降。

表2-3　天保工程二期以来样本企业森林资源管护情况

项　目	2011年	2012年	2013年	2014年	2015年
管护面积（万公顷）	1212.56	1206.84	1217.62	1268.11	1337.04
管护人员（人）	37424	32775	30165	30007	28495
森林管护费（万元）	81267.83	98474.87	105385.39	111102.60	128885.53
人均管护面积（公顷/人）	324.01	368.22	403.65	422.61	469.22
人均管护费（万元/人）	2.17	3.00	3.49	3.70	4.52
单位面积管护费（元/亩）	4.47	5.44	5.77	5.84	6.43

占管护人员的94.04%。

天保工程二期以来样本企业森林资源管护面积呈现增长趋势，财政专项资金中森林管护费逐年增加，而从事管护人员则逐年减少，所以人均管护面积不断扩大，远远超出天保工程二期实施方案标准，从单位面积管护费来看相当于管护费标准在逐步提高，达到并超过天保工程二期实施方案标准。

（二）森林资源培育及公益林建设面积增加

1. 后备资源培育以补植补造为主

2015年，东北、内蒙古等重点国有林区样本企业后备资源培育面积为3.47万公顷，比2014年增加了1.09万公顷，增长了45.52%。后备资源培育面积中，森林改造培育3.13万公顷，增加了0.95万公顷，增长了43.55%；人工造林0.25万公顷，增加了0.08万公顷，增长了46.33%；飞播造林0.09万公顷，增加了0.06万公顷，增长了200%。森林改造培育面积中，补植补造2.64万公顷，改造培育0.49万公顷，分别占84.22%和15.78%。人工造林成活率94.16%，人工造林保存率91.99%。补植补造占后备资源培育面积的75.79%。从数据分析可以看出在东北、内蒙古等重点国有林区，后备资源培育以森林改造培育为主，森林改造培育以补植补造为主（图2-3）。

2. 封山育林面积扩大

2015年，长江上游、黄河上中游地区样本企业公益林建设面积为1.86万公顷，比2014年增加了0.06万公顷，增长了3.33%。其中人工造林0.33万公顷，减少了0.07万公顷，下降了16.94%，封山育林面积为1.53万公顷，增加了0.13万公顷，增长了9.00%。人工造林成活率89.75%，人工造林保存率100.00%（图2-4）。

3. 中幼林抚育用工结构南北差异大

2015年，样本企业完成抚育面积41.36万公顷，比2014年增加了4.49万公顷，增长了12.18%。占规划面积的99.32%，占急需抚育面积的36.19%，分别增长了10.59个百分点和6.84个百分点。从事抚育的职工有50934人，其中在岗职工31445人，占61.74%；原下岗待安置职工和原离开本单位仍保留劳动关系职工5777人，占11.34%；农民10870人，占21.34%；其他人员2842人，占5.58%。

图2-3　2015年样本企业后备资源培育面积结构

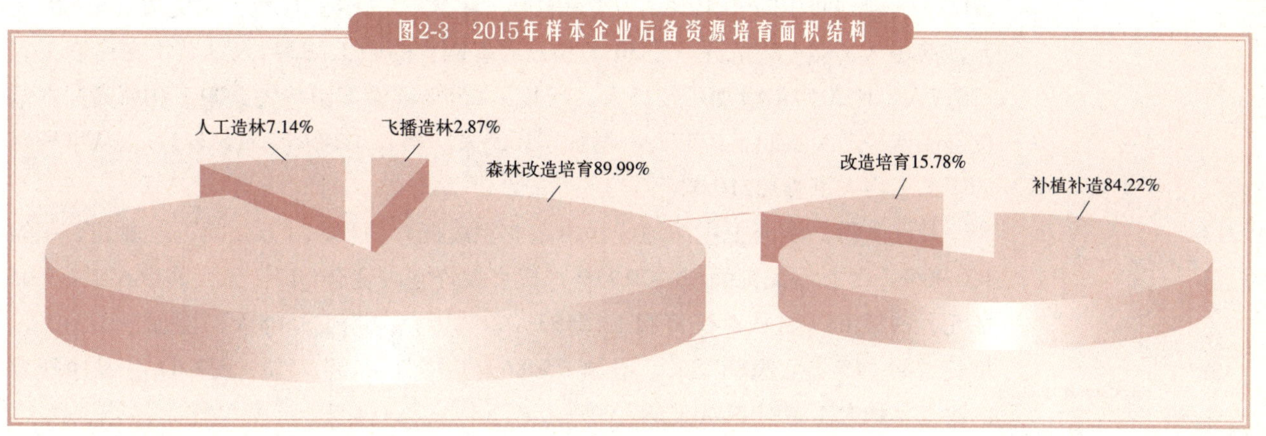

图2-4 天保工程二期以来样本企业公益林建设面积及结构

图2-5 东北、内蒙古等重点国有林区样本企业参加抚育人员结构

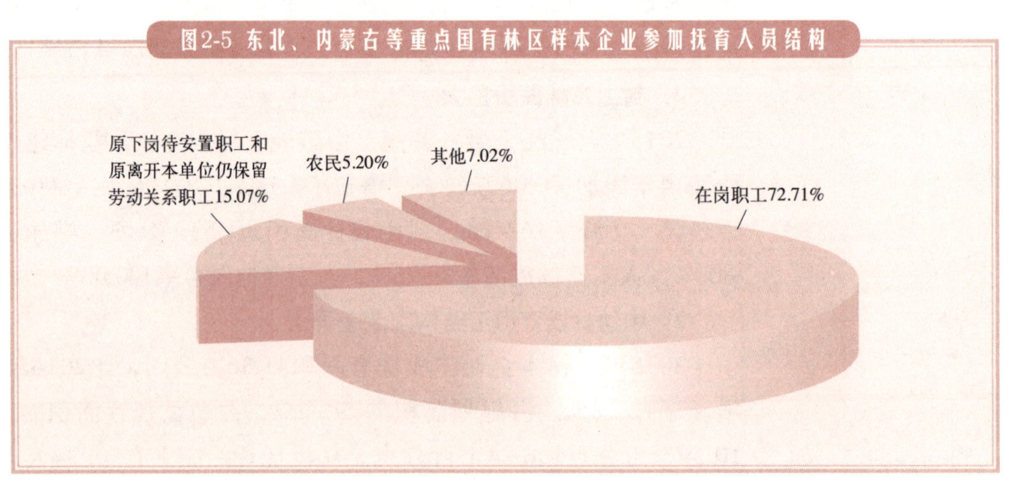

从工程区域来看，东北、内蒙古等重点国有林区样本企业完成抚育面积34.85万公顷，占规划面积的99.19%，占急需抚育面积的37.92%。抚育投资完成资金6.09亿元，其中人工费4.87亿元，占80.07%。从事抚育的职工38341人，其中在岗职工有27877人，比2014年增加了1213人，增长了4.55%；原下岗待安置职工和原离开本单位仍保留劳动关系职工5777人，增加了1605人，增长了38.47%（图2-5）。从事抚育的职工平均人工费12710.02元/年。

长江上游、黄河上中游地区样本企业完成抚育面积6.51万公顷，占规划面积的100.00%，占急需抚育面积的29.11%。抚育投资完成资金1.17亿元，其中人工费1.05亿元，占89.63%。从事抚育职工12593人，其中在岗职工3568人，增加了1096人，增长了44.34%；农民8875人，增加了5086人，增长了134.23%（图2-6）。从事抚育的职工平均人工费8349.46元/年。

图2-6 长江上游、黄河上中游地区样本企业参加抚育人员结构

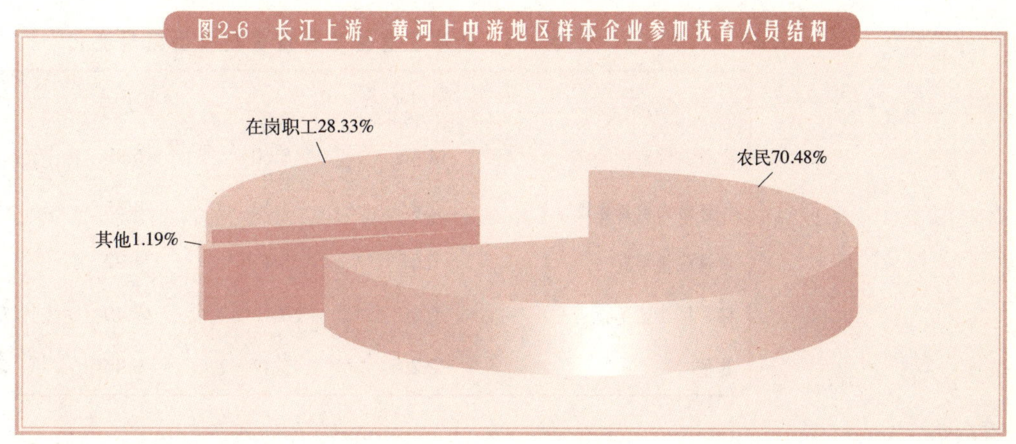

（三）工程资金支撑起林区社会保障

1．棚户区改造占基本建设支出六成以上

2015年，样本企业天保工程资金支出66.22亿元，比2014年增加了12.68亿元，增长了23.68%，其中基本建设9.64亿元，财政专项49.81亿元，其他用途6.77亿元，分别占总支出的14.56%、75.22%和10.22%（图2-7）。在基本建设支出中，公益林营造支出1.16亿元，比2014年增加了0.76亿元，增长了188.48%（表2-4）。

棚户区改造资金占基本建设支出的62.67%，天保工程二期以来，棚户区改造资金一直是基本建设的重点，随着各级政府及林业部门的大力推进，棚户区改造工作接近尾声（图2-8）。

图2-7 天保工程二期以来样本企业资金支出情况

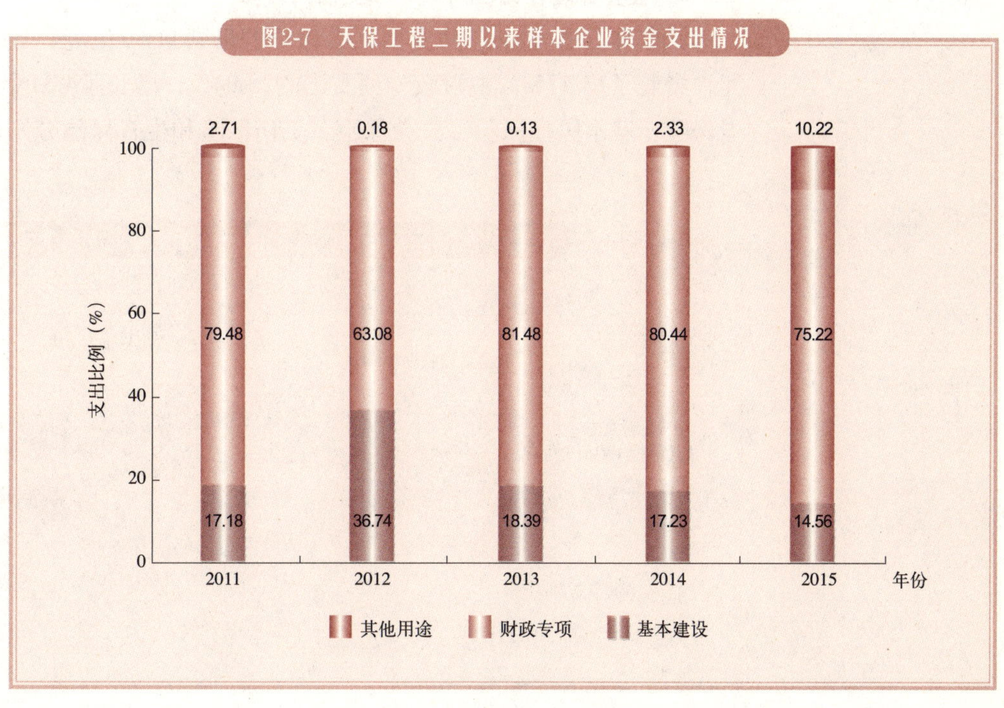

表2-4 样本企业基本建设资金支出结构变化 %

项 目	2011年	2012年	2013年	2014年	2015年
公益林营造	14.43	3.60	5.99	4.35	12.02
森林防火设施建设	2.44	1.40	3.65	2.56	4.36
森林改造培育	0.87	3.41	4.92	4.63	8.78
棚户区改造	0.00	78.12	75.49	62.85	62.67
其他	82.26	13.47	9.95	25.61	12.18

图2-8 2015年样本企业基本建设资金支出情况

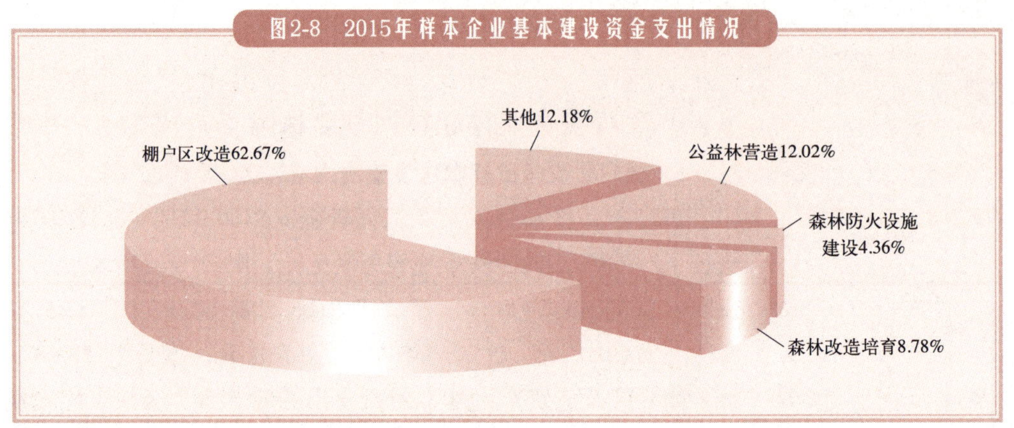

2．社会保险补助占财政专项支出两成多

2015年，样本企业共支出社会保险补助费11.93亿元，比2014年增加了1.42亿元，增长了13.47%，占财政专项支出的23.94%，增长了4.31个百分点。其中基本养老保险、基本医疗保险、失业保险、工伤保险和生育保险分别占64.73%、27.10%、

图2-9 2015年样本企业天保工程资金财政专项支出情况

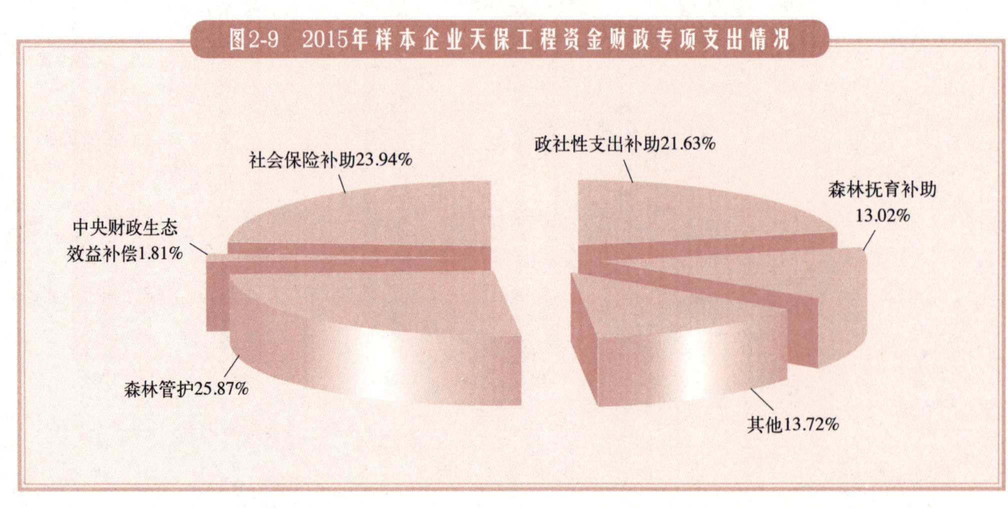

图2-10　2015年样本企业社会保险补助费结构

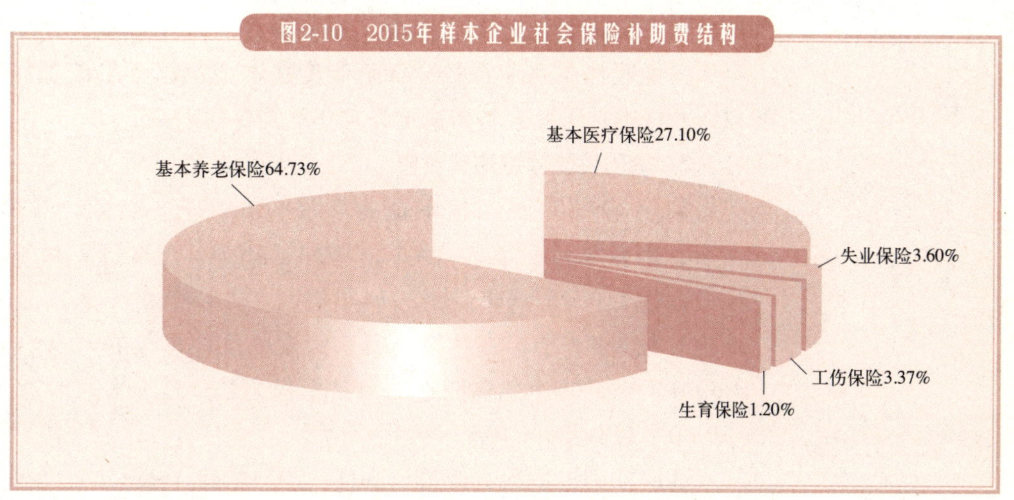

3.60%、3.37%和1.20%。从社会保险补助支出结构来看，基本养老和基本医疗占总补助的91.83%（图2-9、图2-10）。

（四）林区民生逐步改善

1. 社会保险参保率高

2015年，样本企业在册职工参加基本养老保险的有12.94万人，占在册职工的87.25%（图2-11）。其中在岗职工10.38万人，下岗待安置职工0.48万人，离开本单位仍保留劳动关系职工2.08万人，分别占80.24%、3.71%、16.05%；参加医疗保险的职工有17.10万人，其中在岗职工10.67万人，占在岗职工总数的99.93%；参加失业保险的职工有12.36万人，其中在岗职工9.90万人，占在岗职工总数的92.64%；参加工伤险职工人数为13.39万人，其中在岗职工10.63万人，占在岗职工总数的99.47%；企业适龄女职工全部参加了生育险。

图2-11　在册职工参加养老保险人数占在册职工总人数比例变化情况

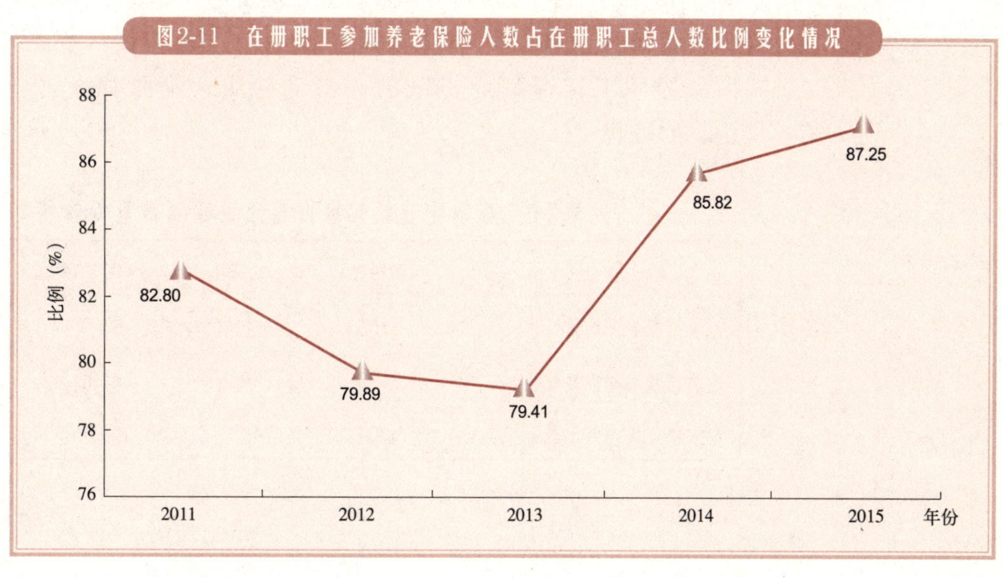

从参保人员比率结构来看，参加基本养老和基本医疗险的在册职工比例超过85%，说明样本企业在社会保险制度基本上遵循了广覆盖、保基本、多层次的特点，对促进林区社会和谐稳定具有非常重要的意义。

2. 基础设施建设略有改善

截至2015年底，样本企业下属林场共有348个，其中饮用水达标的林场（所、经营单位）数为264个，增加了18个，增长了7.32%，占林场（所、经营单位）总数的75.86%，比2014年提高了2.43个百分点；通电的林场（所、经营单位）数为320个，占林场（所、经营单位）总数的91.95%；林区公路里程达到4.69万千米，其中急需改造的公路里程为1.33万千米，占28.36%，比2014年提高了0.80个百分点。

林区基础设施略有改善。2011－2015年间，样本森工企业下属林场通电通水率从76.97%提高至79.75%，林区公路密度则基本维持不变，2011年为22.94千米/百平方千米，2015年为22.80千米/百平方千米，为当年全国公路密度47.68千米/百平方千米的47.82%。

3. 林区治安稳定

2015年，样本企业经营区内违法犯罪案件4343件，比2014年减少了517件，下降了10.64%。违法犯罪查处4251件，查处率97.88%，违法犯罪结案数量4115件，结案率96.80%。

从近5年的统计资料（表2-5）来看，林区违法犯罪案件数量逐年减少，尤其在天然林停伐和企业转型的大背景下，林区的治安状况不但没有恶化，而且还在好转。大兴安岭森工集团在林区维稳问题上采取了很多积极措施：一是通过发放宣传资料等多种形式开展林业政策和法律法规宣传，提高全民森林资源保护意识，最大化地预防和减少了各类涉林案件的发生；二是通过走访调查，全面了解林情动态，重点排查可能引发集访、重大治安事件和群体性事件的隐患，从源头上掌握化解涉林矛盾纠纷的主动权，切实将涉林矛盾纠纷解决在基层，消除在萌芽状态；三是切实从职工利益出发，积极鼓励和引导职工转岗就业，以创业带动就业，消除原生产一线职工“停伐即失业”的顾虑。

表2-5 样本企业经营区内违法犯罪案件查处及结案数 件

项 目	2011年	2012年	2013年	2014年	2015年
违法犯罪案件数量	6555	5893	5372	4860	4343
违法犯罪案件查处数量	6410	5834	5192	4861	4251
违法犯罪案件结案数量	6301	4801	4419	4777	4115

二 天保工程建设成效

天保工程二期实施以来，森林资源和生态环境逐步恢复，林区社会和谐稳定，职工工资收入增加，棚户区改造进展顺利，产业结构转变，产业转型加快。

（一）生态保护效果显著

1. 森林资源稳步增长

2015年，样本企业经营区共有森林997.04万公顷，比2014年增加了82.70万公顷，增长了9.04%，森林覆盖率为62.06%，是全国平均水平[①]的2.87倍。天然林面积906.40万公顷，增加82.58万公顷，增长了10.02%；人工林面积90.64万公顷，增加了0.12万公顷，增长了0.13%。国家特别规定的灌木林地117.76万公顷，增加了2.01万公顷，增长了1.74%。

专栏 2-3 大兴安岭新林林业局切实加强天保工程管理

2015 年，为了进一步加强天保工程管理，全面完成天保工作各项目标任务，大兴安岭新林林业局制定了“三严格一强化”工作措施。

一是严格目标管理。签订年度天保目标责任状，全面落实天保工程目标管理责任制，认真开展天保自查、绩效考评工作，强化工程能力建设。

二是严格工程管理。认真贯彻执行国家、大兴安岭林业集团公司天保工程管理办法及相关规定，切实加强中幼林抚育、补植补造、人工造林工程建设的作业设计、施工、自查验收等环节的管理，提高工程建设成效；加强工程信息和档案管理，及时报送工程建设报表和信息，工程档案管理规范化；推进天保工程管理业务应用系统建设，加强学习培训，做好人员机构和社会保障管理、中幼林抚育、森林改培、森林资源管护等数据录入，提高工程的科学化管理水平。

三是严格资金管理。按照“专账核算、专款专用”的原则，强化资金管理和规范使用，建立内审内控制度。实行天保工程资金“报账制”，确保资金运行安全。

四是强化社会宣传。充分利用相关媒体，大力宣传天然林保护的重大意义和工程区建设成效，及时宣传有关天保工程区建设管理的好经验和好做法，努力营造良好的工作氛围。

① 根据第八次全国森林资源清查，全国森林覆盖率为21.63%。

2015年，样本企业经营区的森林蓄积为11.32亿立方米，比2014年增加了0.30亿立方米，增长了2.75%。其中，天然林蓄积增加了0.28亿立方米，增长了2.72%；人工林蓄积增加了0.02亿立方米，增长3.10%。森林平均蓄积量为113.56立方米/公顷，其中，天然林平均蓄积量为116.85立方米/公顷。

2．公益林面积明显增加

2015年，样本企业经营区内共有公益林面积718.12万公顷，比2014年增加了83.30万公顷，增长了13.12%。公益林面积占森林面积的72.03%，增加了2.60个百分点。其中国家级公益林409.05万公顷，地方公益林309.07万公顷，分别占公益林总面积的56.96%和43.04%。公益林的平均蓄积为116.38立方米/公顷，国家级公益林平均蓄积达到145.00立方米/公顷，地方级公益林平均蓄积78.51立方米/公顷。

3．林地林木安全有保障

2015年，样本企业经营区范围内发生非法侵占林地案件409起，查处408起，查处率99.76%；非法侵占林地20538公顷（全部发生在东北、内蒙古等重点国有林区），占森林面积的0.26%，非法侵占林地查处面积20537公顷。从查处结果可以看出，企业及时发现了非法侵占林地等行为，并进行了相应整治。

2015年，样本企业经营区内发生盗伐林木案件864件，比2014年减少了2485件，其中东北、内蒙古等重点国有林区758件，减少2160件，长江上游、黄河上中游地区106件，减少71件。2015年，样本企业经营区内发生森林火灾42次，比2014年增加5次，增加13.51%；受害面积472.06公顷，减少19.25公顷，下降3.92%；损失林木蓄积14.67万立方米，减少2.63万立方米，下降90.05%。森林病虫鼠害发生面积14.67万公顷，增加1.75万公顷，增长13.58%；防治面积16.81万公顷，增加1.23万公顷，增长7.91%。

（二）职工生活与就业有好转

1．职工转岗就业积极有效

2015年，样本企业在册职工148324人，比2014年减少了8406人，下降了5.36%，其中在岗职工106816人，减少了8255人，下降了7.17%；离开本单位仍保留劳动关系职工34237人，减少了4488人，下降了11.59%；下岗待安置职工7271人，增加了3688人，增长了97.15%。在岗职工、下岗待安置职工和离开本单位仍保留劳动关系职工分别占在册职工人数的72.02%、4.90%和23.08%。

天然林全面停伐之后，企业大力发展林区经济，积极促进职工转岗就业。2015年，样本企业安置富余职工15874人，占原下岗待安置职工的68.59%，其中森林管护占28.05%，中幼龄林抚育占27.70%（图2-12）。年末应因停伐需转岗职工22507人，实际转岗职工9903人，占44.00%。

从工程区域来看，东北、内蒙古等重点国有林区样本企业安置富余职工14651人，其中森林管护3599人，占24.56%，中幼林抚育4146人，占28.30%。长江上游、黄河上中游地区样本企业安置富余职工1223人，其中森林管护853人，占69.75%，

图2-12 2015年样本企业富余职工安置情况

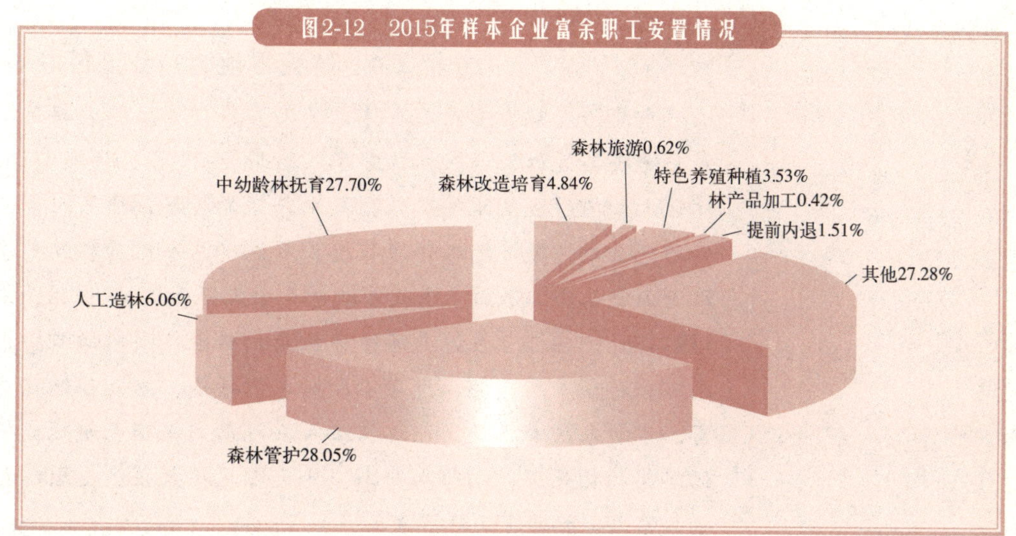

中幼林抚育251人，占20.52%。

2. 棚户区改造任务完成七成

2015年，样本企业共有危房（含棚户区）建筑面积343.94万平方米，已改造面积为239.86万平方米，占69.74%。危房（含棚户区）改造涉及职工家庭65057户，占样本企业林业职工家庭户数的25.79%。已搬入改造房的职工家庭有42219户，占危房（含棚户区）涉及职工家庭户数的64.90%。已售改造房屋的总成本是22.24亿元，比2014年增长了12.00亿元。职工承担的费用占已改造房屋的总成本的38.60%，比2014年增加了10.94个百分点。

2015年，样本企业经营区内处于深山远山的职工家庭数为16090户，年末完成搬迁的职工家庭数有4476户，占27.82%。申请公共租赁住房的职工家庭有693户，已搬入公共租赁住房的有468户，占67.53%。公共租赁房的房源依然不能满足职工家庭的需求，解决职工住房需求的任务依然艰巨。

（三）经济转型有效果

1. 企业收入结构调整

2015年，样本企业总收入71.63亿元，比2014年减少了10.16亿元，下降了12.90%。其中木材收入10.43亿元，减少了5.84亿元，下降了35.88%，占企业总收入的14.56%；天保资金收入33.10亿元，增加了1.46亿元，增长了4.60%，占企业总收入的46.20%，提高了7.73个百分点；抚育收入7.25亿元，减少了0.39亿元，下降了5.16%，占企业总收入的10.12%；土地收入1.04亿元，减少了1.34亿元，下降了56.23%，占企业总收入的1.45%；其他收入19.81亿元，减少了4.50亿元，下降了18.50%，占企业总收入的27.66%。从总量数据和结构数据对比可以看出：一是在木材收入大幅下降的情况下，样本企业的总收入有下降；二是天保资金投入每年都在增加；三是企业从其他途径获得收入有很大的不确定性。

专栏 2-4 冰天雪地也是金山银山

东北、内蒙古重点国有林区全面停伐，曾经热火朝天、干劲十足的伐木景象一去不复返，国有林区断了“财路”，没有了经济支撑，“砍树吃饭”的林区人如何适应改革实现转型？刚停伐的时候，林区人不理解，不知道以后的路怎么走，经济陷入停滞状态。习近平总书记考察黑龙江伊春时说到“绿水青山就是金山银山、冰天雪地也是金山银山”，这句话为龙江森工打了一针“强心剂”。在“雪乡”大海林林业局，曾经热闹的伐木场景如今已被绚丽的冰雪旅游景象所代替，现在不砍树也能挣钱，冰天雪地就是大自然赠与的财富。不卖木头卖风景，龙江森工人在习总书记扬长避短、扬长克短、扬长补短思想的指导下，向绿水青山、冰天雪地要效益，变绿水青山、冰天雪地为金山银山，推动森工林区发展。

利用丰富的森林、冰雪旅游资源，大海林积极发展生态旅游，全国首个冰雪房车营地、雪乡文化展览馆、音乐酒吧、冰雪娱乐区等基础设施不断完善。旖旎的北国风光，独特的冰雪乐趣，吸引着大批国内外游客，《爸爸去哪儿》《智取威虎山》等热门电视综艺节目和电影的取景拍摄，更是让“雪乡”名声大噪。2015 年，雪乡旅游人数超过 56 万人次，旅游产值达 5.4 亿元。

通过实施点线面结合，景区、园区、城区结合，建立以亚布力滑雪旅游度假区为核心，辐射周边的旅游经济带，统一规划、整合管理、捆绑经营、规模发展，根据不同游客、不同季节、不同消费层次，打造组合式、多样化的旅游精品，形成资源丰富、文化交融、冬夏结合、特色互补有机配合，杜绝单打独斗、内部竞争、互相效仿、产品单一、无序建设、粗放管理、粗糙服务的局面。突出“避暑胜地、畅爽亚布力”“冰雪之冠、滑雪圣地”主题，以亚布力为核心，叫响哈尔滨－亚布力度假区－中国雪乡冬季白金旅游精品线、哈尔滨－亚布力度假区－镜泊湖－威虎山夏季生态旅游精品线，坚持组团营销，互动推介，唱响亚布力区域，聚焦森工区域，引领全黑龙江省旅游。

2．产业结构呈“三足鼎立”态势

2015年，样本企业总产值为199.39亿元，比2014年减少了4.32亿元，下降了2.12%。停伐政策的实施导致木材产量急剧减少，样本企业总产值下降。第一、二、三产业产值分别占39.08%、29.92%和31.00%。从2011年以来，第一产业的比例在不断下降，第三产业的比例在不断上升，第二产业所占的比例基本稳定，样本企业的产业结构在不断调整中（图2-13）。

分行业来看，与2014年相比木材采运及木材加工业产值继续减少，企业木材采运业产值减少了29.03%，产值所占比例下降了1.59个百分点；木材加工业产值减少了37.96%，产值所占比例下降了2.67个百分点；经济林产品产值减少了44.69%，产

图2-13 天保工程二期以来样本企业产业结构变化

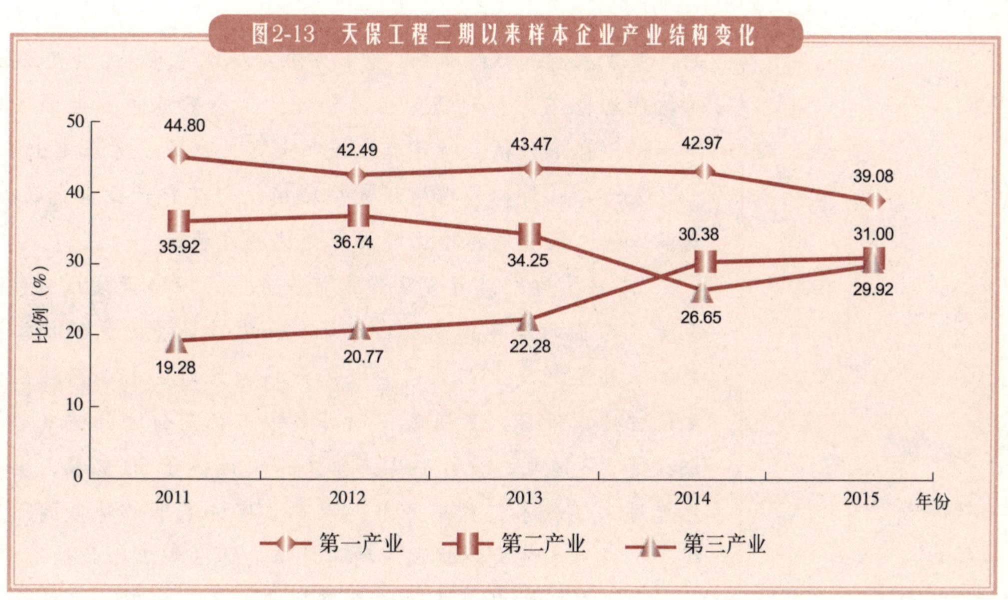

值所占比例下降了3.18个百分点；林下经济产值增加了1.46%，产值所占比例提高了1.01个百分点；其他行业产值增长了9.68%，产值所占比例提高了6.42个百分点。随着全面停伐政策的实施，木材加工业和木材采运业对企业产值的贡献在逐年减少，到2015年两者所占比例已不足企业产值的10%。林下经济对企业产值的贡献在逐年提高。

2015年，新林林业局、松岭林业局和阿木尔林业局，分别在国外建立了林产品加工基地，共计3个。购置林地面积38.92万公顷，实际木材产量为20.70万立方米，产值为1.78亿元，进口贸易为4383万元。

3．两成职工家庭发展多种经营

2015年，样本企业林下经济产值67.35亿元，比2014年增加了0.80亿元，增长了1.46%，占企业总产值的33.78%。林下经济已经发展成为带动样本企业经济发展的主要产业。2015年发展林下经济和林特产品的职工家庭共48649户，占林业职工家庭的19.29%，增长了3.51个百分点。其中，林产品采集加工21454户，占44.10%；林下种植18091户，占37.19%；林下养殖4566户，占9.39%；发展其他林特产品生产的职工家庭4167户，占8.57%；森林人家371户，占0.76%。

专栏2-5　方正林业局科学谋划产业发展空间布局，优化产业结构

全面停伐初期，同其他林区一样，方正林业局的经济发展也遭受巨大冲击。职工有担忧，林区无出路，这是当时国有林区的真实写照。按照黑龙江省省委全会提出的“林业经济林中发展、林区工业林外发展”的精神，通过准确定位，结合方正“十三五”时期规划的“一心、二区、二带、五基地”

的产业发展空间战略布局，重点发展森林绿色食品、生态旅游、健康养老服务、清洁能源、碳汇、北药、仓储物流、生态矿业等八大强区项目和食用菌、林下养殖、林下种植、特色养殖等四大富民产业，方正走出了特色转型之路。

“一心”，即以高楞地区新型城镇化与非农产业集聚核心，通过产城融合、居业一体，促进高楞地区经济社会协调发展。

“二区”即经济开发区和商贸服务区，经济开发区分为一区五园，即以健康养老为主的江岸产业园、以草本一次性筷子为主的松江产业园、以林副产品加工为主的新立产业园、以林产品加工为主东山产业园、以硅材料加工为主的吉岭工业园。蒿箸筷子项目是方正招商引资的林木替代产业。该项目一期投资1.2亿元，设计年生产草本一次性筷子30亿双，其核心技术是运用世界先进工艺技术，利用藤条、灌木、蒿杆等生产符合国际标准的一次性草本筷子，在带来巨大财政收入的同时带动林区职工增收致富。

“二带”即从滨水林城至罗勒密山景区的百千米黄金森林旅游产业带和打造百万千瓦风电清洁能源产业带。

“五基地”即森林绿色食品种植基地、北药种植基地（主要种植西洋参和林下参等）、林下养殖基地（林下鸡、林下猪、林下牛、林下羊）、特色种植基地（大榛子、树莓、沙棘等）和杞柳种植基地。方正积极引导，想方设法为职工服务，多次聘请专家进行技术培训，组织职工到省外学习养殖技术。为鼓励支持职工群众发展多种经营，方正累计为职工贷款超过4亿元，争取贴息资金547万余元。2015年，方正社会总产值达到11.9亿元，林区职工人均年收入达3.5万元，林区呈现欣欣向荣的良好局面。

三 东北、内蒙古等重点国有林区天保工程二期中期评估

天保工程二期自2011年实施以来工期已经过半，通过建立一套系统性的指标体系评估5年来工程资金使用效率，以及二期工程实施5年来为国有林区创造的经济效益和社会效益。

根据科学性、客观性、系统性的原则，结合现有天保森工监测指标体系，构建了东北、内蒙古等重点国有林区天保工程二期社会经济效益中期评估体系。首先建立评价指标体系，评价指标体系分为目标层、系统层、准则层和指标层4个层级。然后确定指标权重，根据层次分析法构造系统因子间两两比较的判断矩阵，计算各判断矩阵的最大特征根和对应的特征向量，得出各自权重，并对各判断矩阵进行一致性检验，若判断矩阵的随机一致性比CR值均小于0.10，表明各个判断矩阵均通过了一致性检验。其次是无量纲化处理，对各指标值进行数据归一化，并对部分逆向指标进行正向化处理，得出各指标的得分。最后计算指数值，采取

各项指标累加法测算天保工程二期的社会经济综合效益指数，该指数介于区间（0，1]之间，其值越大表示效益越大，反之则越小。根据天保工程效益监测相关标准和评定办法，对天保工程二期社会经济效益指数评价等级划分标准如下：指数数值大于或等于0.800表明效益显著，小于0.800且大于或等于0.600为较显著，小于0.600且大于或等于0.400为一般，小于0.400且大于或等于0.200为较不显著，小于0.200为不显著。

经测算，东北、内蒙古等重点国有森工企业天保工程二期社会经济综合效益指数为0.7478，表明天保工程二期为东北、内蒙古等重点国有林区创造的社会经济效益比较显著。

（一）经济效益评价

东北、内蒙古等重点国有森工企业天保工程二期经济效益指数为0.7833，表明天保工程二期为东北、内蒙古等重点国有林区创造较为显著的经济效益，能较好地促进林区经济增长，推动林区经济结构优化。

1．林区经济基本稳定，林下经济拉动增长

天保工程二期实施以来林区经济经历了一轮显著的增长，并顶住了全面停伐带来的林区经济大幅下滑的压力。天保工程二期以来样本森工企业总产值增加了66.60亿元，增长了53.28%，年均增长8.92%，2011－2013年样本企业总产值处于快速增长期，年均增长16.33%。其中，服务业产值持续增长，年均增长率20.03%，拉动林区经济增长4.17个百分点，尤其是2011－2014年，服务业年均增长24.96%。全面停伐以后，林区因为多年来“独木经济”的依赖而面临着非常大的经济大幅下滑压力，停伐后木材采运及加工业大幅萎缩，2015年比2011年产值萎缩了61.10%，木材加工业产值也于停伐后出现了负增长，2015年产值比停伐前萎缩了68.35%。但得益于天保工程二期的投入及初现成效的产业转型，全面停伐以来样本企业总产值只是略有下降。

天保工程二期投资效果系数是用于测算天保工程二期投资对林区经济增长贡献的重要指标，同时也用于反映工程投资质量，该系数是指天保工程二期实施以来，森工企业总产值的增加值与工程投资资金总额之比。样本森工企业的投资效果系数为0.3324，表明工程资金每投入1元，能带动森工企业总产值增加0.3324元，反映出天保工程对林区经济具有一定的拉动效应，减缓木材采运及加工业萎缩带来的冲击。产业转型也已出现成效，林下经济和经济林产品业在一定程度上抵消了木材产业萎缩对林区经济的冲击，林下经济凭借其发展模式多、从业门槛低、生产周期短的显著优势，成为各森工企业、林场经济转型的首要选择，发展势头良好，对林区经济发展的拉动能力也比较强，天保工程二期平均每年拉动林区经济增长了7.08个百分点，经济林产品业在天保工程二期以来平均每年拉动林区经济增长0.69个百分点。林区经济在天保工程和转型产业的兜底下保持了稳定。

近两年森工企业的收入有所下降，而天保资金的投入则维持在较为稳定的水

平，木材等其他收入都明显减少，使得天保资金收入日益占据森工企业收入的主要部分，说明林区接续产业的发展仍未完全使摆脱对木材的依赖。2014年天保资金收入27.16亿元，占总收入的38.93%，2015年资金收入27.49亿元，占比攀升至58.12%。

2．林区经济结构持续调整，服务业成为林区第二大产业

天保工程二期以来林区经济结构持续优化，全面停伐之后服务业已成为林区第二大产业。2011年服务业增加值占企业总产值比例19.30%，拉动经济增长3.79个百分点，2012年这两个指标分别稳步上升至20.91%和4.83个百分点，2013年则进一步升至22.30%和5.23个百分点。到2014年重点国有林区开始停伐，第二产业产值大幅滑落，导致总产值在天保工程二期以来的首次负增长，但各森工企业为减缓停伐带来的冲击，大力发展替代产业，调整经济结构，服务业大幅增长29.54%，拉动经济增长6.59个百分点，服务业增加值占企业总产值30.52%，成为林区第二大产业。2015年服务业增长率大幅跌至1.40%，仅拉动经济增长0.43个百分点，服务业拉动经济增长乏力也是导致2015年企业总产值下滑的重要原因之一，但当年服务业增加值占比达31.30%，再创新高，林区经济结构进一步调整（图2-14～图2-17）。

3．天保工程二期投资从多个方面入手，保障生态修复任务的完成

天保工程二期实施5年以来，东北、内蒙古等重点国有林区的样本森工企业实际到位资金合计达200.34亿元，这5年间森林蓄积共增加了8872.56万立方米，相当于每公顷蓄积量增加了12.02立方米。经测算天保工程二期以来，天保资金每投入1万元，能保障3.68公顷森林的蓄积在5年内增长44.29立方米。在当前资金使用效率、支出结构下，东北、内蒙古等重点国有林区森林培育经营的实际总成本为

图2-14 2011–2015年样本企业服务业产值增长率

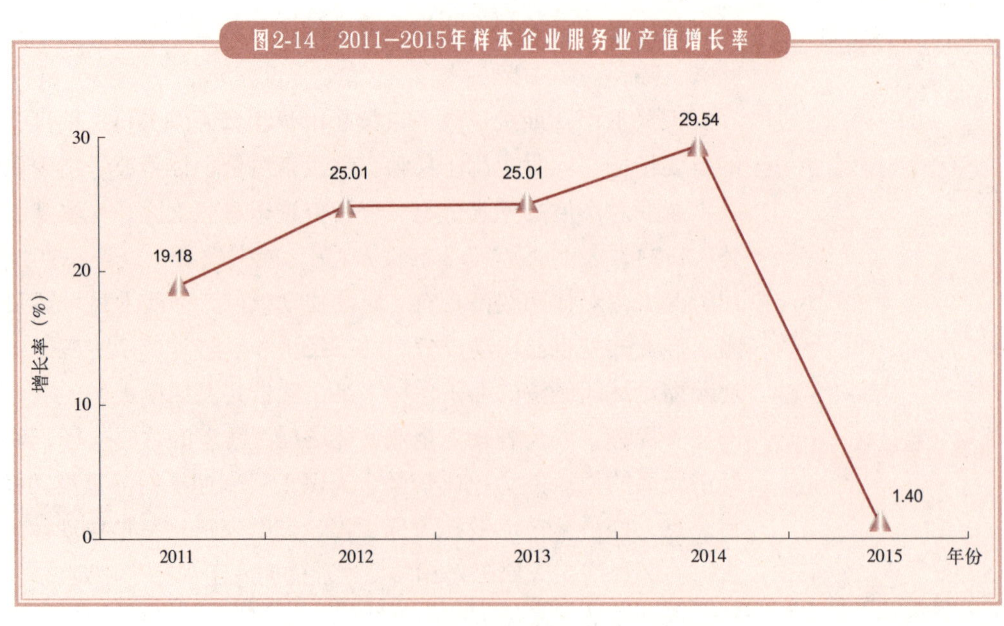

图2-15 2011—2015年服务业拉动林区经济增长能力

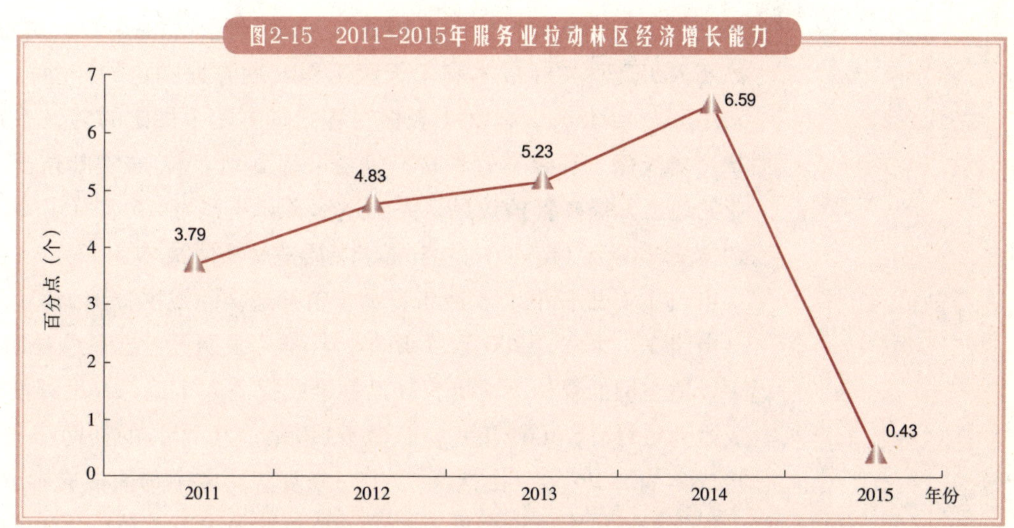

图2-16 2011—2015年林区主要行业拉动林区经济增长能力

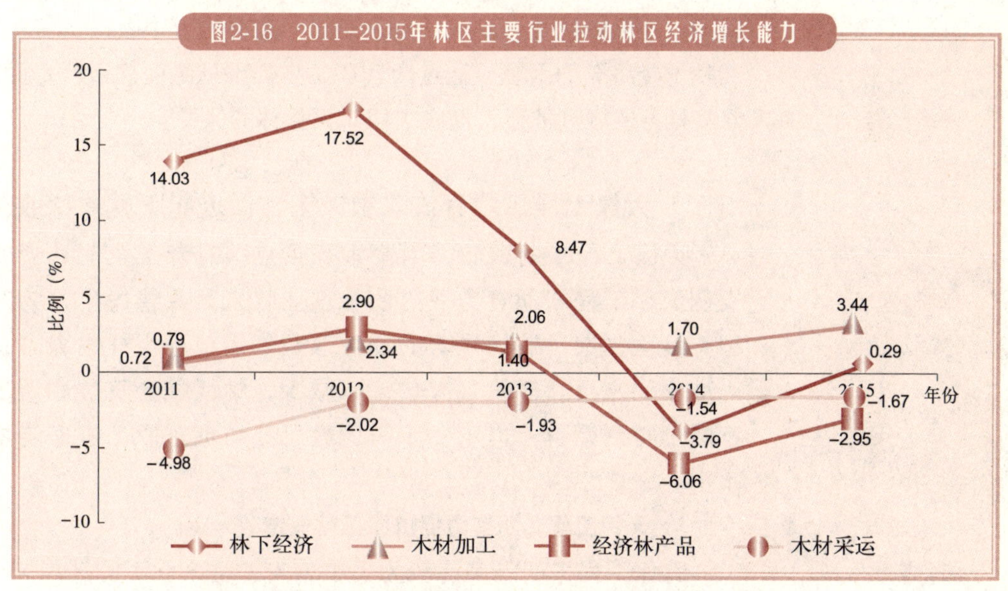

图2-17 2011—2015年服务业增加值占企业总产值比例

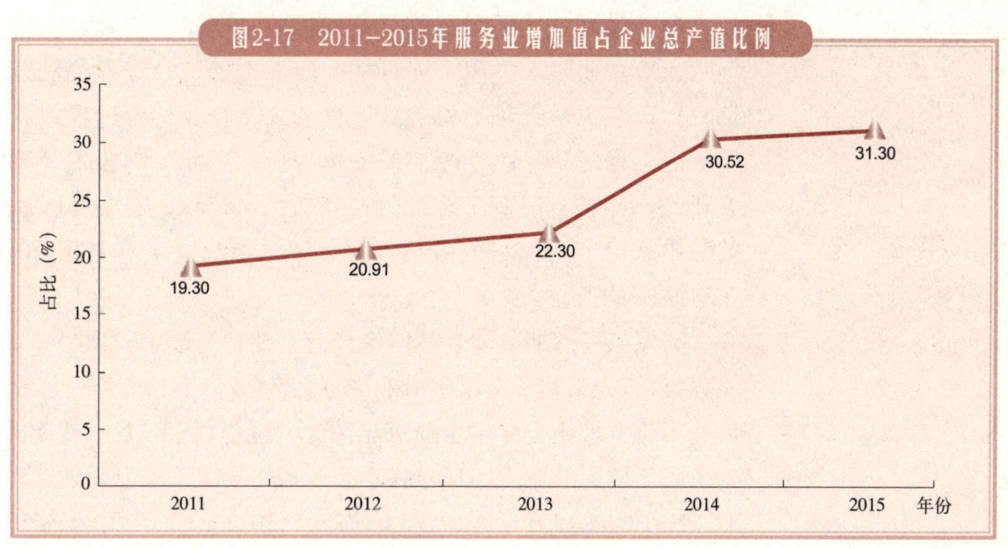

36.22元/（亩·年），其中直接成本为12.26元/（亩·年），占总成本1/3。其中，管护及人工造林实际成本高于天保工程二期方案制定的补助标准，实际管护成本为5.61元/（亩·年），已高于天保工程二期方案中规定的5元/（亩·年）的标准，表明2015年天保工程森林管护费补助标准提高到6元符合实际情况，有助于缓解森工企业的压力，提高管护效果。人工造林实际成本为415元/（亩·年），高于天保工程二期方案300元/（亩·年）的标准。飞播造林实际成本为32元/（亩·年），低于120元/（亩·年）补助标准。改造培育和补植补造实际成本分别为131元/（亩·年）和147元/（亩·年），均低于200元/（亩·年）标准，表明可考虑在总补助额度维持不变的前提下，适当调低森林改造培育补助标准，提高人工造林补助标准。中幼龄林抚育实际成本为每113元/（亩·年），略低于120元/（亩·年）的补助标准。用于生态修复的间接成本为23.96元/（亩·年），生态修复直接成本与间接成本之比为1:1.95，反映出天保工程通过大量资金投入对于天然林的保护不仅是单从生态修复入手，强化森林管护，加强森林资源培育，还从森工企业转型发展及改善民生入手，推动企业改变“独木经济”的困境，通过改善职工生活，杜绝盗砍盗伐，同时多措并举确保生态修复任务的顺利进行，彻底实现对天然林的保护。

（二）天保工程二期有效改善民生，促进职工就业增收维护林区社会稳定

天保工程二期东北、内蒙古等重点国有森工企业社会效益指数为0.7123，表明天保工程二期着力促进职工就业收入，改善民生，为东北、内蒙古等重点国有林区创造了较为显著的社会效益。当前近半样本森工企业职工收入已接近当地平均水平，低收入人口大幅减少，林区社会日益和谐稳定，职工生活条件不断地得到改善，但下一步需调整思路，促进职工进一步增加收入，改善生活水平。

1. 天保工程二期有力促进职工就业增收

天保工程二期以来能较为妥善地安置富余职工的转岗就业，职工收入也得到较显著的提高。林区职工效益分配指数是指天保资金加上森工企业木材收入、土地收入等企业收入中用于支付林区职工工资、社保及福利开支的比例，该指数可反映林区职工从天保工程实施过程及森工企业运营过程中获得的利益大小，体现了天保工程对林区民生改善的支撑力度，东北、内蒙古等重点国有林区样本森工企业2014年的林区职工分配效益指数为0.6752，表明林区职工从天保工程和企业收益中获得了67.52%的效益，2015年该指数进一步上升至0.7192，表明职工获得了71.92%的效益。

天保工程二期通过森林培育经营、造林等政策或项目拓宽林区就业渠道，天保工程每1万元工程资金增加就业岗位数为0.245个，即工程每投入4.07万元能创造1个就业岗位，理论上样本企业每年因此共能提供9.89万个就业岗位，较为妥善地安置富余职工转岗就业。2015年样本企业职工平均工资水平比天保二期刚启动时增长了41.72%，从2.12万元增加到3.01万元，2011年职工平均工资比当地人均收入水平低

图2-18　2011—2015年样本企业职工工资与当地收入水平对比

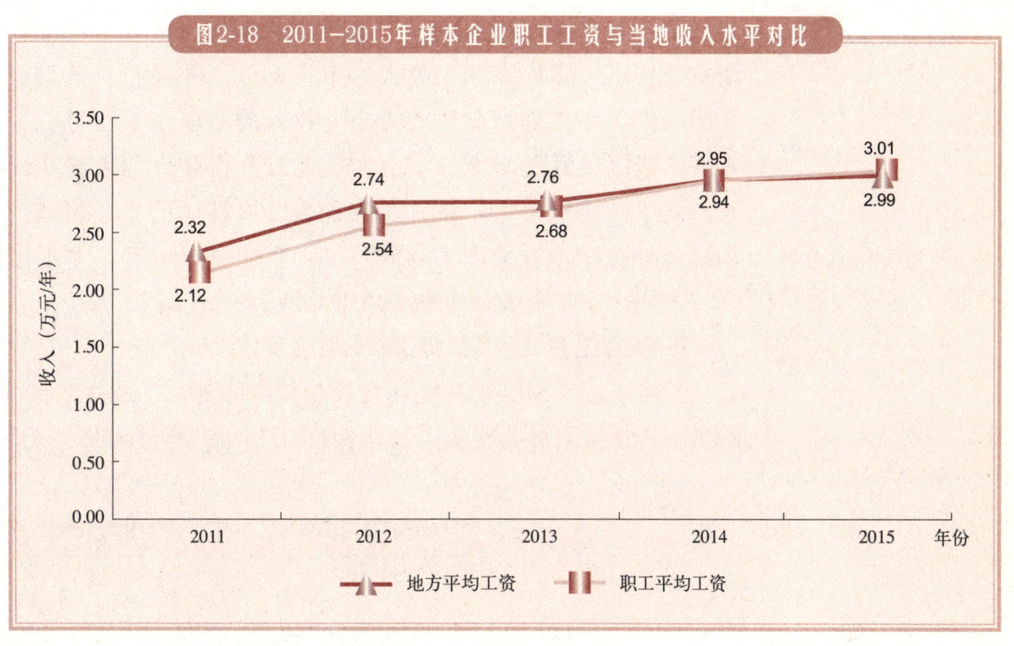

0.20万元，到2015年则要高出0.02万元（图2-18）。2011年东北、内蒙古等重点国有林区仅有9家样本森工企业职工工资水平高于当地收入水平，2012年增加至10家，到2015年又增至11家，此时已有近半样本企业的职工平均工资已高于当地水平。而林区低收入人口数量则从2011年的7.71万人下降至2014年的5.84万人，2015年基本维持在这个数量水平上。

虽然天保二期以来在促进职工增收方面已取得一定的成效，但继续通过天保资金投入提高职工工资收入的做法难以为继，一方面森工企业已出现了职工工资资金缺口，另一方面继续通过增加天保工程资金投入进一步提高职工工资的效率偏低。天保工程二期以来职工工资总额达151.49亿元，相当于5年来所投入的天保工程二期资金的75.62%，平均每年工资总额为30.30亿元。在样本企业每年天保资金支出中扣除基本不含职工工资的开支，如棚户区改造资金、下岗职工分流安置费、社会保险补助费等剩下的开支平均每年为24.01亿元，这部分开支主要包括了天保资金中用于职工工资的开支，但这部分开支比年均工资总额少了6.29亿元，且每一年这部分开支均低于工资总额，其中2015年比当年工资总额少了11.27亿元。2011年这部分开支低于职工工资总额的样本企业有8家，之后逐年增加，2012－2014年这样的企业分别有10家、11家和13家，直到2015年才降至10家。反映出东北、内蒙古等重点国有林区仅靠天保资金不足以支付职工工资，为维持职工工资，企业还从自有资金中垫付一部分资金补齐缺口，如汪清林业局在停伐后每年企业职工工资、五险一金等开支达2.42亿元，对此企业每年需垫付0.49亿元。另一方面，每亿元工程资金职工工资转化系数为122.9，表明天保工程资金转化为单个职工工资的转化率为0.0001229%，即天保每多投入1亿元，仅能带动职工人均工资增加122.9元，若要把样本企业每个职工的年收入都提高1元，平均每年需对每个企业多投入29.89万元，表明当前职工工资水平已上升至一个新水平使通过现有方式进一步提高职工收入的效率偏低。并且职工效益分配指数已高达七成，表明天保工程二期资金及森工企业收入的七成用于支付职工工资并提高职工福利水平。所以仅通过对天保资金和企业自有资金来创造就业岗位，持续提高职工收入，几乎已达到极限，下一步应积极发展替代产业、接续产业，开展境外采伐，加强对外合作，鼓励职工创业，加强职业技能培训，多渠道促进职工就业转岗增收，才能进一步有效促进职工就业增收。

2. 天保工程二期有效促进林区社会稳定

天保工程二期以来林区社会日益和谐稳定，一是林区贫困人口数量明显下降，2011－2015年间林区贫困人口比例从7.71%减少至5.89%（图2-19），贫困是影响社

图2-19 2011－2015年林区低收入人口数量

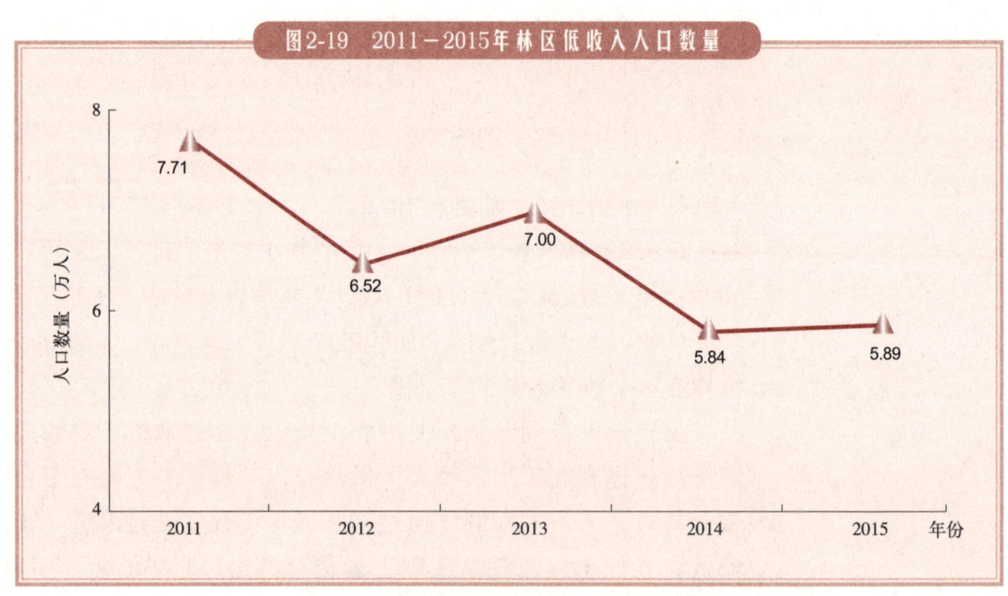

图2-20 2011—2015年林区万人违法犯罪案件数

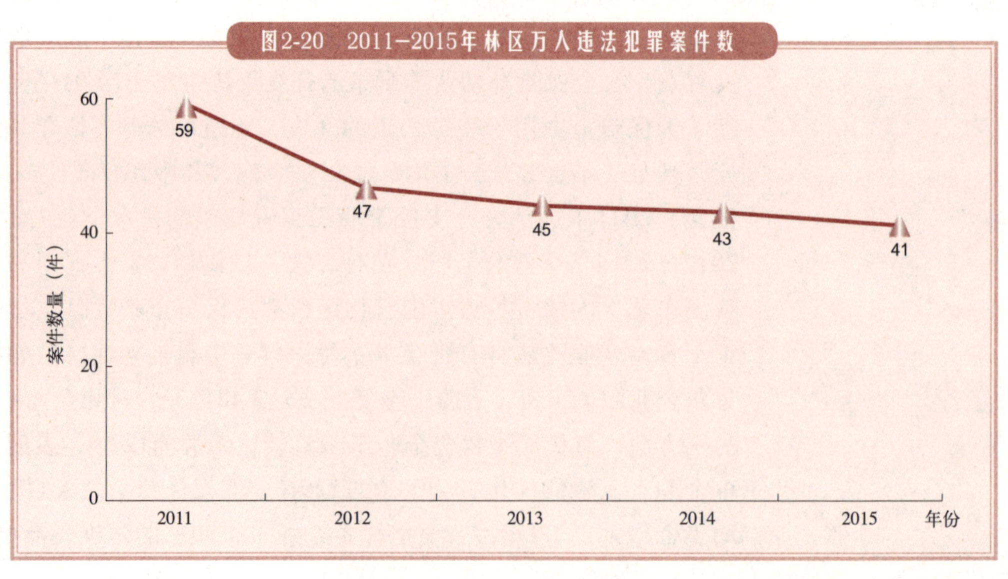

会稳定的一个重要因素，贫困人口下降有助于社会稳定；二是林区社会治安形势不断好转，2011－2015年间林区万人违法犯罪案件数从59件在稳步减少至41件，天保工程二期以来万人违法犯罪案件数已下降了30.51%（图2-20），表明天保工程二期的实施有效地促进了林区稳定。

四　问题与建议

（一）主要问题

1．林业职工富余与人力资源短缺问题并存，职工安置政策急需调整

一是其他行业职工逆向回流，职工安置压力增大。随着林木采伐管理政策从限伐转变为停伐，各个林业局富余职工安置问题更加突出。但是，2016年黑龙江省政府向重点国有林区分流8000多名龙煤集团的富余职工，这进一步加大了林业富余职工分流安置压力。例如，鹤北林业局下岗待安置职工595人，停伐后需转岗安置300人，同时还需接收鹤岗矿业集团分流的富余职工1000人，企业富余职工安置压力增加了1倍多。二是林业职工年龄结构偏大，森林资源经营管护将缺乏有效人力资源。鹤北林业局在册职工的年龄偏大，40岁以上的职工占在册职工总数的72.21%，50岁以上的职工比例达到19.46%。由于严格执行“人员只出不进”的原则，年轻的较高学历的人员不能及时补充进来，职工的老龄化问题会更突出，新的知识技能也将难以及时引入进入，人员盲目的“精简”不利于“高效”的森林资源管理机构的形成。

2．森林资源重复管理的问题需纠正，管护方式有待创新

一是森林资源平级重复管理问题凸显。在一些进行森林资源管理体制改革试点的林业局，按照森林资源管办分开改革需要，同时存在林业局和林管局。停伐政策实施后，林业局没有木材生产任务，转变为森林资源经营和管护单位，与林管局的职能并列重叠。另一方面，林管局没有实行经济单独核算，对监管对象林业局存在完全的经济依附关系。林业局和林管局形式上分离，功能上重叠，森林资源管理成本增加，管护矛盾冲突增多。二是森林资源管护问题突出。在管护量上，大部分林业局管护任务依据管护资金量和管护员工资水平进行安排，由于管护费用标准低，为了维持管护员的收入水平就成倍地增加管护任务量，有的甚至超过天保工程方案要求3倍之多，管护面积过大，人员过少，管护质量与效率难以保障。在管护机制上，各林业局均采取森林资源专业管护模式，通过购买服务等其他方式进行管护的森林面积为0。究其原因：一方面停伐之后，林业职工转岗安置数量增大，森林资源管护成为重要的安置渠道，企业不想打破原有管护形式，无暇顾及管护模式创新；另一方面由于缺乏不同管护模式的管护效率比较研究，无法评判不同管护模式在护林、就业、增收方面的作用；此外林区经济发育程度较低，市场化的购买服务机制无法自发形成，急需政策规范引导。

3．社会管理职能移交困难，可能干扰林区社会正常运转

中央要求地方各级政府对行政区域内的保护森林、改善民生负总责。但是，目前地方政府对所承担的责任履行不充分，不到位。地方政府认为林区社会因林而生，既然重点国有林区森林资源产权归国家所有，就应该由中央财政承担林区社会正常运转经费，地方政府仅起辅助作用。在客观条件上，林区社会发展长期形成的“大林业、小政府”格局也不利于地方政府履行责任。例如，方正林业局局址所在地是一个典型的林业小城镇，但是当地根本就没有镇政府，社会管理和办社会职能根本没法移交出去。在履责条件上，地方经济体量小，政府财力弱，尽责能力不强，林业局担心简单移交可能会影响社会正常运行，引发一系列社会矛盾。

4．林区经济发展的“瓶颈”问题和盲目发展问题并存

“瓶颈”问题包括：产业发展建设用地或配套用地紧缺，招商引进的产业无法正常落地；林下经济发展缺乏专项扶持政策；水、电、路、网短缺，而且收费过高。在方正林业局，林业生产用电电价与地方同网不同价，电价过高增加林业产业发展成本。盲目发展问题包括：盲目引进所谓的“战略投资者”，钟情于周期短、见效快的矿产、风电等项目，存在破坏森林资源的隐患。方正林业局引进黑龙江晶宝石英矿开发公司等企业，在项目引进上把生态资源保护与经济发展局部对立起来，会因“产业强局”而影响“生态立局”。

（二）政策建议

1．多措并举，促进职工转岗就业

一是推进森林可持续经营，把森林经营与职工就业增收相结合。这包括加强后备资源培育，提高补助标准；加大营林基础设施建设资金投入，加强良种基地、苗木生产基地、“三站”和林区道路建设，全面提高森林经营水平，夯实职工就业增收的基础。二是给予下岗再就业职工无息贷款政策，重点扶持下岗职工从事林下经济、家庭经济、种植养殖和林区旅游等经营项目。结合林下资源综合利用，逐步推行家庭生态林场的资源管护模式。争取把职工培训纳入新型职业农民培育体系。三是借鉴国企改革“量资到人”、农村改革实行农地“三权分置”、集体林地改革“折股到户”等经验，划出部分国有林区部分经营性林地的使用权，联合资金、设备、技术等其他生产要素，统一量化成股权，分配给职工，既增加职工财产性收入，又能促进部分职工直接参与林地经营，为他们增加创业就业平台。

2．加强森林资源管护制度建设

一是落实森林资源保护国家责任。森林资源的“管”的职能，如编制、落实和监督森林有关标准、政策、规划和战略等由林业部门承担；生态监测、经营承包和森林保护培育监管等职能由林区事业单位承担，并通过法律为其管理执法等职能授权。二是建立健全森林管护档案，加强制度建设。建立健全各项制度和档案，可以

及时准确地提供森林管护工作的基本情况，使日常工作主次有分、轻重有别，使森林管护工作逐步走向制度化、规范化、科学化。三是鼓励企业在森林资源管护模式上大胆实践，探索分析不同管护模式的优缺点，实现因地制宜、科学高效的森林资源管护。

3．用政企分开带动事企、管办分开

“政企分开”是解决政企、政事、事企、管办“四分开”这些诸多矛盾中的主要矛盾。因为政企分开了，随之事企、管办也就分开了，能达到“一石三鸟”的效果。在政企分开后，对于分离出来的企业，没有资源保障、没有市场出路、经营非核心资产的，应按照市场经济规则，逐步淘汰；对于社会公益性、森林资源保育性企业，要继续建立与天保工程的挂钩机制，保障其基本业务。剥离企业职能后，林业局只剩下森林资源管理职能，暂时保留社会公益事业托管职能，从根本上改变了森工企业的性质。在此情况下，没有必要再将林业局和森林资源管理局分开。对于已经将林业局和国有林管理局试点分开的，应将两个单位合二为一；对于其他林业局可以直接“翻牌”为国有森林资源管理局，在省域内实行垂直管理体制，直属省森林资源管理总局，接受直接领导，并接受省专员办的业务监督。

4．大力发展绿色富民产业，加快林区经济转型发展

一是大力发展品牌经济。停伐政策实施可以迫使森工企业走出林区，按照品牌经济发展路径，借助丝路经济带和边疆经济走廊战略机遇，利用企业特有的地理、人才、技术、设备优势，做大做强对外森林资源、林产工业、农业、养殖业等多领域合作开发，集优势兵团打好林产工业高精尖出口品牌，打造跨境产业链和产业聚集带，再造“新森工”。二是大力发展林下经济。重点国有林区经济转型发展要走重“森”“工”并重的新路。林区经济发展如果仅仅重“工”不重“森”，必然竭泽而渔，走不长远；如果仅仅重“森”不重“工”，必然缘木求鱼，走不长久；只有“森”、“工”并重才能将绿水青山、冰山雪山转变为“金山银山”。在政府层面，应将国有林区林下经济纳入财政补贴范围，推进林业立体化、精品化开发，促进资源多重利用，提高林下经济产品产量和产出。三是大力发展混合经济。国有资本、集体资本、非公有资本等交叉持股、相互融合的混合所有制经济，是基本经济制度的重要实现形式。中央6号文件提出，“积极推进各类社会资本参与林区企业改制，提高林区发展活力”。目前，重点国有林区经济结构相对单一，产权结构相对单一，需要创新产权模式，通过适度扩大林地经营权和林木所有权的流转、抵押、担保、入股等形式，促进森林资源转化为资产，吸引金融、工商、社会资本投资林区经济发展。

附表2-1 天然林资源保护工程二期东北、内蒙古等重点国有森工企业社会经济中期评估指标体系

目标层	系统层	准则层	指标层	指标计算公式
天然林资源保护工程二期东北、内蒙古等重点国有森工企业社会经济综合效益指数A	经济效益指数B1 (0.5)	经济增长指数C1（0.3275）	企业总产值年均增长率D1（0.4208）	$\frac{\text{第}T\text{年企业总产值}-\text{第}(T-1)\text{年企业总产值}}{\text{第}T\text{年企业总产值}}\times100\%$
			服务业产值年均增长率D2（0.1475）	$\frac{\text{第}T\text{年服务业产值}-\text{第}(T-1)\text{年服务业产值}}{\text{第}T\text{年服务业产值}}\times100\%$
			服务业拉动林区经济增长能力D3（0.2289）	$\frac{\text{第}T\text{年服务业产值增长量}}{\text{第}(T-1)\text{年企业总产值}}\times100\%$
			木材相关行业拉动林区经济增长能力D4（0.0281）	$\frac{\text{第}T\text{年木材相关行业产值增长量}}{\text{第}(T-1)\text{年企业总产值}}\times100\%$
			非木质林产品产业拉动林区经济增长能力D5（0.1747）	$\frac{\text{第}T\text{年非木质林产品产业产值增长量}}{\text{第}(T-1)\text{年企业总产值}}\times100\%$
		经济结构指数C2（0.2599）	服务业增加值占企业总产值比例D6（1.000）	$\frac{\text{第}T\text{年服务业产值}}{\text{第}T\text{年企业总产值}}\times100\%$
		投资质量指数C3（0.4126）	每万元工程资金保障蓄积增加量D7（0.4545）	$\frac{\text{某段时期内森林蓄积增加量}}{\text{这段时期内天保投资资金总额}}\times100\%$
			森林培育经营每亩直接成本与间接成本之比D8（0.0909）	$\frac{\text{经营区内各类森林培育经营措施平均实际直接成本}}{\text{经营区内各类森林培育经营措施平均实际间接成本}}$
			天保工程投资效果系数D9（0.4545）	$\frac{\text{某段时期内企业总产值增加值}}{\text{这段时期内天保投资资金总额}}$

（续）

目标层	系统层	准则层	指标层	指标计算公式
天然林资源保护工程二期东北、内蒙古等重点国有森工企业社会经济综合效益指数A	社会效益指数B2（0.5）	职工就业增收指数C4（0.5936）	林区职工效益分配指数D10（0.168061）	$\frac{\text{在岗职工工资总额+社会保险补助费+企业办社会教育及卫生医疗开支+棚户区改造开支一次性安置人员两险补贴}}{\text{天保工程投资资金总额+森工企业木材收入+土地收入等收入}}$
			每万元工程资金创造就业岗位数D11（0.156398）	$\frac{\text{某段时期内在岗职工人数}}{\text{这段时期内天保投资资金总额}}$
			在岗职工平均工资D12（0.489552）	$\frac{\text{在岗职工工资总额}}{\text{在岗职工人数}}\times 100\%$
			每亿元工程资金职工工资转化系数D13（0.18599）	$\frac{\text{某段时期内职工工资总额增加量/这段时期内年均职工数}}{\text{这段时期内天保投资资金总额}}$
		社会稳定指数C5（0.1571）	林区贫困人口比例D14（0.6753）	$\frac{\text{林区低收入人口}}{\text{企业经营区总人口}}$
			万人违法犯罪案件数D15（0.3247）	$\frac{\text{林区违法犯罪案件数}}{\text{企业经营区总人口/10000}}$
		基础设施指数C6（0.2493）	林场通水率D16（0.3714）	$\frac{\text{饮用水达标林场数}}{\text{企业下属林场数}}$
			林场通电率D17（0.4027）	$\frac{\text{通电林场数}}{\text{企业下属林场数}}$
			林区公路网密度D18（0.2259）	$\frac{\text{林区公路网密度}}{\text{企业经营区面积}}$

附表2-2　天然林资源保护工程二期东北、内蒙古等重点国有森工企业社会经济中期评估指标得分

目标层	目标层得分	系统层	系统层得分	准则层	指标层	指标得分
天然林资源保护工程二期东北、内蒙古等重点国有森工企业社会经济综合效益指数A	0.7478	经济效益指数B1	0.7833	经济增长指数C1	企业总产值年均增长率D1	0.0640
					服务业产值年均增长率D2	0.0234
					服务业拉动林区经济增长能力D3	0.0319
					木材相关行业拉动林区经济增长能力D4	-0.0037
					非木质林产品产业拉动林区经济增长能力D5	0.0241
				经济结构指数C2	服务业增加值占企业总产值比例D6	0.1273
				投资质量指数C3	每万元工程资金保障蓄积增加量D7	0.0924
					森林培育经营每亩直接成本与间接成本之比D8	0.0131
					天保工程投资效果系数D9	0.0192
		社会效益指数B2	0.7123	职工就业增收指数C4	林区职工效益分配指数D10	0.0494
					每万元工程资金创造就业岗位数D11	0.0071
					在岗职工平均工资D12	0.1156
					每亿元工程资金职工工资转化系数D13	0.0549
				社会稳定指数C5	林区贫困人口比例D14	0.0056
					万人违法犯罪案件数D15	0.0004
				基础设施指数C6	林场通水率D16	0.0459
					林场通电率D17	0.0498
					林区公路网密度D18	0.0274

天然林资源保护工程县社会经济效益监测报告

天然林资源保护工程（以下简称“天保工程”）二期启动以来，全国近千个县（局）级实施单位认真完成各项建设任务，积极探索国有林改革和转型发展路径，工程建设取得了显著的生态、社会和经济效益。2015年是国民经济和社会发展第12个五年规划的收官之年，也是天然林资源保护相关政策措施取得重大突破的关键之年。当年，东北、内蒙古重点国有林区和河北省停止了天然林商业性采伐，完成了全国停止天然林商业性采伐的第一步。2016年，中央财政将天保工程森林管护费补助由每年每亩6元提高到了8元，重点国有林区管护费补助增加10亿元，将有效缓解工程实施单位资金短缺的压力，推动林区职工家庭加速脱贫奔小康。

2015年是对长江上游、黄河上中游地区天保工程样本县①连续跟踪监测的第14年。继续采取定点跟踪监测的方法收集样本数据，监测主要内容包括工程进展与政策执行情况、生态建设与保护情况、林区经济社会发展情况等。天保工程二期建设时间过半，综合分析来自50个监测样本的数据信息，全面评估“十二五”期间工程建设成效，总结天然林资源保护和国有林区改革所取得的成功经验，剖析面临的困难，提出政策调整的建议。

① 50个监测样本包括：河南省的栾川县、卢氏县、西峡县、淅川县；湖北省的恩施市、房县、谷城县、茅箭区、郧县、丹江口市；重庆市的江津区、巫溪县、巴南区、武隆县、忠县；四川省的通江县、松潘县、美姑县、康定县、理塘县、木里县、马边县；贵州省的凯里市、都匀市、习水县、大方县、水城县；云南省的玉龙县、德钦县、鹤庆县、元谋县、南华县、兰坪县、广南县、泸水县；陕西省的黄龙山自然保护区、周至县、凤县、淳化县、镇坪县、宜君县、定边县；甘肃省的镇原县、两当县、祁连山国家级自然保护区、岷江林业总场、康南林业总场；青海省的民和县、互助县、门源县。

一 工程进展及政策执行情况

自天保工程启动以来，生态保护和环境改善逐渐成为社会各界关注的重要问题，日益严格的天然林资源保护政策得到了公众的理解和大力支持，森林质量提升、林业职工就业与社会保障、林区社会经济转型等成为当前天保工程政策要实现的主要目标。

（一）森林管护

森林管护主要负责防火、森林病虫害防治和制止乱砍滥伐、超限额采伐、毁林开荒及各种破坏森林资源的活动。森林管护是巩固天保工程生态建设与保护成果的关键措施，也是解决工程区林业职工和当地居民就业问题的重要渠道。2015年，样本县管护林地面积继续扩大，森林管护人员队伍保持稳定，补助资金投入大幅增加，森林管护工作稳步推进，为工程区生态恢复和民生改善注入了强劲动力。

1. 森林管护面积进一步扩大

2015年，样本县年初计划管护林地面积888.87万公顷，实际管护面积955.92万公顷，比2014年增加了44.49万公顷，实际管护面积超出计划7.54%，平均每个县管护森林面积19.12万公顷；管护林地面积占当年样本县林业用地面积（1327.60万公顷）的72.00%，与2014年相比提高了2.82个百分点。其中，管护国有林面积430.53万公顷，占管护林地面积的45.04%；管护集体林面积525.39万公顷，占管护林地面积的54.96%。与2014年相比（图2-21），管护集体林面积增加了29.72万公顷，在全部管护林地面积中所占比例上升了0.58个百分点；管护国有林面积增加了14.77万公顷，但所占比例略有下降。

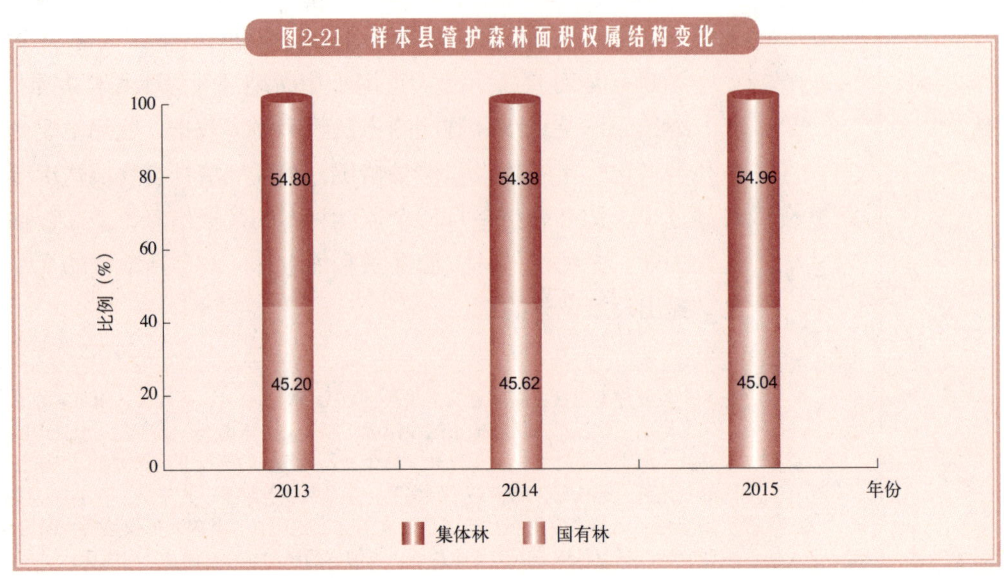

图2-21 样本县管护森林面积权属结构变化

2．森林管护模式已趋于稳定

自天保工程启动以来，各地都在积极探索适合本地区实际的森林管护方式。从当前的结果来看，国有林主要通过建立管护站来管护，集体林以承包管护为主。2015年，样本县建立管护站管护的国有林面积393.54万公顷，占当年管护国有林面积的91.41%；专业队管护、承包管护及其他方式管护的国有林面积分别为22.44万公顷、11.36万公顷和3.2万公顷，合计仅占管护国有林面积的8.59%（图2-22）。当年，样本县承包管护集体林面积284.88万公顷，占管护集体林面积的54.22%；林农直接管护集体林面积58.46万公顷，占11.13%；分级管护集体林面积37.24万公顷，占7.09%；家庭托管等其他管护方式管护的集体林面积144.81万公顷，占27.56%（图2-23）。相比之下，国有林由基层林业站或国有林场负责管护，因而管护方式较为单一；确权到户的集体林地主要采取承包的方式，由一家一户负责管护。

3．管护人员数量显著增加

与2014年相比，样本县森林管护人员数量大幅增加，但林业职工数量依然在减少。2015年，样本县共有森林管护人员25117人，比2014年增加了1910人。其中，林业职工7524人，年内减少了476人；农民及其他管护人员17593人，比2014年增加

图2-22　2015年样本县国有权属林地管护模式

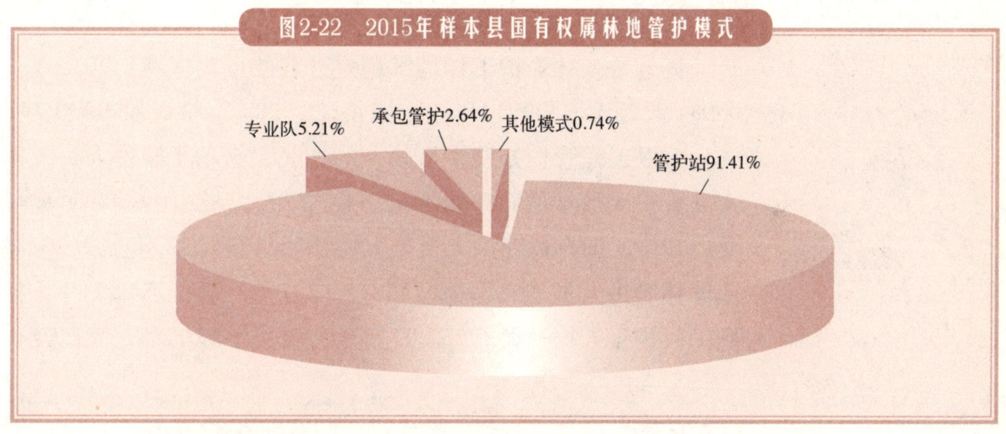

图2-23　2015年样本县集体权属林地管护模式

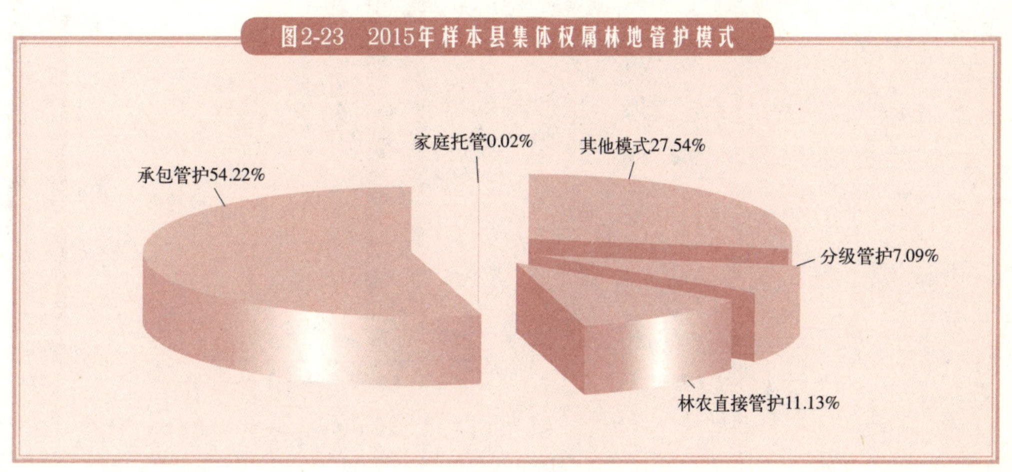

了2386人。受天保工程管护费补助标准提高影响，管护补助收入对林区农民的吸引力增强，工程管护队伍得以壮大。

天保工程二期启动以来，管护人员分配随管护方式变化发生了调整，国有林主要由林业职工管护，集体林主要由农民管护。2015年，样本县国有林管护人员8824人；其中，林业职工6658人，农民及其他人员2166人。当年样本县集体林管护人员16293人；其中，林业职工866人，农民及其他人员15427人（图2-24）。与2014年相比，林业职工在国有林和集体林管护人员数量中所占的比例分别下降了9.20%和0.78%，而农民及其他人员在国有林和集体林管护人员数量中所占的比例同时上升，已占管护人员总数的70.04%，成为天保工程区管护队伍的绝对主力。

4．平均管护任务量有所降低

近年来，样本县森林管护面积在增加，但管护人员数量在减少，因而人均承担任务量一直在加重，这一趋势在2015年有所好转。2015年，样本县人均管护林地面积为380.59公顷，与2014年相比减少了12.15公顷。其中，人均管护国有林面积487.91公顷，人均管护集体林322.46公顷。相比之下（图2-25），通过建立管护站来集中管护国有林的效率更高，而一家一户的分散管护方式效率较低，这也是天保工程二期启动后大力扶持管护站建设的重要原因。

5．管护补助收入大幅提高

资金是森林管护工作持续稳定开展的重要保障。2015年，样本县森林管护投入63981.22万元，与2014年相比增长了57.28%，净增加23300.79万元。

天保工程管护补助资金投入的增长，带动了管护人员收入的提高。2015年，样本县管护人员年平均补助收入25473.27元，与2014年的收入水平相比增加了7943.89元。其中，国有林管护人员年人均补助24731.29万元，与2014年相比增长了9.68%；集体林管护人员年人均补助25875.12万元，增长了42.71%。按管护人员身份，林业职工管护年人均补助29862.03万元，增长了39.12%；农民及其他人员管护年人均补

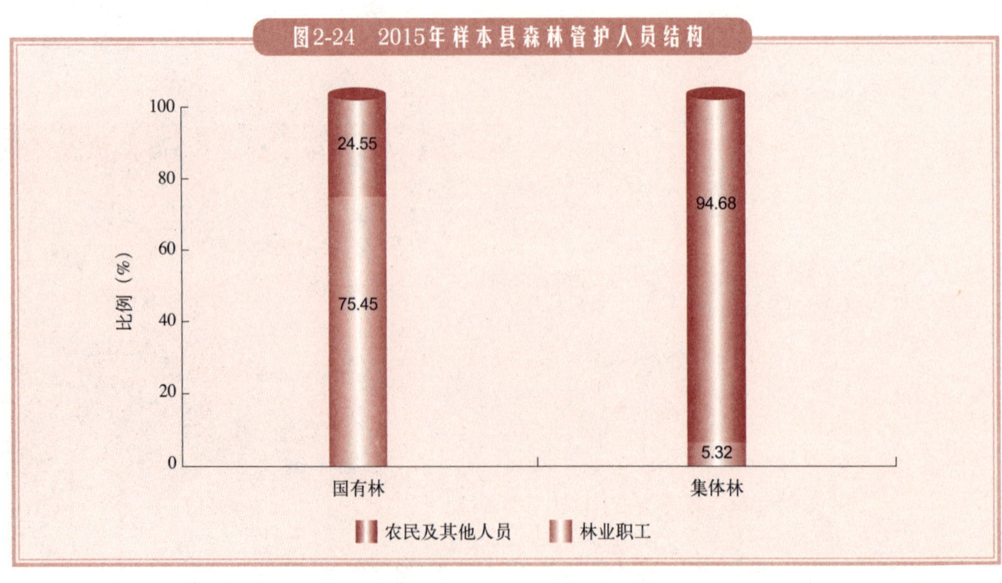

图2-24　2015年样本县森林管护人员结构

图2-25 2015年样本县主要管护方式的人均任务量

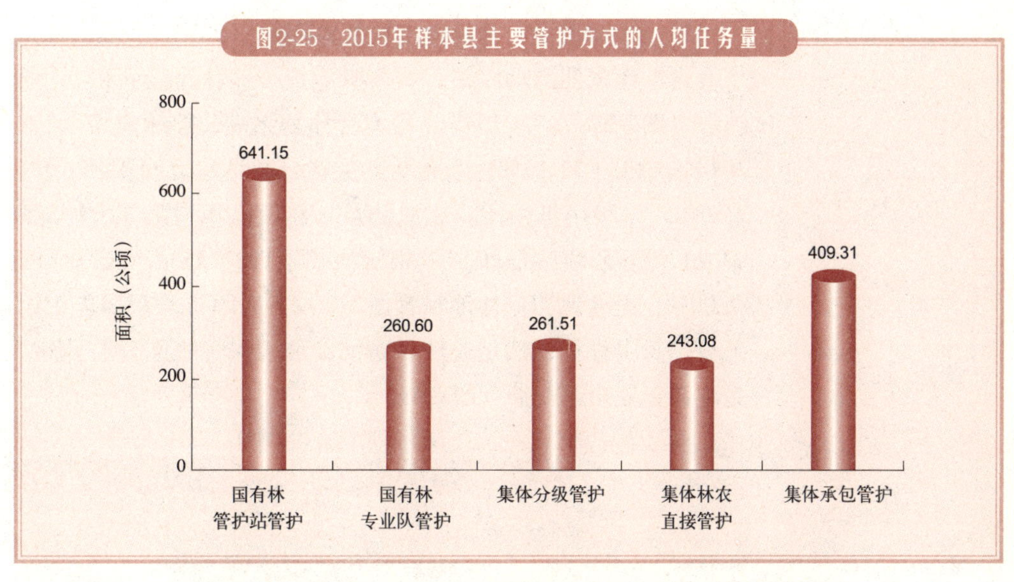

图2-26 样本县国有林和集体林单位面积管护费补助投入

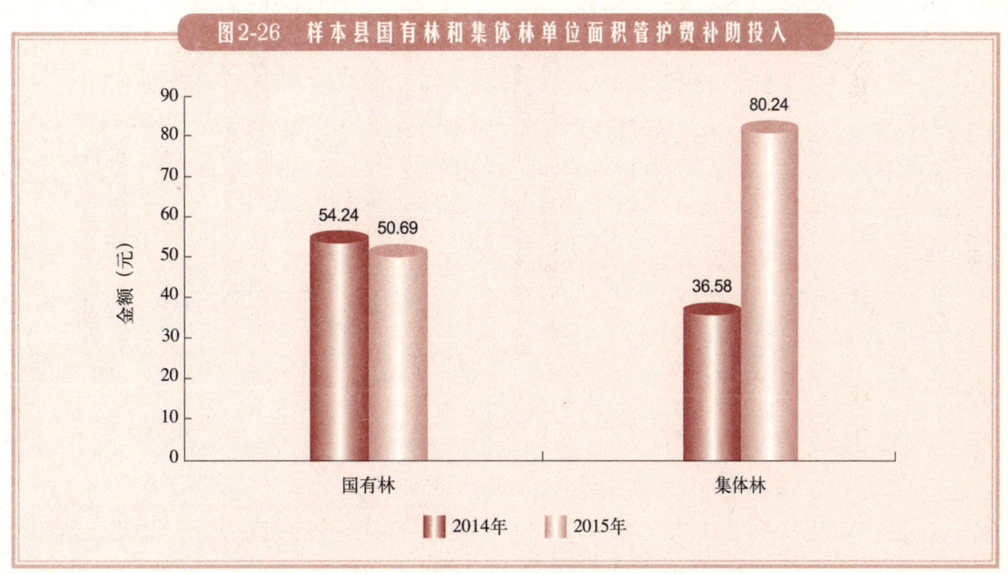

助23596.33万元，增长了22.79%。相比之下（图2-26），国有林每年管护费投入减少了3.55元/公顷，而集体林每年管护费支出增加了43.66元/公顷。尽管森林管护是按林地面积投入资金，但管护费支出由人员数量和人均补助金额决定，2015年集体林面积和管护人员数量都有大幅增加，且管护人员收入明显提升，已超过国有林管护人员的收入水平，因而集体林的平均管护费投入增幅较大。

（二）公益林建设

植被恢复是天保工程建设的主要目标，也是生态改善的基础条件。天保工程二期继续在长江上游、黄河上中游地区安排公益林建设任务，以尽快恢复林草植被。“十二五”期间，样本县完成公益林建设面积23.39万公顷，占同期长江上游、黄河上中游地区天保工程公益林建设面积的9.69%。

1．自然恢复是公益林建设的主要手段

自工程二期启动以来，样本县完成公益林建设面积基本保持稳定，总体呈下降趋势（图2-27）。2015年，样本县计划完成公益林建设面积4.18万公顷，计划数比2014年增长了31.13%。当年实际完成公益林建设面积4.28万公顷，超出年初计划的2.39%。与2014年相比，完成公益林建设面积增加了0.99万公顷。其中，人工造林完成1.79万公顷，与2014年相比增长了118.29%；飞播造林面积0.37万公顷，增长85.00%；无林地和疏林地封育面积2.12万公顷，与2014年相比减少了6.61%。从数量上看，封山育林依然是长江、黄河流域天保工程区公益林建设的主要手段，占当年完成任务量的近一半（图2-28）。

图2-27 “十二五”期间样本县完成公益林建设面积

图2-28 样本县公益林建设任务构成

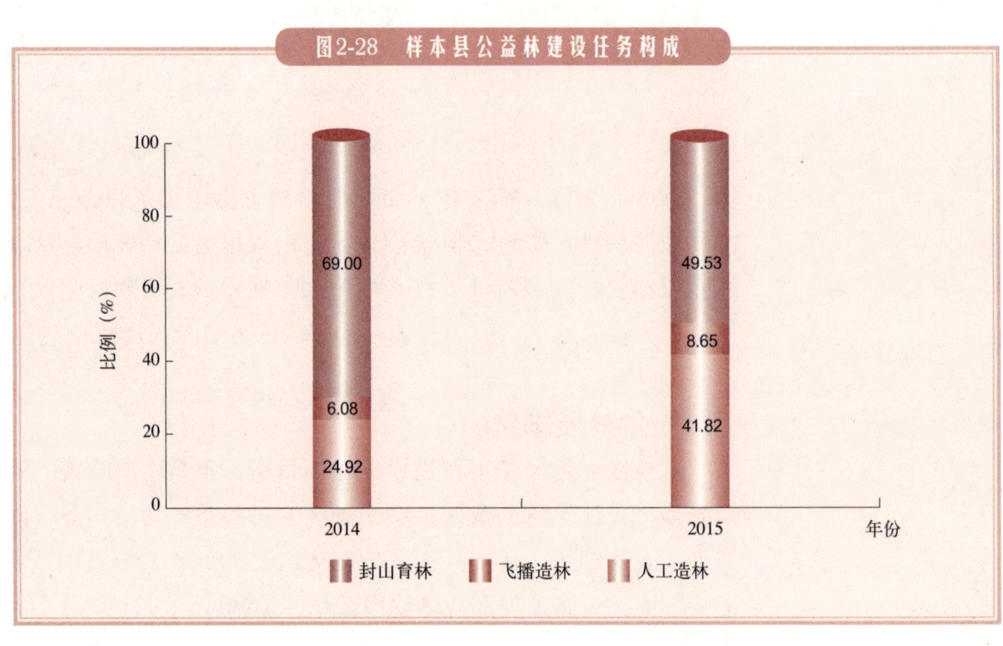

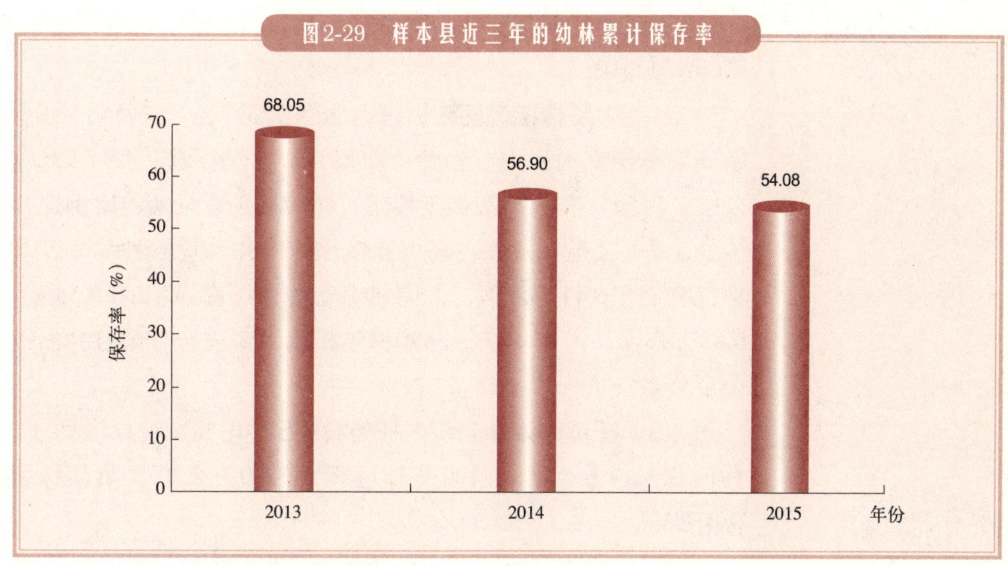

图2-29　样本县近三年的幼林累计保存率

2．幼林保存率持续降低

天保工程试点（1998年）至今，从一期开始监测的44个样本县已累计完成公益林建设面积105.66万公顷，占同期长江、黄河流域天保工程完成公益林建设面积（1620.66万公顷）的6.52%。但由于长江和黄河上游部分地区自然条件较差，近年来44个样本县幼林保存率明显呈下降趋势（图2-29），2015年仅为54.08%。从当年造林成效来看，黄河流域的飞播造林成效率和封山育林合格率都略低于长江流域，造林成活的难度越来越大。

3．其他植树造林工作稳步推进

除人工造林、飞播造林和封山育林外，样本县还安排了更新造林任务，并坚持四旁植树，美化村镇环境。2015年，样本县完成更新造林面积0.33万公顷，与2014年相比减少了17.50%；完成四旁（零星）植树2496.36万株，与2014年相比增长了6.44%。近年来，样本县更新造林和四旁植树的任务量安排较少，主要是缺少专项资金支持，很难扩大规模。

（三）森林抚育

中幼龄林抚育是天保工程二期的主要建设任务之一，目的是提高工程区森林质量和林地生产力，为工程区居民就业和增收创造条件。截至2015年，样本县已累计完成中幼龄林抚育30.26万公顷，占同期长江、黄河流域天保工程区完成中幼龄林抚育总面积的19.31%。

1．中幼龄林抚育面积持续扩大

中幼龄林抚育工作在长江上游、黄河上中游天保工程区已开展5年，从样本县的实施情况来看，抚育作业对象以中龄林和公益林为主，抚育作业方式主要是生长伐。2015年，样本县计划抚育中幼林面积7.17万公顷，占样本县中幼龄林面积的

1.37%；当年样本县完成中幼龄林抚育7.24万公顷，超计划0.98%，比2014年多完成了0.81万公顷。

（1）中龄林抚育面积占任务量的52.07% 按林龄划分，2015年样本县完成的中幼龄林抚育面积中，幼龄林面积为3.47万公顷，占47.93%；中龄林面积为3.77万公顷，占52.07%。与2014年相比，幼龄林抚育量所占比例提升了6.72个百分点。

（2）公益林抚育占任务量的88.54% 按林种划分，2015年样本县完成公益林抚育面积6.41万公顷，占完成中幼龄林抚育面积的88.54%；完成商品林抚育面积0.83万公顷，占11.46%。与2014年相比，完成抚育公益林面积比例再次上升了27.42个百分点。

（3）抚育集体林面积占任务量的52.49% 按权属划分，样本县完成抚育国有林面积3.44万公顷，抚育集体林面积3.80万公顷。集体林所占比例上升了2.26个百分点。

当年，样本县完成低产低效林改造面积2.01万公顷，比2014年增加了1倍以上。资金总投入2557.63万元，比2014年增长了55.58%。

2．参与森林抚育的林业职工大幅减少

2015年，样本县中幼龄林抚育用工总量为10.57万工日，平均每公顷用工1.46个工日。2015年，样本县从事中幼龄林抚育的人数为19881人，比2014年增加了4411人。其中，林业职工3015人，占参与森林抚育人数的15.17%。与2014年相比，参与森林抚育的林业职工减少了4606人；森林抚育只是季节性用工，样本县森林抚育以临时雇工完成为主，参与的林业职工较少，在从事森林抚育的人员中所占比例不大（图2-30），多数年份不到1/5。

3．森林抚育人均补助略有提升

监测显示，2015年样本县森林抚育资金投入有所增加，用于人员的补助投入也在增加，抚育人员补助收入小幅增加，将对吸纳更多劳动力投入森林抚育工作

图2-30 样本县林业职工在从事森林抚育人员中所占比例

有着积极的作用。2015年，中央财政对样本县中幼龄林抚育投入的资金总额为11980.23万元，与2014年相比增长了58.96%。其中，抚育用工补助总额11403.06万元，占当年样本县中幼龄林抚育总投入的95.18%，与2014年相比下降了1.87个百分点。2015年，样本县森林抚育人员平均补助收入5735.66元，与2014年相比增加了756.63元。其中，参与森林抚育的林业职工平均补助收入9474.03元，农民及其他人员平均补助收入5067.38元。相比之下，林业职工的人均抚育补助收入是农民及其他人员的2倍。

（四）天然林商业性禁伐与木材产量

停止天然林商业性采伐、调减木材产量是保护天然林最直接、最容易操作的手段，也是我国天然林休养生息和恢复发展的重要途径。与工程一期相比，长江上游、黄河上中游天保工程区的木材产量增加非常明显，但采伐限额的执行率持续偏低，采伐消耗对森林资源的压力在减弱。

1．人工商品林是木材采伐的主要来源

随着我国林业发展战略目标的转移，我国木材生产的主要来源也在发生变化，木材主产区从东北内蒙古重点国有林区转向南方集体林区，由采伐天然林转向采伐人工林。监测显示，2015年样本县商品材产量为41.73万立方米，其中原木29.82万立方米，薪材11.91万立方米。当年，采伐消耗森林蓄积量70.74万立方米，出材率为58.99%；其中，天然林17.33万立方米，人工林53.41万立方米；采伐消耗商品林蓄积量为65.03万立方米，消耗公益林蓄积量5.71万立方米。综合对比来看（图2-31），样本县木材采伐的重点已转向人工林和商品林，与2011年工程二期启动时相比，采伐人工林的比例上升了0.62个百分点。

2．森林采伐限额执行率再创新低

近年来，采伐限额利用不充分一直是长江上游、黄河上中游天保工程区存在

图2-31　样本县近年来木材产量来自人工林的比例

的一个主要问题，一定程度上制约了木材采伐加工业的发展。2015年，样本县批准森林采伐限额340.40万立方米，与2014年相比增长了22.72%（图2-32）。当年，样本县木材生产消耗森林蓄积量仅为70.74万立方米，与2014年相比减少了36.46%（40.59万立方米）。批准采伐限额在增长，但实际采伐森林蓄积量在减少，更突出了样本县采伐限额利用不充分的问题。

3．主要林产品产量呈下降趋势

自天保二期启动以来，样本县木材产量已从2011年的70.08万立方米降至2015年的41.73万立方米（图2-33）。2015年，样本县生产原木29.82万立方米，与2014年相比减少了22.00%；采伐薪材11.91万立方米，比2014年增长了6.15%。2015年，样

图2-32　样本县近年来森林采伐限额及执行率

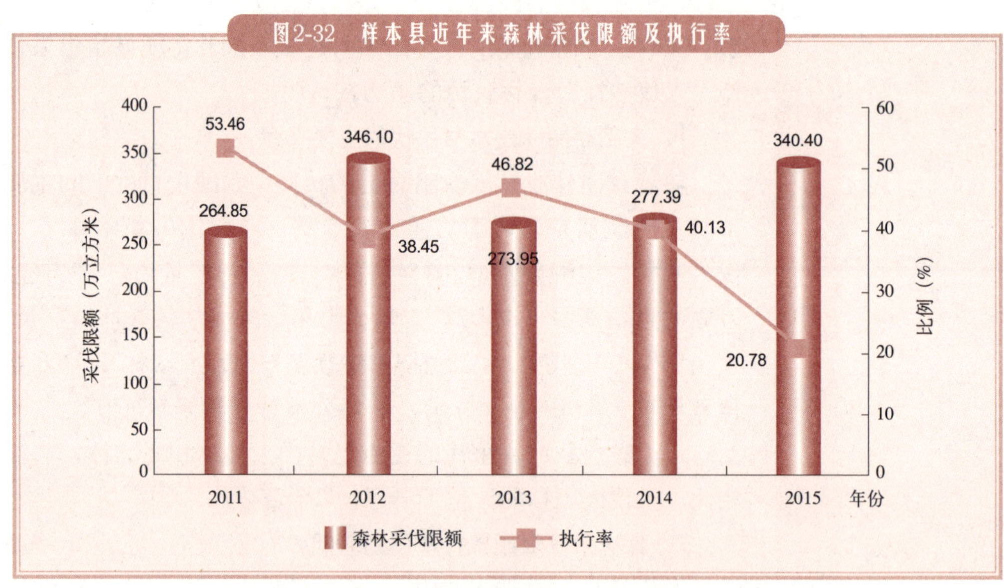

图2-33　2011－2015年样本县商品材产量

本县竹材产量1923.57万根，与2014年相比减少了51.22%（2020.07万根）；锯材产量20.62万立方米，减少了22.31%（5.92万立方米）；人造板产量37.85万立方米，减少了13.17%（5.74万立方米）；制造家具206.46万件，产量增长了3.49%（6.96万件）。除家具数量外，主要林产品产量都比2014年有所减少，传统的木材采伐加工产业日渐萧条。

（五）资金到位与使用

资金投入是天保工程区生态恢复和民生改善的核心保障。工程二期的前五年，样本县实际到位资金58.41亿元，其中中央财政资金49.08亿元，占84.04%。实际完成投资58.95亿元，超过同期到位资金的0.94%。对比表明，天保工程资金主要来自于中央财政，地方财政资金也保持了较快的增长趋势（图2-34），在全部到位资金中所占比例基本保持不变。

1．工程投资继续大幅增长

2015年，天保工程区国有林管护费由每年每亩5元提高到6元，社会保险补助测算基数由2008年天保工程所在省区社会平均工资的80%提高到2011年社会平均工资的80%。受投资标准提高的影响，样本县2015年工程到位资金总额达到了164043.91万元，比年初计划低了1.91个百分点，与2014年相比增长了27.76%。其中，中央财政资金投入134032.33万元，占81.71%，地方投入30011.58万元，与2014年相比增长了107.27%。对比表明（图2-35），2015年样本县的天保工程资金投入总额再创历史新高，在中央财政资金拉动下，地方财政投入增加了1倍多。

2．工程资金主要解决人员的就业与收入问题

随着天保工程建设的持续推进，中央和地方各级政府在生态保护、植被恢复、人员安置等方面加大了投资力度，年度完成投资量在增长，资金支出结构（图2-36）基本保持稳定。2014年，样本县完成投资额达到167256.56万元，与2014年相比增

图2-34　2011－2015年样本县到位资金来源构成

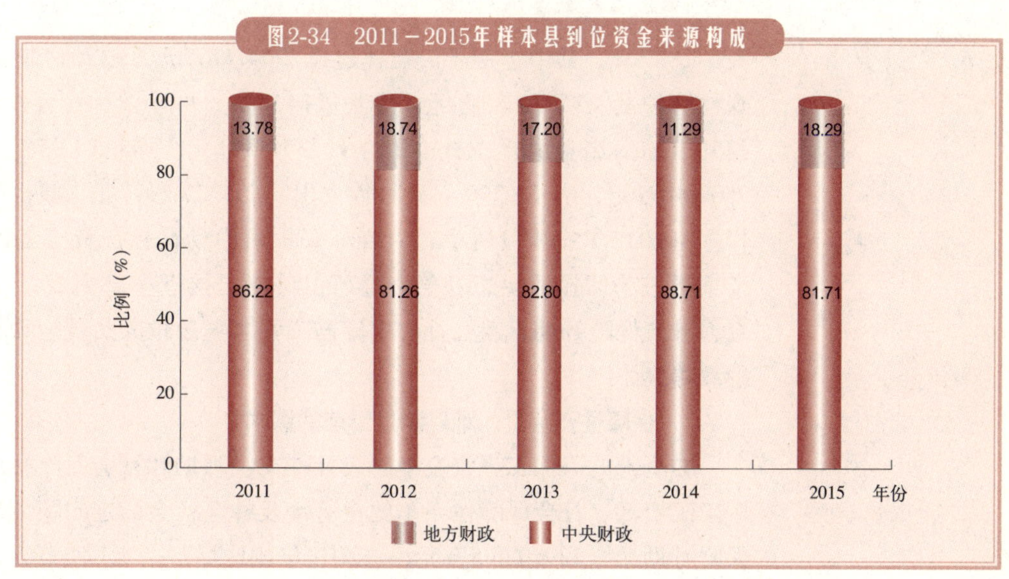

图2-35 2011—2015年样本县天保工程资金来源

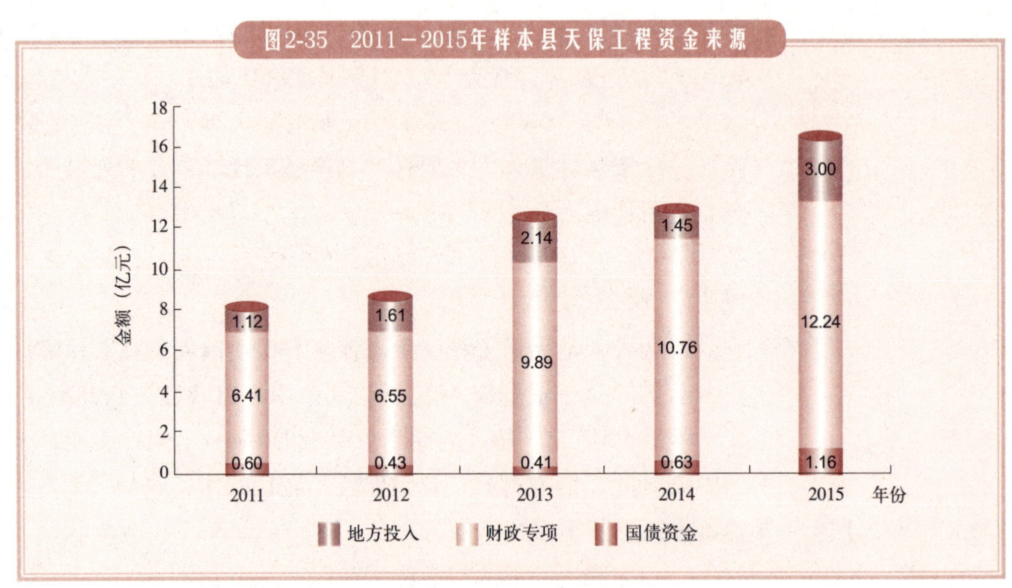

图2-36 2015年样本县天保工程资金支出结构

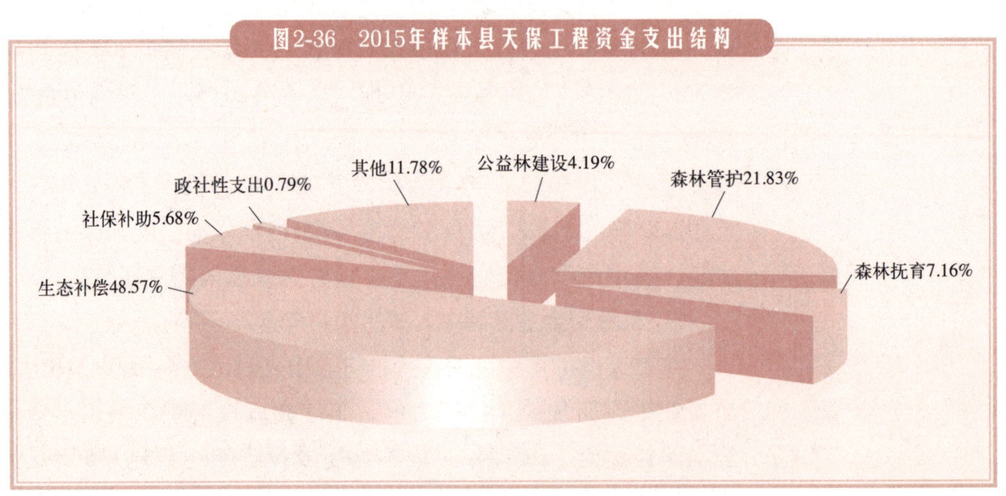

长了28.52%。其中，用于公益林建设7004.47万元，与2014年相比减少了21.09%；森林管护投入36513.75万元，增长了14.40%；中幼龄林抚育投入11980.23万元，增长58.96%；公益林生态补偿资金81235.34万元，增长14.85%；社会保险补助资金9502.48万元，增长2.39%；政社性支出补助1327.29万元，减少10.59%。对比显示，样本县2015年完成投资中，对森林管护、中幼龄林抚育等工程主要建设任务的投资增幅较为明显，生态补偿资金所占份额已接近全部完成投资的一半，管护、抚育、社会保险补助、政社性支出等与工程实施单位人员就业和收入相关的支出比例继续提高。

3．保障性资金投入难以满足当前的需求

在全部的天保工程资金中，政社性支出补助和社会保险补助直接用于解决林业职工工资低、社会保障体系不健全等涉及林区社会稳定问题。2015年，样本县社会保险补助总金额9502.48万元，与2014年相比增加了221.56万元，在当年完成投资中所占比例降低了1.45个百分点。其中，基本养老保险补助6024.51万元，与2014年相比增长7.09%；基本医疗保险补助2550.69万元，增长6.84%；失业保险补助416.13万元，减少41.31%；工伤保险补助303.07万元，减少10.15%；生育保险补助208.08万元，减少6.14%。相比之下，样本县近几年社会保险补助资金支出的增长幅度不大，支出结构保持稳定（图2-37）；2015年仅有养老和医疗保险补助略有增长，很难缓解工程区社会保险缴费标准偏低的现状，也很难弥补工程实施单位在人员保障方面的历史欠账。

图2-37　2015年样本县社会保险补助资金支出结构

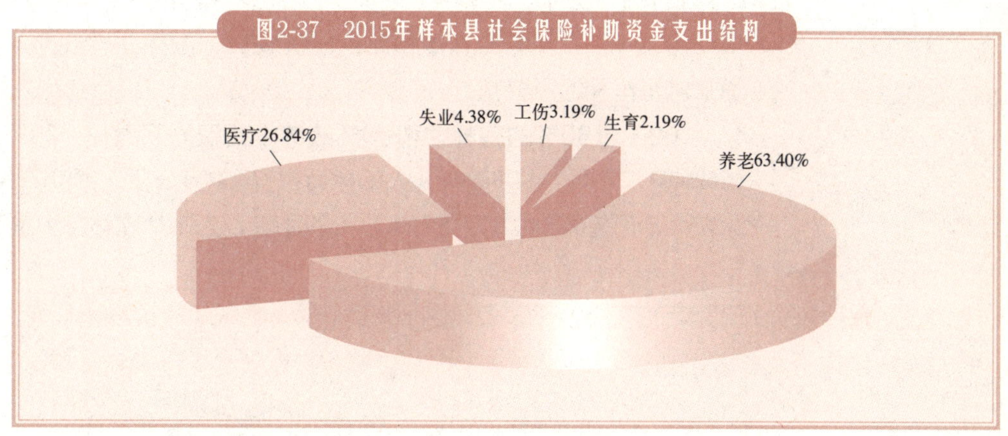

二　工程建设的生态效益

天保工程自启动以来，长江上游、黄河上中游天保工程区已累计完成公益林建设面积1620.66万公顷，完成中幼龄林抚育面积156.69万公顷，2015年管护森林面积达到了7660.34万公顷。森林植被恢复为区域生态环境改善奠定了坚实的基础。

（一）森林资源

天保工程实施17年来，工程区森林资源得到了有效恢复，样本县森林面积和林木蓄积大幅增加，生态环境得到了明显改善。

1. 森林植被覆盖率持续小幅提升

监测显示，样本县有林地、灌木林地、未成林地合计已占全部林业用地面积的92.41%，可供造林的无林地和进一步改造的疏林地数量不多，且主要是自然条件较差、成活困难的林地。2015年，样本县有林地面积800.71万公顷，疏林地18.53万公顷，灌木林地398.97万公顷（其中国家特别规定的灌木林地199.17万公顷），未成林造林地27.20万公顷，其他（苗圃、无林地等）林地82.19万公顷。与2014年相比，样本县林业用地面积增加幅度不大（0.76%）。其中，有林地和灌木林地面积分别增加了13.63万公顷和17.26万公顷，未成林地面积减少了21.03万公顷。总体上，样本县2015年的林地利用结构没有较大变化（图2-38），有林地、灌木林地、疏林地等森林植被覆盖面积占行政区土地面积的58.05%，与2014年相比提高了0.41个百分点。

2．林分结构基本保持稳定

（1）国有林面积比例不到40%，蓄积比例超过60% 按权属划分，2015年样本县国有林地面积297.34万公顷，占有林地面积的37.13%；国有权属森林蓄积量为45296.53万立方米，单位面积蓄积量152.34立方米/公顷。集体林地面积503.37万公顷，其中已确权到户402.16万公顷，占集体林地的79.89%；集体权属森林蓄积量28853.98万立方米，集体权属林地单位面积森林蓄积量为57.32立方米/公顷。对比显示（图2-39），样本县集体林面积比例较大，但林分质量远不如国有林，应进一步加强对集体林的经营抚育。

（2）近80%的有林地和90%的林木蓄积为天然林 2015年样本县天然林面积为629.97万公顷，占78.68%；人工林面积170.74万公顷，占21.32%。2015年样本县天然林森林蓄积量66300.01万立方米，占89.41%；人工林森林蓄积量7850.50万立方米，占

图2-38 2015年样本县林地利用结构

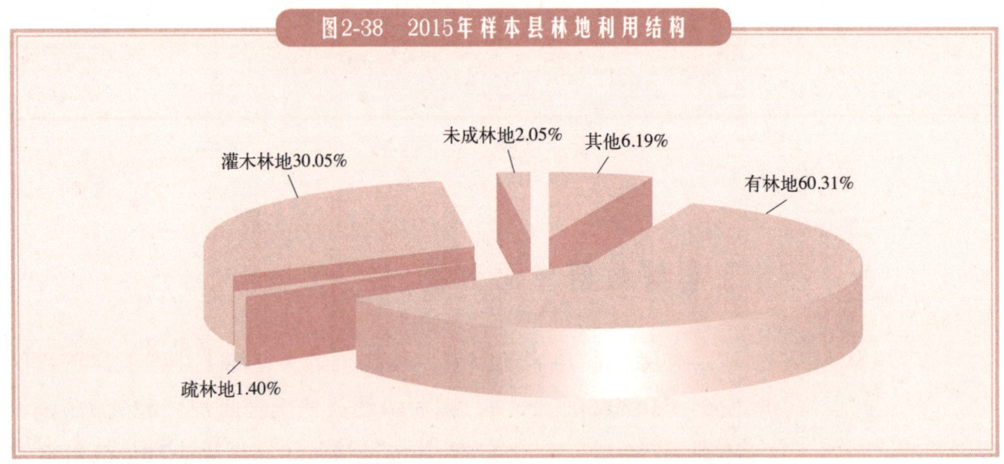

图2-39 2015年样本县有林地及森林蓄积的权属比例

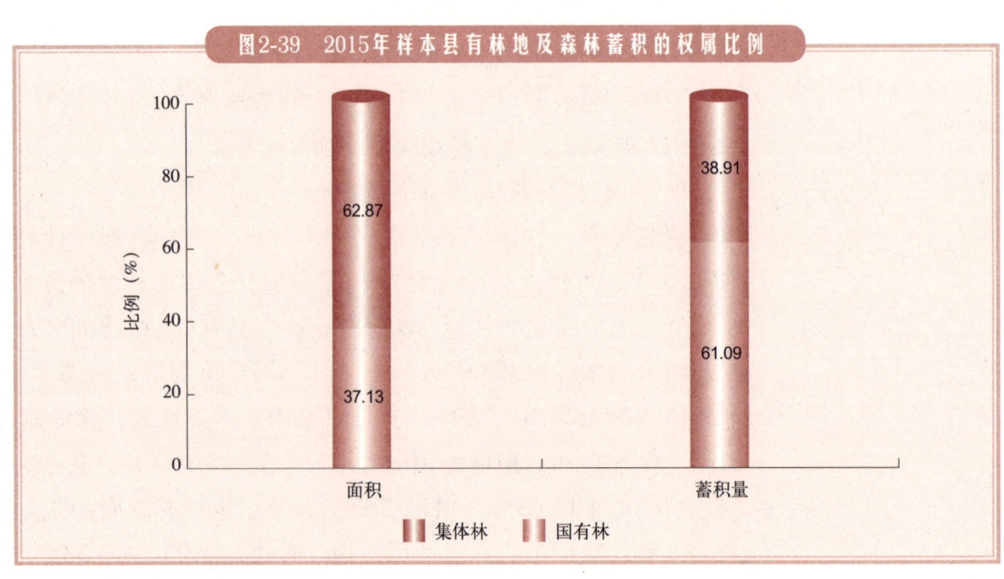

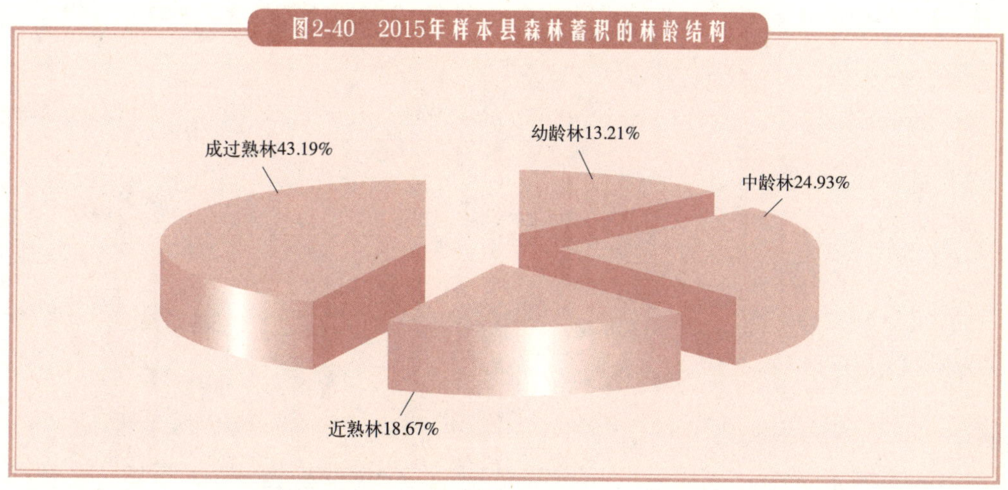

图2-40 2015年样本县森林蓄积的林龄结构

10.59%。单位面积森林蓄积量分别为105.24立方米/公顷和45.98立方米/公顷。

（3）中幼龄林比例较大 2015年，样本县幼龄林面积275.81万公顷，中龄林面积249.19万公顷，近熟林面积123.46万公顷，成过熟林面积152.25万公顷，占有林地面积比例依次为34.45%、31.12%、15.42%和19.01%。2015年，样本县幼龄林森林蓄积量9794.38万立方米，中龄林森林蓄积量18487.53万立方米，近熟林森林蓄积量为13845.51万立方米，成过熟林森林蓄积量32023.09万立方米；单位面积森林蓄积量依次为35.51、74.19、112.15和210.33立方米/公顷。中幼龄林面积占有林地总面积的65.57%，但蓄积量仅占总量的38.14%（图2-40），加强长江、黄河流域天保工程区的中幼龄林抚育势在必行。

3. 天保工程区森林质量略低于样本县总体水平

近年来，由于天保工程区新增林分比例较大，且主要是幼龄林，因而单位面积蓄积量都低于样本县总体水平。

（1）国有林面积和蓄积比例低于样本县总体 2015年样本县天保工程区国有林面积272.11万公顷，蓄积量39222.09万立方米，分别占35.40%和58.17%，与样本县总体相比分别低了1.73和2.92个百分点；集体权属森林面积496.63万公顷，蓄积28208.06万立方米，所占比例分别是64.60%和41.83%。工程区国有林和集体林、天然林和人工林的单位面积蓄积量均低于样本县总体（图2-41），是新造林地面积主要在工程区的结果，林地面积增加很快，但蓄积量增加是长期、缓慢的过程。

（2）天保工程区森林质量持续提升 2015年，样本县工程区幼龄林面积275.81万公顷，蓄积量9794.38万立方米，与2014年相比分别增长了3.95%和1.17%；中龄林面积249.19万公顷，蓄积量18487.53万立方米，分别增长了9.76%和14.39%；近熟林面积123.49万公顷，蓄积量13845.51万立方米，分别增长了12.56%和12.66%；成过熟林面积152.25万公顷，蓄积量32023.09万立方米，前者减少了3.47%，后者增长了4.40%。与2014年相比，工程区不同林龄的森林面积和蓄积总体保持了较快的增长趋势，中龄林和成过熟林单位面积蓄积量小幅增长（图2-42）；由于短期内面积增

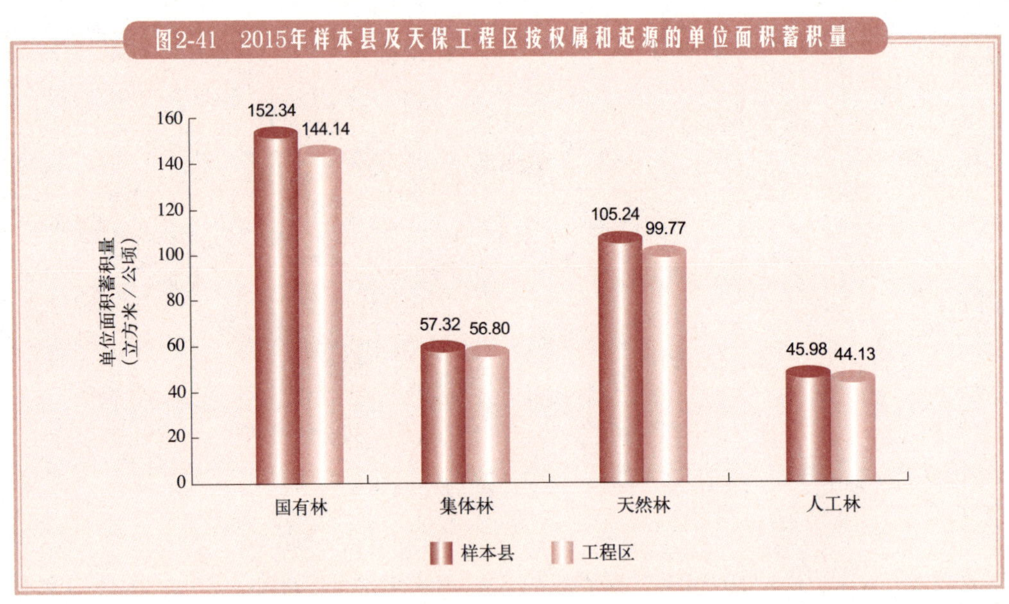

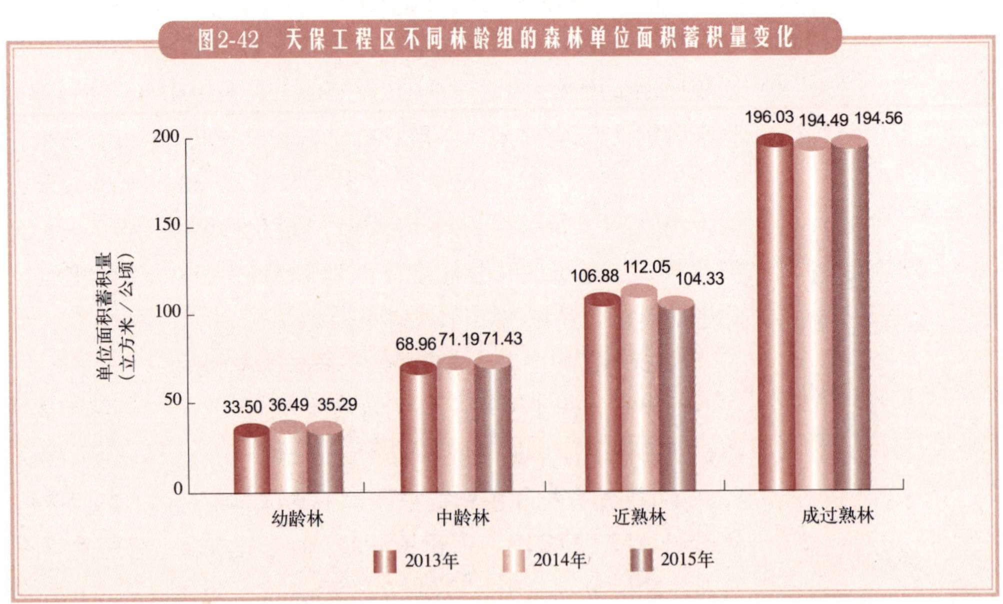

幅较大，能够保持单位面积蓄积量不明显降低，表明工程区森林蓄积量也保持了较高的增速。

（二）生态环境

生态改善是天保工程建设的核心目标。工程启动十多年来，样本县森林植被覆盖率有了明显提高，水土流失扩张的势头已被遏制，天保工程在其中发挥了非常重要的作用。

1．生态保护与防治力度加强

至2015年底，样本县水土流失面积401.77万公顷，占样本县行政区土地总面

积的18.73%，与2014年相比减少了5.56%（23.64万公顷），与天保工程二期期初（2011年）相比减少了191.18万公顷。当年，样本县水土流失治理面积39.32万公顷，与2014年相比减少了60.90万公顷，占当年水土流失面积的9.79%。天保工程二期启动以来，样本县水土流失治理工作有序推进，水土流失总面积呈逐年减少趋势（图2-43），生态环境在缓慢改善。

2．森林灾害防控效果明显

2015年，有25个样本县发生了190起森林火灾，与2014年相比，发生火灾的样本数减少了8个，火灾发生次数增加了23次；受害森林面积978.32公顷，平均每个样本每次0.21公顷，与2014年相比增加了0.03公顷。当年，样本县森林病虫鼠害发生面积22.81万公顷，与2014年相比减少了1.29万公顷；防治面积20.44万公顷，与2014年相比减少了0.43万公顷；灾害防治率89.61%，比2014年低3.01个百分点。综合对比表明，样本县森林火灾发生范围在缩小，但灾害造成的损失更严重；病虫鼠害发生面积也在缩小，预防和治理措施比较到位。

三 工程建设的社会效益

长江上游、黄河上中游地区启动天保工程后，对当地的生产生活方式产生了直接影响，促进了农村、林区人口向城镇流动，推动了西部落后地区的扶贫进程，改变了农村的能源利用结构，不断完善贫困地区社会保障体系，对工程区社会发展产生了深远的影响。

（一）就业与收入

天然林禁伐和木材产量调减后，以木材为原材料的传统林产加工业大幅萎缩，工程区的产业结构被迫调整，林下种养殖业和生态旅游业得到了长足发展，促进了林区居民家庭收入结构的转变。

1. 就业人口持续向第二、三产业流动

2015年，样本县就业总人口1074.43万人，与2014年相比增加了4.56万人，平均每个样本增加了912人。当年，样本县就业人口占总人口比例为53.64%，与2014年相比上升了0.14个百分点。2015年，样本县就业人口继续从第一产业向第二、三产业流动，使得第一产业就业人口比例已低于50%。当年，第一产业就业人口494.69万人，相比2014年减少了20.89万人；第二产业就业人口219.39万人，增加13.60万人；第三产业就业人口360.35万人，增加了11.85万人。纵向对比显示（图2-44），除第一产业就业人口净流出外，样本县新增就业人口也主要集中于第二、三产业，第三产业就业人口每年上升1个百分点。

2. 城乡居民收入保持了较快的增长趋势

2015年，46个样本县城镇居民年人均可支配收入为25171元，与2014年相比提高了2455元（增长10.81%），但比全国城镇居民人均可支配收入（31195元）低6024元。2015年，46个样本县农村居民人均纯收入9036元，与2014年相比提高了1394元（增长18.24%），比当年全国农村居民人均纯收入（11422元）低2386元。对比表明（图2-45），天保工程二期启动至今5年以来，监测样本地区城乡居民人均收入保持了较高的增速，但与全国平均水平相比还有很大的差距。

（二）林区社会保障

社会和谐稳定是天保工程取得显著成效的重要条件。工程启动以来，中央安排了专项资金，用于因木材产量调减和天然林禁伐造成实施单位应缴纳基本养老、医疗、失业、工伤、生育保险费缺口的补助支出。十多年来，长江上游、黄河上中游工程区已累计投入社会保险补助专项资金75.80亿元，占同期全部完成投资（2222.94亿元）的3.41%。

图2-44 样本县5年内就业结构变化

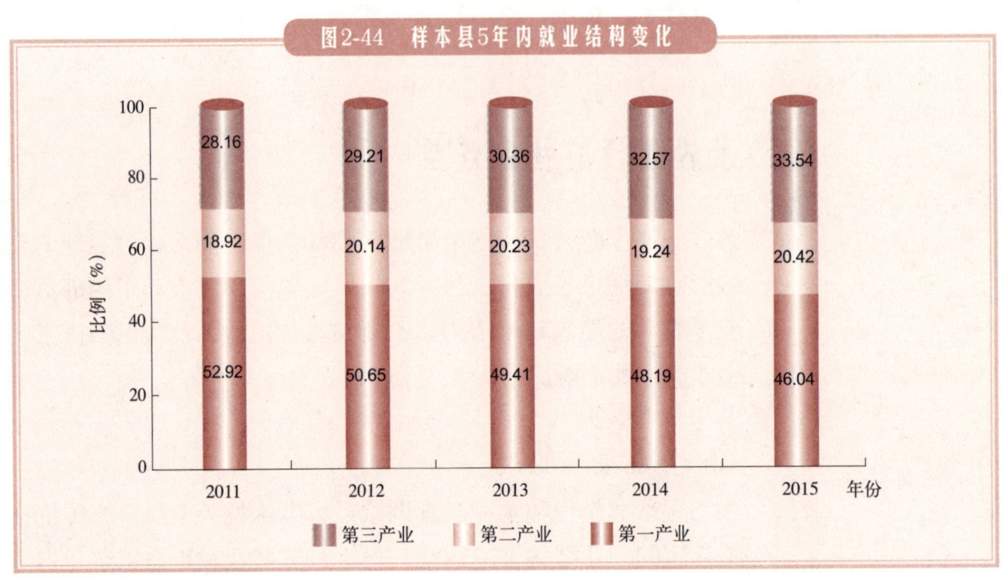

图2-45　样本县近5年居民人均收入变化情况

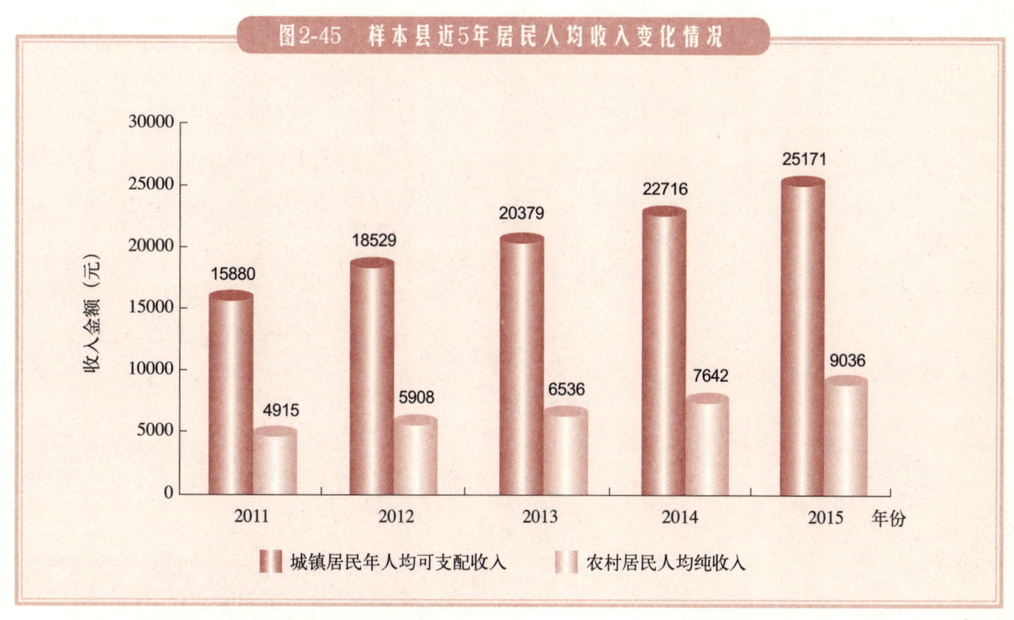

1．社会保障体系建设稳步推进

天保工程二期继续实施并完善社会保险补助政策，提高保障水平，努力使职工收入和社会保障接近或达到社会平均水平。2015年，样本县林业单位纳入社会保险补助12441人，与2014年相比减少了3982人，是近年社会保险补助人数减少幅度最大的一年。其中，森工企业（国有林场）在岗职工4116人，下岗待安置职工26人，工程一期一次性安置人员855人，其他林业从业人员4318人，离退休人员3126人。相比之下（图2-46），样本县社会保险补助的主要群体是离退休人员，80.42%获得了社会保险补助；其次是森工企业（国有林场）在册职工，65.66%获得了社会保险补助。与2014年相比，一次性安置人员补助人数大幅下降，因为此项补助不是长期、连续性的行为。

2．社会保险补助主要投向养老和医疗保险

2015年样本县林业职工和其他从业人员得到基本养老保险补助8216人，人均补助7332.65元；获得基本医疗保险补助10548人，人均补助2418.18元；获得失业保险补助7865人，人均补助529.09元；获得工伤保险补助7680人，人均补助394.63元，获得生育保险补助7383人，人均补助281.84元。与2014年相比（图2-47），样本县社会保险补助总金额增加了221.56万元，其中90.24%用于基本养老和医疗保险补助；但覆盖群体在缩小，养老保险人均补助标准显著提高。

（三）林区贫困问题

天然林禁伐和木材产量调减曾是导致工程区贫困加剧的重要原因。2011年，国家将农村扶贫标准提高后，样本县贫困人口明显上升，在年末总人口中所占比例上升到了24.29%，而工程区贫困人口占样本县贫困人口的比例高达93.69%。可见，天保工程区贫困问题依然严峻，且脱贫人口极易返贫，应引起高度关注。

图2-46 2015年样本县社会保险补助人员结构

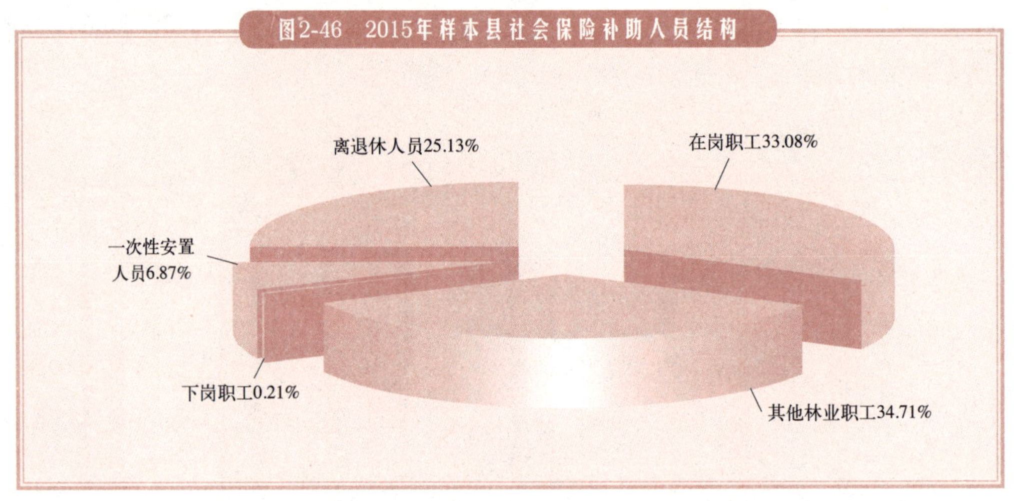

图2-47 样本县近两年人均社会保险补助

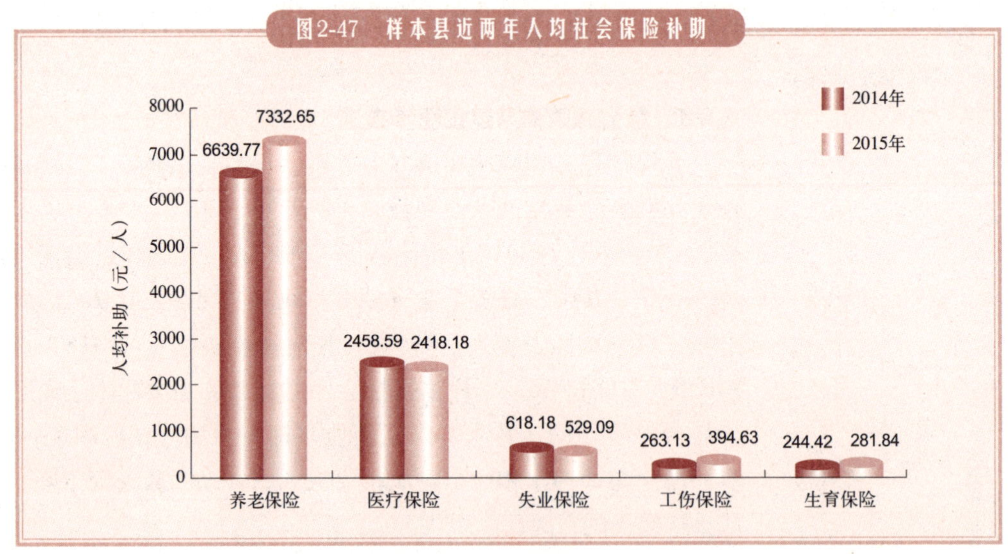

样本县贫困人口比例持续下降 2015年，样本县贫困人口总数为235.02万人，占样本县年末总人口的11.73%，与2014年相比减少了93.61万人（28.48%）。当年，天保工程区贫困人口228.21万人，占样本县贫困人口的97.10%，与2014年相比下降了0.17个百分点。反映出的问题：一是样本县贫困人口主要集中于天保工程区（依然在97%以上），12个非全县划入天保工程区的样本，其工程区贫困人口占本地区贫困人口总数的84.60%；二是样本县脱贫人口主要在天保工程区，其贡献率为97.72%，但与2014年相比，贡献率下降了0.48个百分点。

四 工程建设的经济效益

近年来，为减轻工程区地方政府的财政压力，中央财政采取转移支付的方式向地方“输血”，林业经济状况已有所好转，林业企业逐渐走出困境，产能和利润同步上升，为促进就业和稳定区域经济做出了重要贡献。

（一）地区经济

长江上游、黄河上中游天保工程区经济总量较小，但近年来保持了较高的增长速度，财政收支失衡的状况正在好转。

1．县域经济仍保持较高的增长速度

2015年，46个样本县地区生产总值5412.08亿元，平均每个县117.65亿元；与2014年相比增长了9.12%，高于当年国内生产总值增长速度（6.90%），但比2014年经济增速低了3.93个百分点。5年来（图2-48），监测样本地区经济增长保持了10.65%的平均速度，高于同期全国国内生产总值7.49%的增长速度。

图2-48　2011—2015年46个样本县地区生产总值

2．财政赤字继续缩小

2015年，46个样本县财政赤字为665.61亿元，与2014年相比减少了36.05亿元，平均每县减少了0.78亿元。当年，46个样本县财政收入为734.76亿元，与2014年相比增长了29.12%；财政支出为1400.37亿元，与2014年相比增长10.20%。近年来，46个样本县财政赤字持续扩大（图2-49），直到2014年才出现缩小的趋势，2015年继续缩小，首次出现财政赤字低于财政收入，财政收支失衡的状况明显好转。

3．大农业产值结构保持稳定

2015年，样本县农林牧渔总产值1536.26亿元，与2014年比增长了5.21%；其中农业产值862.38亿元，与2014年相比增长了6.10%；林业产值117.73亿元，增长了49.20%；畜牧业产值481.35亿元，减少了4.13%；渔业产值39.96亿元，增长了10.91%；农林牧渔服务业产值34.84亿元，增长了14.87%。除畜牧业外，2015年样本

图2-49　46个样本县近年财政收支情况

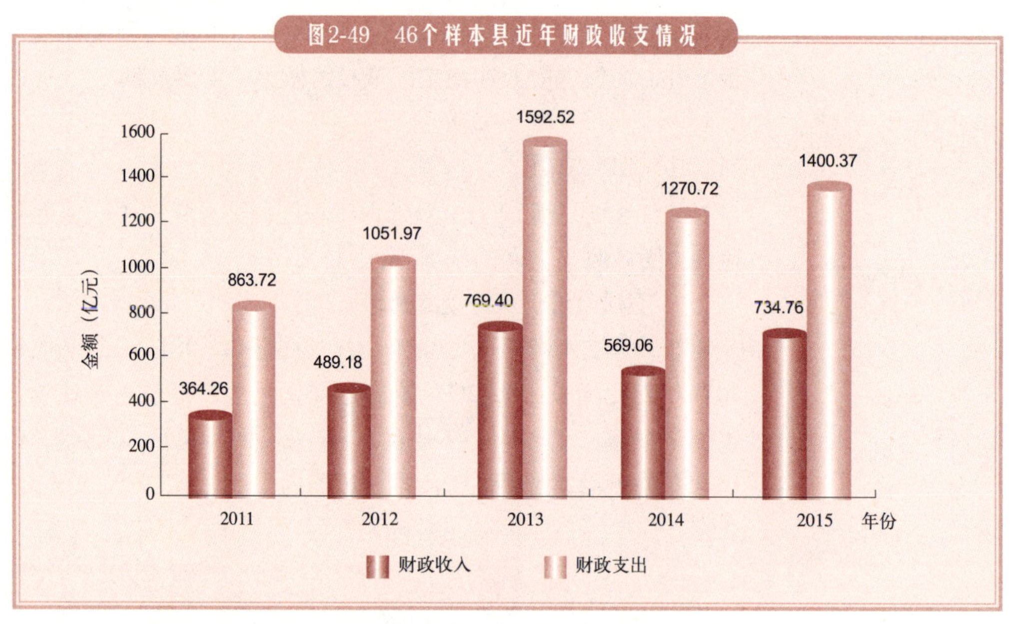

图2-50　2015年46个样本县农林牧渔业产值结构

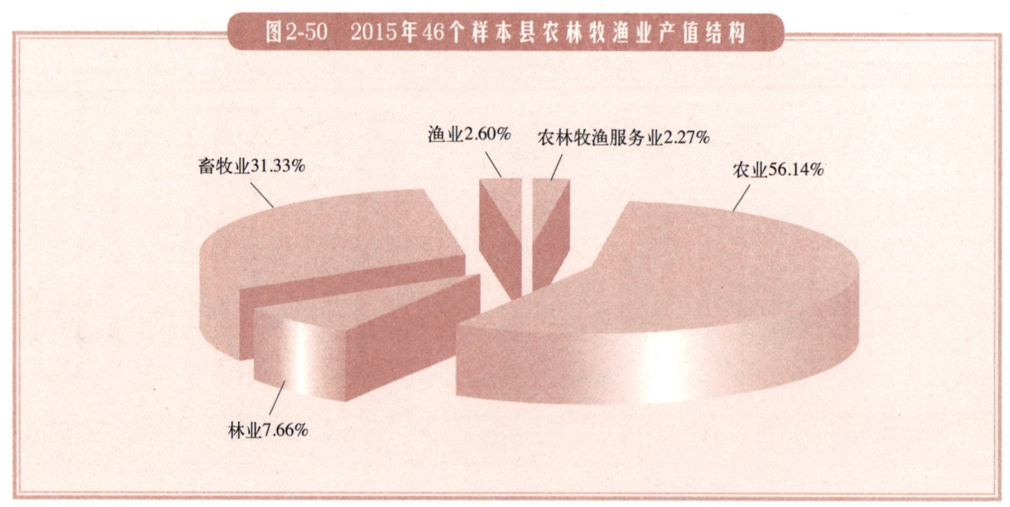

县不同产业产值均保持了增长趋势，产值结构略有调整（图2-50），畜牧业产值比例下降了3.06%，林业产值比例上升幅度最大（2.26个百分点）。

（二）林业经济

天保工程启动后，林区经济经历了由衰落到复苏的过程，受冲击最大的是林业企业，受影响最直接的是林业产值。目前，监测样本县林业经济发展良好，林产品产量和林业产值保持了增长趋势，林业企业经营状况已明显好转。

1．林业产业发展状况良好

（1）林业产值结构稳步调整　近年来，样本县林业产业转型发展顺利，林业产值保持了较好的增长趋势。2015年，样本县林业总产值719.83亿元，比2014年增长了12.99%，增幅回落了21.59个百分点。其中，林业第一产业产值415.90亿元，占

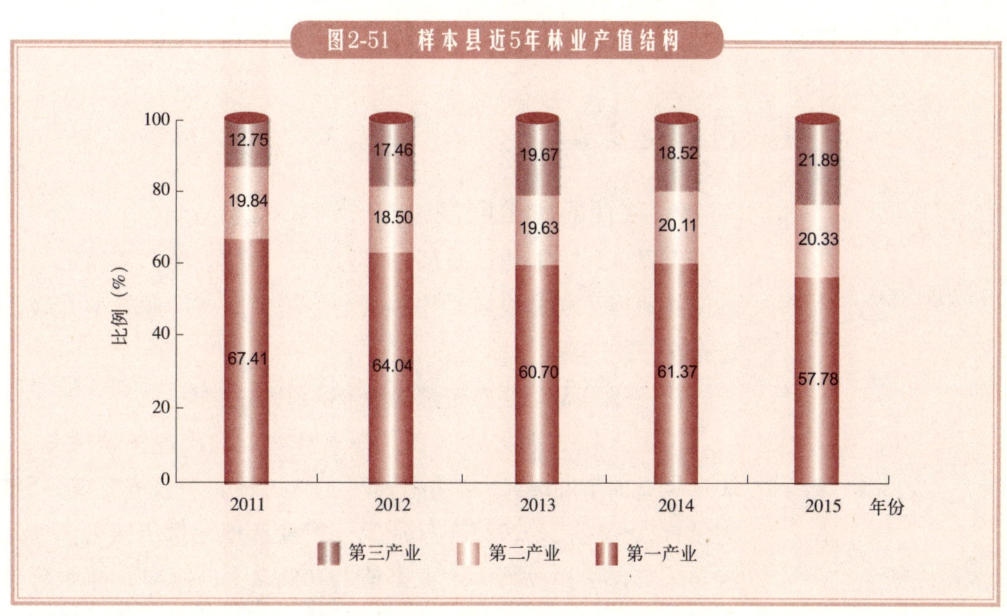

图2-51 样本县近5年林业产值结构

当年样本县林业总产值的57.78%；第二产业产值146.34亿元，占20.33%；第三产业产值157.59亿元，占21.89%。对比显示（图2-51），样本县林业第一产业产值比例已降到60%以下，第二、三产业产值比例持续上升，特别是林业第三产业产值，5年已上升了近10个百分点。

（2）产业转型势头良好 林业第一产业中，木材和竹材采运业产值5.64亿元，仅占1.47%；经济林产品种植与采集产值278.69亿元，占到72.63%。林业第二产业中，非木质林产品加工制造业产值63.90亿元，占44.90%；木材加工和木、竹、藤、棕、苇制品制造业产值33.03亿元，占23.21%；木、竹、藤家具制造业产值21.58亿元，占15.16%；三者合计，占林业第二产业产值的83.27%。林业第三产业中，森林旅游与休闲服务业产值90.88亿元，所占比例高达60.77%；林业公共管理及其他组织服务业产值33.69亿元，占22.53%。综合对比表明，木材采伐加工等传统林业产业已被经济林产品种植与采集、森林旅游与休闲服务等产业所取代，这些新兴林业产业发展迅速、潜力巨大，林农能够从中受益，发展前景非常乐观。

2．林业企业规模继续扩大

林业经济的繁荣，必然离不开林业企业的发展壮大。2015年，样本县林业企业发展到了1395家，与2014年相比多出了33家；其中，国有（控股）企业90家，占6.45%；木材加工及竹藤棕草制品企业625家，林下经营（种植、养殖等）企业243家，家具制造企业189家，三者合计占75.77%。2015年，样本县林业企业总资产67.52亿元，与2014年相比增长了2倍以上，平均每个林业企业资产484.01万元；当年，样本县林业企业利润总额11.09亿元，与2014年相比增长了312.39%。2015年，样本县林业企业负债28.29亿元，与2014年相比增长了3倍以上；其中金融机构贷款本息余额13.94亿元，占负债总额的49.27%；拖欠工资、劳务费等0.26亿元，占0.92%；其他负债11.98亿元，占42.35%。

五 问题与建议

（一）存在的主要问题

天保工程二期建设时间已经过半，长江上游、黄河上中游工程区植被恢复和生态保护取得了明显成效，但在社会经济发展、产业转型升级、职工就业收入等方面还存在一些问题。

1．天保工程区生态资源优势未得到充分发挥

天保工程二期实施以来，样本县林业总产值快速增长，2015年林业总产值比2011年增加了近2倍，年均增长24.31%。进一步分析发现，5年间样本县林业产值结构没有太大变化，2015年林业第一产业产值比例仍接近60%，主要是经济林产品种植与采集，占林业第一产业产值的70%以上。同样，林业第二产业以非木质林产品加工为主，第三产业以森林旅游与休闲服务为主；但所占比例不大，多年来一直没有较大突破，特别是被寄予厚望的森林旅游与休闲服务业，并没有出现快速增长，更没有大幅度提高林业第三产业产值在林业总产值中的比例。

天保工程启动后，依托森林资源的林业产业不同程度受到了冲击，传统的木材采伐加工业受木材产量下降影响而萎缩，新兴林业特色产业尚处于自发的探索阶段，对当地林农增收和林区经济发展的促进作用有限，工程区生态资源优势没有得到充分发挥。天保工程二期实施至今，工程政策主要关注生态保护和民生改善，对林区产业缺少相关政策扶持和统筹规划。各地虽然重视开发旅游和其他特色林业资源，但由于投资不足、基础设施落后、保障和优惠政策不到位等诸多不利因素，林业产业转型升级一直没有明显起色。

2．林业职工的工资收入长期偏低

多年监测显示，森林管护、公益林建设和中幼龄林抚育是长江上游、黄河上中游地区天保工程实施单位人员的主要工作内容和收入来源，2015年，样本县森林管护人员年平均补助收入25473.27元，森林抚育人员平均补助收入仅5735.66元。尽管天保工程实施单位人员补助保持着连续增长的趋势，但林业职工收入偏低的状况一直没有彻底改变，成为困扰林区经济社会发展的主要问题。

对云南省的实地调研发现，天保工程实施单位的人员工资收入仅为当地职工平均工资收入的1/3，社会保险缴费基数只能按当地最低标准缴纳，林业职工将来的退休工资收入也将是最低的，贫困将是林业职工长期面临的问题。天保工程实施18年来，来自中央财政的森林管护补助标准仅提高了3次，且提升幅度不大，远低于全国平均物价增长幅度。天保工程一期，国有林每年管护费1.75元/亩（中央财政1.40元/亩），云南省将工程区国有和集体林地的管护补助全部用于工程实施单位发放管护人员工资，也仅能保证每年1万元的人均管护补助收入。工程二期启动后，国有林每年5元/亩的管护补助标准持续到了2014年，从2015年才增加到了6元/亩。从1.40

元提升到5元，期间经过了10多年；再从5元提升到6元，用了4年时间。如此小幅度的变化，对于以管护经费为唯一收入来源的天保工程实施单位来说，很难改变林业职工收入偏低的现状。

3．社会保险补助对贫困林业职工的保障力度不够

监测显示，样本县近5年天保工程社会保险补助人数变动幅度较大，2015年减少了近4000人；不仅人数在减少，人均社会保险补助资金也基本没有增长。如果不对社会保险补助政策做出调整，长江上游、黄河上中游天保工程区的贫困林业职工缴纳养老和医疗保险将成为沉重的负担，历时10多年初步建立起来的林区社会保障体系也将面临瘫痪的危险。

2006年开始，中央财政对森工企业职工参加医疗、失业、工伤、生育四项基本保险给予补助（之前已补助养老保险），分别按企业职工工资总额的6%、2%、1%、1%核定（其中，企业职工工资总额按天保工程实施方案确定的在职职工人数和工资标准计算，在职职工人数不含已实行一次性安置的职工和下岗职工）。工程二期启动后，社会保险补助的对象为2008年在册的国有林业职工（不含混岗职工），以2008年各省（自治区、直辖市）职工社会平均工资的80%为缴费基数，缴费比例标准为：基本养老、基本医疗、失业、工伤和生育保险分别为20%、6%、2%、1%和1%。到2015年，中央财政才将社会保险补助测算基数，由2008年天保工程所在省区社会平均工资的80%提高到2011年社会平均工资的80%，天保工程实施单位的社会保险缴费压力才略有缓解。从整个政策变化过程来看，中央财政对森工企业和国有林场职工缴纳社会保险补助的扶持力度不够，政策调整严重滞后，远跟不上近几年各地的社会平均工资上涨步伐，因而林区的社会保障水平依然非常低。

（二）政策建议

针对天保工程存在的上述问题，提出如下政策建议。

1．完善天保工程区特色林业产业的扶持政策体系

依托特色林业资源，天保工程区林业产业发展的前景非常广阔，但需要各级政府的积极引导与大力扶持。首先，需要资金扶持，各级政府要创新财政、金融扶持的模式，明确财政资金扶持的方向，以“奖励”代替“拨款”，建立新兴特色林业产业扶持基金；增加信贷资金渠道，针对不同规模的经营主体出台相应的扶持举措。其次，加强对林业产业发展的规划引导，省级林业主管部门要统筹制定区域林业产业发展规划，避免特色林业产业的同质化和无序竞争，规范各类经营主体的生产经营行为，维护林产品市场秩序。最后，尽快出台特色林业产业的配套扶持政策，加快解决用地审批、税费减免、基础设施建设、市场信息发布等困扰林业经营主体的关键问题，扫除阻碍特色林业产业发展的各种障碍。

2．针对天保工程区困难林业职工开展“精准扶贫”

近年来，我国在扶贫工作中非常注重“精准扶贫”，强调瞄准特定贫困人口，分析致贫原因，因户施策，把财政资金落实到最应帮扶的群体身上。天保工程区贫困林业职工数量庞大，是在国民经济和林业发展转型的特殊时期容易被忽视的群体。建议中央政府在天保工程区开展专项扶贫工作，出台针对原重点国有森工企业和国有林场职工的扶贫政策。可以先在国有森工企业职工人数较少的省份试点，由国家林业局天保工程管理部门负责，全面掌握林业职工贫困现状，框定扶贫对象。天保工程启动后安排在天保工程实施单位的人员，主要应由地方财政解决收入增长问题，但考虑到为保护天然林做出的贡献，可以根据从事工作性质和时间给予一次性补偿。

3．大幅提高在册国有林业职工的社会保险补助

为解决缴纳职工社会保险对天保工程实施单位造成的资金压力，同时也为了减轻贫困林业职工的支出负担，建议中央财政增加天保工程实施单位在册国有林业职工的社会保险补助，在天保工程区建立完善、精准的社会保障体系。首先，增加中央财政投入，将“五险”的缴费补助比例提高到50%以上。其次，甄别补助对象，明确受益群体，规定非在册国有林业职工、工程启动后进入天保工程实施单位的人员不能作为中央财政资金补助对象。最后，完善社会保险补助资金的增长机制，按前三年度省（自治区、直辖市）社会平均工资的平均增长率动态核定当年的社会保险缴费基数。

退耕还林工程

退耕还林工程
社会经济效益监测报告

2015年是退耕还林工程承前启后的关键年。新一轮退耕还林还草工程开始实施，前一轮退耕还林工程接近尾声，党中央国务院将退耕还林工程纳入国家生态文明建设的总体战略，在《加快推进生态文明建设的意见》、国家十三五规划等一系列国家发展战略中部署和推动退耕还林工程；国家发改委等部门相继发布政策，推动新一轮退耕还林还草工程实施。

实施新一轮退耕还林还草，是推进生态文明建设、实现可持续发展的战略举措，是促进集中连片特殊困难地区农民脱贫致富、全面建成小康社会的有效途径，是调整农村产业结构、推动农村经济发展转型的重要举措。2014年新一轮退耕还林还草实施遭遇落实难、进展缓慢的问题，这种状况是否改善？在农业比较效益日益提高的情况下，农户参与新一轮退耕的决定因素是什么？在前一轮退耕还林补助陆续到期的情况下，巩固退耕还林成果遇到什么困难和压力？2015年退耕还林社会经济效益监测（以下简称“退耕监测”）对新一轮退耕还林工程进展和前一轮退耕还林补助到期都进行重点监测。

2015年是退耕监测开展的第14年，继续对100个工程县119个村和1156 个退耕农户进行定点连续跟踪监测。这些监测点分布在全国22个省（自治区），其中，长江流域52个县61个行政村和576户，黄河流域48个县58个行政村和580个农户。100个监测县自工程启动以来累计完成退耕地还林任务329.96万公顷，占全国的12.72%，累计完成新一轮退耕还林任务10.00万公顷，占全国的10.00%。工程监测采取县、村、户三级调查表和户问卷的方式收集数据。监测的主要内容包括监测点基本情况、工程进展、政策执行及成效。2015年，县、村、户三级监测共有551个指标，其中，县指标210个，村指标151个，户指标

190个。针对当前退耕还林工程的焦点热点问题设置了村、户调查问卷，问卷内容包括新一轮退耕还林还草政策执行、前一轮退耕还林成果巩固、政策兑现以及问题与建议等。

为更好地反映新一轮退耕还林还草的监测成效，我们改进监测方法，在湖北、湖南、重庆、云南、贵州和甘肃6个省的11个县[①]开展新一轮退耕还林还草工程生态和社会经济效益综合监测（试行），设立对照农户和对照样地，符合条件的地方设立径流场，力图在微观层面反映新一轮退耕还林还草工程的生态与社会经济相互作用，科学反映发展中国家退化土地森林恢复的规律。

监测发现，通过创新机制、方法，新一轮退耕还林总体加快推进，对精准扶贫贡献突出，地块分散、补助标准低仍是工程进展的最大障碍；前一轮退耕还林生态改善大局已定，采取措施巩固退耕还林成果形势不容乐观；在新一轮退耕还林启动伊始、前一轮退耕还林即将结束的关键时期，坚持生态优先，使我国最大的退化土地森林恢复工程真正形成发挥稳定生态效益的森林，应是退耕还林工作的长期目标；为实现这一长期目标，两轮退耕还林政策都需要做战略调整。

① 在党和国家的高度重视和部署下，各级林业部门充分发挥体制、机制优势，创新工作思路和工作方法，稳步推进新一轮退耕还林还草工作。与2014年相比，退耕样本县新一轮退耕还林任务增长182.15%，合作社、大户及企业等新型经营主体积极参与新一轮退耕还林，50%的农户签订新一轮退耕合同。

② 退耕还林工程扶贫作用显著。退耕还林工程对农村贫困人口的总体覆盖面超过10%，新一轮退耕还林对建档立卡贫困户的覆盖面达18%。

③ 前一轮退耕还林工程已完全进入完善退耕还林阶段，23.39%的退耕样本户前一轮退耕补助到期；已有18.25%的前一轮退耕地纳入生态公益林补偿，长达16年的退耕还林政策有了初步的接续措施。

④ 巩固退耕还林成果面临日益增长的压力，粮食产区复耕趋势加大。除退耕地有较好经济林收入的农户外，约70%的样本农户已没有比较优势，退耕农户平均每户为维护退耕生态效益年损失的经济收入约4000元；约20%的退耕户补助停止后将有经济困难，复耕在粮食产区趋势增加。

⑤ 新一轮退耕还林还草工程进展缓慢除了地块落实难的技术问题，补助标准远低于农户耕地收入是更重要的经济原因，建议按照粮食直补标准调整新一轮退耕还林还草补助；前一轮退耕还林成果巩固面临日益增长的压力，在农村劳动力日益减少的情况下，建议建立退耕还林抚育管护资金，借助当地国有林场的技术力量组织管护专业队，巩固来之不易的退耕还林成果。

① 这11个县分别是湖北的秭归、竹溪，湖南的溆浦，重庆的开州、云阳，云南的会泽，贵州的清镇、思南，甘肃的会宁、泾川、环县，其中，已开展生态监测的县是重庆开州、云阳。

一 政策新趋势及工程总体进展

为加快建设生态文明、推进新一轮退耕还林还草工程，2015年，党中央、国务院出台了一系列方针政策，明确新一轮退耕还林还草工程的工作任务和重点。

（一）新政策密集出台，加速推进新一轮退耕还林还草工程

1．关于加快落实新一轮退耕还林还草任务的通知

2015年9月25日，国家发改委、财政部、国家林业局、农业部、国土资源部联合印发《关于加快落实新一轮退耕还林还草任务的通知》（发改办西部〔2015〕2502号），旨在加快新一轮退耕还林还草任务落实，进一步做好新一轮退耕还林还草工作。提出，为加快2014年和2015年任务落实进度，各地可在优先安排25度以上坡耕地退耕还林还草的基础上，根据实际情况，在不突破《关于印发新一轮退耕还林还草总体方案的通知》（发改西部〔2014〕1772号）中确定的各省（自治区）各地类退耕控制规模的前提下，统筹安排25度以上坡耕地、严重沙化耕地、丹江口库区和三峡库区15～25度坡耕地退耕还林还草；要求，合理调整25度以上坡耕地中的基本农田布局。为解决25度以上非基本农田坡耕地分布零散的问题，便于近期退耕还林还草工作的组织实施和集中连片推进，各地可以结合永久基本农田划定和土地利用总体规划调整完善工作，合理调整25度以上坡耕地中的基本农田布局。对于集中推进退耕还林还草工作的重点市县，在确保省域内规划基本农田保护面积不减少的前提下，允许通过省内统筹调剂，调减有关市县的耕地保有量和基本农田保护指标，为退耕还林还草任务落地提供条件。

2．关于扩大新一轮退耕还林还草规模的通知

为了化解退耕地落实难、规模小等难题，12月31日，财政部、国家发改委、国家林业局、国土资源部、农业部、水利部、环境保护部、国务院扶贫办联合下发了《关于扩大新一轮退耕还林还草规模的通知》（财农〔2015〕258号）（以下简称《通知》）。《通知》进一步强调扩大新一轮退耕还林还草规模的重要意义，指出，加快推进新一轮退耕还林还草并扩大实施规模，把生态承受力弱、不适宜耕种的地退下来，种上树和草，有利于促进生态文明建设和可持续发展，有利于推进连片特困地区脱贫致富，有利于稳增长、促改革、调结构、惠民生。

《通知》明确了扩大新一轮退耕还林还草规模的主要政策：①将确需退耕还林还草的陡坡耕地基本农田调整为非基本农田。对陡坡耕地划为基本农田且确需退耕还林还草的，各有关省可在充分调查并解决好当地群众生计的基础上，研究拟定区域内扩大退耕还林还草的范围，并提出省级耕地保有量和基本农田保护指标的调整方案。省级调整方案请于2016年3月底前按法定程序上报国务院，并抄送财政部、国家发改委、国家林业局、国土资源部、农业部、水利部、国务院扶贫办。②加快

贫困地区新一轮退耕还林还草进度。从2016年起，国家有关部门在安排新一轮退耕还林还草任务时，重点向扶贫开发任务重、贫困人口较多的省倾斜。各有关省在具体落实时，要进一步向贫困地区集中，向建档立卡贫困村、贫困人口倾斜，充分发挥退耕还林还草政策的扶贫作用，加快贫困地区脱贫致富。③认真研究在陡坡耕地梯田、重要水源地15～25度坡耕地以及严重污染耕地退耕还林还草的需求。一是关于陡坡耕地梯田。各有关省可在充分调查并解决好当地群众生计的基础上，兼顾保护历史文化遗产的需要，在尊重农民意愿的前提下提出退耕还林还草的需求。二是关于重要水源地15～25度坡耕地。各有关省可根据国务院批准的全国重要江河湖泊一级水功能区划中规定的保护区、保留区迎水面的15～25度非基本农田坡耕地情况，提出退耕还林还草的需求。三是关于严重污染耕地。对于严重污染耕地确需退耕还林还草的，各有关省可按照国家有关土壤污染防治要求，在充分调查认定的基础上提出退耕还林还草的需求。

（二）2015年全国退耕还林工程进展

2015年，全国安排新一轮退耕还林还草任务1000万亩（其中还林940万亩，还草60万亩）、荒山荒地造林33.31万亩，工程实施范围扩大到河北、内蒙古、辽宁、吉林、江西、湖北、湖南、广西、重庆、四川、贵州、云南、西藏、陕西、甘肃、青海、宁夏、新疆18个省（自治区、直辖市）和新疆生产建设兵团。

新一轮退耕还林实施两年来，各级各部门认真履行职责，工作稳步推进，工程建设初见成效。截止2016年6月，2014年退耕还林任务已如期完成，2015年退耕还林任务已落实到地块830万亩、完成造林742万亩，分别占计划任务的88.3%、78.9%。通过落实退耕还林直补政策，发展后续产业，增加农户的经营性、工资性、财产性收入，促进了生态改善、农民增收、农业增效和农村发展，退耕还林工程已成为名副其实的富民工程和扶贫工程。

自1999年工程试点启动以来，退耕还林工程已累计完成造林2921.32万公顷，其中完成退耕地造林950.93万公顷，荒山荒地造林1675.70万公顷，新封山育林294.69万公顷；累计完成投资3266.84亿元，其中国家投资2874.85亿元，占总投资额的87.66%。

二　工程建设总体进展情况

（一）在新一轮退耕还林推动下，投资与造林双增长

由于新一轮退耕还林工程的启动实施，样本县退耕还林投资大幅增加。2015年，样本县退耕还林实际到位资金20.03亿元，比2014年增长34.09%，占当年全国退耕还林完成投资275.28亿元的7.28%，其中，新一轮退耕还林实际到位资金7.76亿元，占全国新一轮退耕还林投资完成额的18.76%。

图3-1 样本县退耕还林面积变化

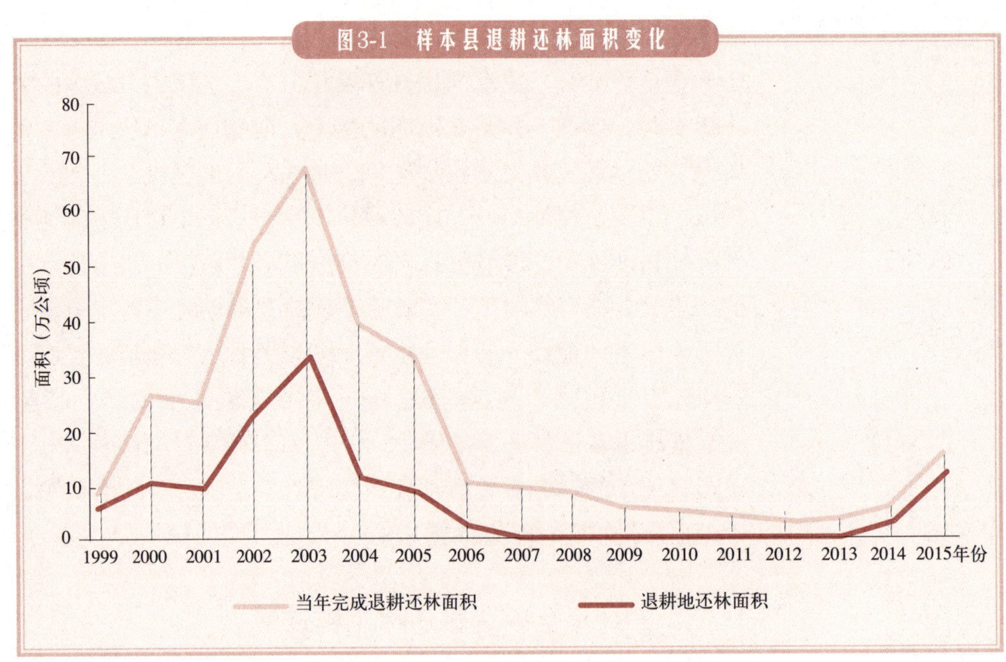

与退耕还林投资增长相一致，2015年样本县退耕还林面积也有大幅度增长。样本县完成退耕还林造林面积15.70万公顷，比2014年增长166.46%，其中，退耕地还林11.92万公顷，占75.89%；2014、2015年样本县累计完成新一轮退耕还林还草10.00万公顷，占全国的10.00%。自1999年实施退耕还林工程以来，100个样本县累计完成退耕地还林任务329.96万公顷，占全国的12.72%（图3-1）。

（二）巩固退耕还林成果建设继续推进，林业项目投资占6%

2015年，100个退耕还林样本县完成巩固成果专项资金18.15亿元，占全国巩固成果专项资金的14.57%，其中，后续产业投资9.74亿元，占54%，是退耕还林样本县巩固退耕还林专项建设资金中最大的投资，补植补造投资1.09亿元，占6%（图3-2）。

图3-2 2015年巩固退耕还林成果投资结构

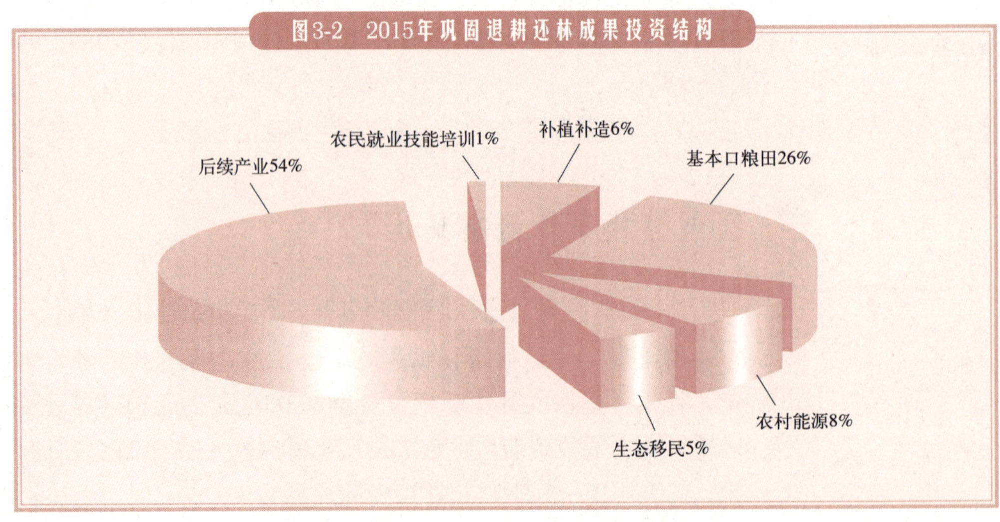

2015年，退耕还林样本县巩固成果涉林项目12.26万公顷，占全国涉林项目97.21万公顷的12.62%，其中，补植补造6.87万公顷，营造薪炭林1.10公顷，建设原料林、经果林、速生丰产林等林业产业基地4.29万公顷。

（三）新一轮退耕还林任务增长182.15%，25度以上坡耕地退耕占84.59%

尽管面临落地难等问题，新一轮退耕还林还草工程执行进度加快，25度以上非基本农田坡耕地退耕任务占84.59%，新一轮退耕还林还草范围要求得到严格贯彻执行，总体看退耕还生态林的比例高于还经济林，表明新一轮退耕农户的自主性和经济理性增强，同时，在城镇化加速发展和金融资本向农村扩张的形势下，新型经营主体开始参与新一轮退耕。

2015年样本县新一轮退耕还林还草73840.37公顷，比2014的26171.02公顷增长182.15%，其中，25度以上非基本农田坡耕地还林84599.51公顷，占84.59%，15～25度非基本农田坡耕地6104.27公顷，占6.10%，严重沙化耕地退耕8019.7公顷，占8.02%；退耕还草1314.8公顷，占样本县2015年新一轮退耕总任务的1.78%。

2015年样本县新一轮退耕还生态林面积38459.92公顷，还经济林面积28679.68公顷，分别占新一轮退耕总面积的52.09%和38.84%，还生态林的比例高于经济林13.25个百分点，退耕还生态林主要集中在陕西、甘肃、宁夏等西北省区，还经济林主要分布在人地压力较大的三峡库区和新疆等经济林产出较高的地方。在新一轮退耕还林还草政策给予农户自主选择树种的权利下，新一轮退耕农户不是一股脑地种经济林，而是根据立地情况选择树种，这一监测结果表明新一轮退耕还林农户的自主性和经济理性提高。

新一轮退耕还林地已落实到县级土地利用规划图的面积54360.38公顷，占总面积的73.62%，新一轮退耕地块落实政策得到有效落实。2014和2015年样本县两年累计完成新一轮退耕还林还草10.00万公顷，占全国新一轮退耕还林还草任务量的10%。

除一般农户外，在城镇化和经济转型的推动下，随着金融资本向农村的扩展，新型经营主体参与到新一轮退耕还林还草工程。截至2015年年底，样本县共有622个乡镇2733个行政村27.59万个农户参与新一轮退耕还林；同时，样本县共有74个合作社339个大户和66家企业参与新一轮退耕还林。

三　新一轮退耕还林还草工程稳步推进，扶贫作用显著

在党和国家的高度重视和部署下，各级林业部门充分发挥体制、机制优势，创新工作思路和工作方法，稳步推进新一轮退耕还林还草工作，并将退耕任务向贫困地区倾斜。与2014年相比，退耕样本县新一轮退耕还林任务增长182.15%，对建档立卡贫困户的覆盖面达18%，退耕还林工程扶贫作用显著，进一步实现生态改善与减轻贫困的双赢。

（一）新一轮退耕对建档立卡贫困户的覆盖面达18%

充分发挥退耕还林还草政策的扶贫作用，加快贫困地区脱贫致富是国家对新一轮退耕还林还草工程的新要求。《关于扩大新一轮退耕还林还草规模的通知》财农[2015]258号指出，从2016年起，国家有关部门在安排新一轮退耕还林还草任务时，重点向扶贫开发任务重、贫困人口较多的省倾斜。各有关省在具体落实时，要进一步向贫困地区集中，向建档立卡贫困村、贫困人口倾斜。国家林业局要求将新一轮退耕还林作为精准扶贫的三大措施之一。各地政府采取措施将新一轮退耕还林还草任务向贫困人口倾斜。甘肃省环县在任务分配落实上，先在摸清25度坡耕地底子的基础上，按照优先向生态脆弱乡镇和贫困村倾斜的原则，重点扶持建档立卡贫困户需求，最大限度地发挥退耕还林精准扶贫、精准脱贫的作用。据统计，2014—2015年，11万亩退耕任务共安排贫困村76个、贫困户3318户，贫困覆盖面分别为90%和49%。重庆市城口县2014年和2015年，共计11万亩退耕还林建设任务，覆盖了全县5320户贫困户，占全县贫困户的48%。

专栏 3-1　贫困退耕户和非贫困退耕户重点指标对照分析

家庭基本特征及资产对比。贫困户家庭人口规模、劳动力规模和住房面积及结构类似或略低于非贫困户平均水平，每百户拥有冰箱和电视的数量比非贫困户分别少 24 台。贫困户的实际经营耕地面积略高于非贫困户，实际经营林地面积低较多，占非贫困户的 90.60%。所有退耕户的现代化生产工具拥有量都不高，但贫困户的拥有情况明显低于非贫困户，比如每百户拥有生产用汽车和拖拉机分别少 10 台和 2 台。值得关注的是贫困户非清洁饮用水比例和饮水困难农户比例分别高出非贫困户 2.46 和 5.52 个百分点，需要考虑实施退耕农户清洁饮用水全覆盖工程，特别是贫困退耕户的健康饮用水问题急需提供资金解决。

收入和支出。贫困户农民工年工资收入为 17985.11 元，是非贫困户农民工年工资收入的 71.37%，但是贫困户年生活支出为 32813.30 元，比非贫困户高出 3591.67 元;究其原因，前者的医疗支出为 5421.35 元，是非贫困户的 2.30 倍，一定程度说明因病致贫是主要原因之一。

退耕还林参与情况。贫困户的累计退耕还林面积、参与新一轮退耕还林面积和享受原补助面积分别比非贫困户少 1.04 亩、3.25 亩和 8.28 亩；贫困户的延长补助期满面积比非贫困户多 3.82 亩，表明贫困户参与退耕还林工程面积较小、开始较早，已经停发退耕补助的面积大，因此停发退耕补助后，按照 10 亩计算的退耕补贴每年约少发 900 元（北方）和 1250 元（南方），将让贫困户原本困难的生活更为艰难，可能恶化其贫困程度（表 1）。

表1 贫困退耕户与非贫困退耕户家庭基本特征及资产对照

指 标	非贫困户	贫困户	差 额
家庭人口（人）	4.73	4.55	0.18
劳动力（人）	2.65	2.38	0.27
住房面积（平方米）	154.84	110.77	44.07
住房结构	1.69	1.73	–
每百户拥有电冰箱（台）	86	62	24
每百户拥有电视机（台）	123	99	24
实际经营耕地面积（亩）	11.73	12.76	–1.03
经营林地面积（亩）	26.06	23.61	2.45
每百户拥有生产用汽车（台）	16	6	10
每百户拥有拖拉机（台）	20	18	2
使用非清洁饮用水农户比例（%）	6.76	9.22	–2.46
饮水困难农户比例（%）	10.91	16.43	–5.52
农民工年工资收入（元）	25200.82	17985.11	7215.71
生活总支出（元）	27575.34	32813.3	–5237.96
其中：医疗支出（元）	2356.40	5421.35	–3064.95
年末累计退耕还林面积（亩）	12.84	11.79	1.05
其中：新一轮退耕还林面积（亩）	4.80	1.55	3.25
享受原补助的面积（亩）	14.28	6.00	8.28
延长补助期满的面积（亩）	6.12	9.94	–3.82

2015年退耕还林社会经济效益监测结果显示，退耕还林工程对农村贫困人口的总体覆盖面超过10%。2015年，100个退耕监测县总人口4650.64万人，其中农业人口3674.80万人，建卡登记的贫困人口407.24万人，贫困人口分别占监测县总人口的8.76%、占农业人口的11.08%；118个样本村总户数54036个，其中建档立卡贫困户8362个，占15.47%，样本村年末总人口19.34万人，其中建档立卡贫困人口26420人，占总人口的13.66%。

新一轮退耕还林工程对精准扶贫户的覆盖在18%左右。2015年，100个退耕还林监测样本县年末累计参加新一轮退耕还林的农户数是23.12万个，其中建档立卡贫困户数为43308个，对贫困户的覆盖达18.73%。119个退耕还林监测村有1643个农户参加新一轮退耕还林，其中建档立卡贫困户280个，对贫困户的覆盖为17.04%；甘肃省会宁县新一轮退耕涉及农户5391个，其中贫困户2152个，占39.92%。

前一轮退耕还林对贫困人口也有一定程度的覆盖。119个退耕还林监测样本村累计参加退耕还林的农户32364个，其中建档立卡的贫困户1930个，贫困户覆盖为5.96%，1149个前一轮退耕还林监测样本户中建卡登记的贫困户为137个，对贫困户的覆盖为11.92%。

（二）各地采取积极措施应对退耕地块落实难

自新一轮退耕还林还草工程启动以来，工程进展缓慢是各地面临的普遍问题。为此，2015年9月，国家五部委联合下发《关于加快落实新一轮退耕还林还草任务的通知》，允许合理调整25度以上坡耕地中的基本农田布局，以解决非基本农田坡耕地分布零散的问题。2015年12月，国家八部委联合下发《关于扩大新一轮退耕还林还草规模的通知》，明确要求把生态承受力弱、不适宜耕种的坡耕地退下来，允许将确需退耕还林还草的陡坡耕地基本农田调减为非基本农田，允许地方人民政府提出耕地保有量和基本农田保护指标调减方案，进一步扩大退耕还林还草范围。

落实地块是新一轮退耕还林最核心的基础工作。与前一轮相比，新一轮退耕还林强化了地块认定这一环节。国家对新一轮退耕还林地块有明确的限制性规定，要求以第二次全国土地调查成果和最新年度变更调查数据为依据，必须是农民自愿退耕的 25 度以上非基本农田的坡耕地，不得将基本农田退耕还林。

各地退耕地块落实面临的突出问题包括基本农田划定不合理、地块碎片化等。为解决退耕地块落实难问题，各地采取不同措施积极应对。湖北省秭归县采用招

专栏 3-2　百户[①]新一轮退耕地块调查分析

截至 2015 年年底，新一轮退耕百户农户共退耕 926.29 亩，分为 370 块，最大的地块 16 亩，最小的地块 0.04 亩，小于 1 亩的退耕地块有 139 块，占 37.57%，退耕地零星分散的特征突出（图 1）。2014 年退耕的占 30%，2015 年退耕的占 70%；退耕地块的土地权属以承包地为主，有少量的自留地和荒山荒地，承包地、自留地和荒山荒地的比例分别为 96.48%、2.17% 和 1.35%。

退耕地立地条件中等偏下。大多数退耕地属中等土质，土壤质量好、中、差的比例分别为 4.36%、71.66% 和 23.98%；96.21% 的退耕地块是雨养地，抵御自然风险能力低；退耕前退耕地块平均每块农作物收入 1308.63 元，按亩计算，每亩农作物收入 738.98 元 / 亩，其中，最高为 5402.00 元 / 亩，亩均收入少于 300 元的地块有 62 块，占 16.76%；大多数退耕地距离农户家较近，便于农户管理退耕林木（图 2）。其中，距离农户家小于 500 米的地块有 148 块，占全部样本地块的 40%，小于 2 千米的地块有 351 块，占 94.86%。

① 新一轮退耕百户农户来自2016年新设的新一轮退耕还林监测点，即湖北秭归、竹溪，湖南溆浦，重庆开州、云阳，云南会泽，贵州思南以及甘肃的会宁、环县和泾川的10个监测村的100个监测户。

退耕范围和适地适树原则得到较好贯彻。74.80% 的退耕地块是 25 度以上陡坡耕地，24.93% 的退耕地块是坡度在 15 ～ 25 度重要水源地；退耕还生态林占多数，种植生态林的地块为 236 块，占 63.78%，种植经济林和兼用林的地块分别占 18.70% 和 17.34%，退耕主要树种包括松、杉、刺槐、核桃、李子等。

退耕地经营良好。284 块、占 76.76% 退耕地块有劳力和化肥等物质投入，平均每块地投劳 13.41 个工日，平均劳力成本 1221.69 元 / 块；进行补植补造的地块有 89 块，占 24.05%；发生火灾和病虫害的地块有 15 块，占 4.05%；349 块、占 94.32% 的退耕林木成活率大于 80%。

部分退耕农户在退耕地中间作农作物。82 块退耕地间作了农作物，占 22.16%，退耕地间作的作物主要有矮秆作物土豆、辣椒、大豆等，也有少量的玉米，退耕间作有收入的地块 70 块，占 18.92%，平均每块退耕地间作收入 895 元，最多的一块 13.7 亩的退耕地间作玉米收入达 6800 元。

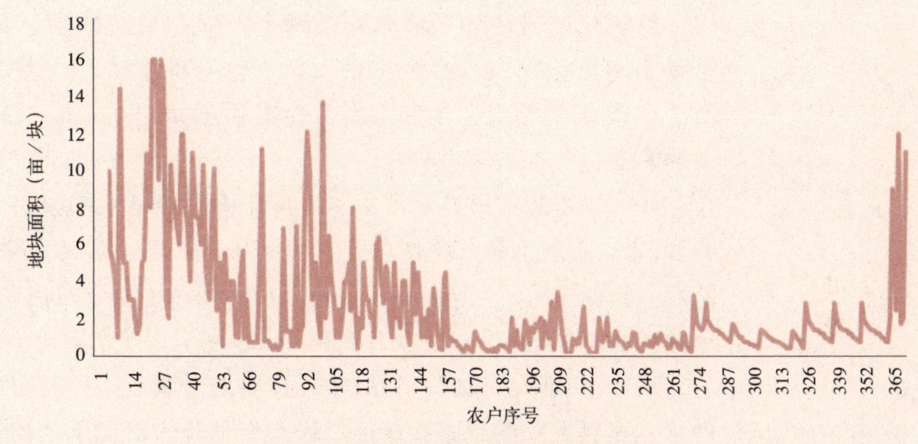

图1　百户农户新一轮退耕地块面积

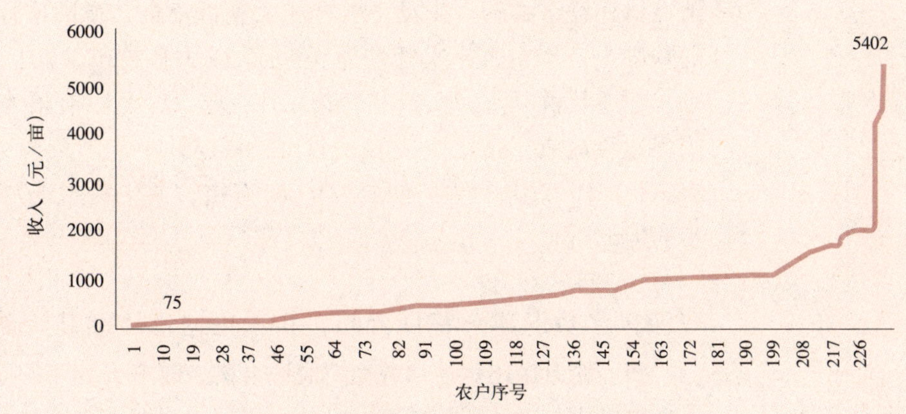

图2　百户退耕农户退耕前亩均农作物收入

标采购方式确定具有测绘资质的第三方中介机构进行坡耕地核实认定。测绘人员同乡镇政府、林业站工作人员及村干部一同上路，根据退耕户意愿，将退耕还林任务落实到山头地块和退耕农户。甘肃省环县在地块选择上，坚持群众愿意和政府同意两个原则。“群众愿意”就是对于25度以上坡耕地，只要群众愿意退耕，且不影响其口粮田，非基本农田直接纳入退耕计划，基本农田积极衔接国土部门先调后退；“政府同意”是指25度以上基本农田要退耕，退耕后的口粮田保有量必须征得政府同意（人均须达到7亩），25度以下耕地坚决杜绝还林，防止群众因受当前利益驱动而盲目退耕，导致无种粮之地，无粮可吃。

2015年退耕还林农户调查问卷分析结果表明，在55个农户参加新一轮退耕还林的农户中，有45个农户退耕地块是采取农户自己报名，村里和乡镇林业站的人员与农户一起现地丈量后确定的，有4个农户是村里和乡镇林业站的人员丈量之后告诉农户，农户自己没有去现地。42个农户认为他们家的新一轮退耕地面积确定准确。

（三）新型经营主体积极参与新一轮退耕

新一轮退耕还林还草方案鼓励个人兴办家庭林场，实行多种经营。为解决劳动力不足、吸引社会资本投入新一轮退耕还林，一些地方鼓励合作社、大户及企业等新型经营主体参与新一轮退耕还林，并采取不同方式与退耕农户分享退耕利益。

2015年监测结果显示，样本县共有479家新型经营主体参与退耕还林，其中大户339家，占新型经营主体总数的70.77%，主要分布在甘肃、湖南、辽宁、重庆、陕西、新疆等地；合作社74家，占总15.45%，主要分布在重庆、贵州、辽宁等地；企业66家，占13.78%，主要分布在甘肃、湖南、辽宁等地。

重庆市云阳县在新一轮退耕还林实施区域坚持相对集中连片造林、适度规模经营，在尊重农民意愿和保证退耕农户利益的前提下，积极推行业主开发和承包经营。由业主投资开发经营，且规模达到300亩以上、进入县联交所流转的坡耕地退耕还经济林的，由县上整合相关项目资金，在国家补助种苗造林费300元/亩的基础上，每亩再一次性补助300元，以弥补种苗采购、劳务和后续管护资金不足。在造林机制上，实行“一栽二补三管”、验收合格才付款的管理模式，确保工程建设成效。在已完成的10万亩退耕还林中，涉及34个乡镇185个村，退耕还生态林2.39万亩，退耕还经济林7.61万亩，其中业主连片开发和实行集中统一管护的近6万亩。

（四）半数退耕户签订合同，新一轮退耕补助开始兑现到户

新一轮退耕还林还草遵循“农民自愿，政府引导”的原则。农民可自行决定是否参与退耕，还林还是还草，种什么树种。强调切记搞“一刀切”、强推强退，各自政府要积极发挥宣传引导和技术服务的职能作用。

上一轮退耕监测户中，有54户参与了新一轮退耕。农户获取新一轮退耕消息的渠道众多，其中有49户是通过村里召开的退耕动员大会、宣传栏、乡镇林业站发放的宣传册或由其他村民转述得知。在地块确定方面，有87.0%的农户表示自愿报名参与退耕，以亲自参与或委托林业站人员的形式丈量退耕地块。《关于印发新一轮退耕还林还草总体方案的通知》（以下简称《通知》）中对本轮退耕还林地的经营模式没有过多要求，从监测户的反馈来看，农户仍选择以自家管理为主。截至2016年5月，超过半数的农户已经和政府签订了退耕还林合同。

农户已经开始领取新一轮退耕补助和种苗费。退耕还林地的合格率、保存率达标后，农户方可拿到退耕补助。由于干旱缺水造成树木成活率下降，有16个农户针对新一轮退耕地进行了补植补造。目前，有10个农户在达到验收标准后，收到了第一年退耕补助和种苗费，尚未拿到补助的原因主要集中在“还没有造林”和“林业部门还没有检查验收”。对于《通知》中提到的补助标准，有33户表示补助标准过低希望国家考虑提高标准，17户表示可以接受目前的补助标准，另外还有2户对于补助标准不敏感，多少无所谓。

（五）“自上而下，上下结合”确定退耕树种

新一轮退耕还林政策不再限定还生态林与经济林的比例，旨在增加植被盖度。拥有更大的退耕自主权后，激发了农户参与到新一轮退耕的积极性。树种选择上，新一轮退耕也充分贯彻了“自上而下，上下结合”的实施方式。重庆市云阳县确定新一轮退耕还林以营造经济林为主，实现增绿增收双赢。坚持因地制宜，在立地条件较好的区域，根据气候条件、农户意愿、市场需要，重点发展柑橘、核桃、李子、冬枣、石榴等果树和杜仲、枳壳等中药材，建设果药基地，促进林农增收。在立地条件较差的地方，仍然以营造耐旱耐瘠的柏木、栾树、桤木等乡土树种为主，适地适树。

（六）退耕政策宣传途径多样，获得补助、缺乏劳力是参加退耕的主要原因

农民自愿申报、退耕还林政策信息公开透明是新一轮退耕还林还草工程的基本要求，农户获得新一轮退耕还林政策信息的途径包括召开村民大会、村宣传栏、退耕还林宣传小册子等。退耕农户调查问卷结果显示，54个农户新一轮退耕户中，有18个农户填写了申请表，仅占1/3；18个农户表示他们参加了新一轮退耕还林政策宣传动员大会，约占1/3，21个农户收到了乡镇发的退耕还林宣传小册子，还有11个农户从其他村民那里获得新一轮退耕政策信息，有6个农户表示他们是从其他途径获得政策信息。

54个农户新一轮退耕还林农户中，有25个农户表示他们参加新一轮退耕还林的原因是改善生态环境，占42.59%，说明退耕还林改善生态的观念在广大农村已经深入人心；有16个农户、近1/3的农户表示参加新一轮退耕还林是能够得到退耕补助，

反映尽管补助标准不高，但仍有一部分农户需要退耕补助；另有15个农户因为家里的地没有人种而参加新一轮退耕，说明劳动力缺乏、耕地弃荒已经成为农户参加新一轮退耕还林的重要推动力。

专栏 3-3 百户[①]新一轮退耕政策执行调查情况

农户参与生态建设和服务的意识增强，近六成农户表示即使不再补助仍会继续经营退耕地。100个样本农户中，在取消补助的条件下，表示愿意继续保留并管护退耕地的农户占59%。

六成多农户认为前一轮退耕既改善了生态环境又提高了农户生活水平。被调查的百户中，95%的农户表示听过或了解前一轮退耕政策，其中81.05%的农户认为退耕改善了生态环境，65.26%的农户认为退耕改善了农户生活水平这部分农户对取消补助的情况下，继续经营退耕地的比例为80.33%。

新一轮退耕宣传到位，农户政策了解程度较高。新一轮退耕政策的宣传方式多样并宣传到位，99%的农户表示已获知相关信息。村动员大会和宣传栏仍是乡镇宣传退耕政策的主要平台，91%的农户是通过村里召开的退耕动员大会获知政策信息，通过宣传栏了解信息的农户占29%。两种方式的宣传效果良好，77%的农户表示了解了一半以上的政策。

新一轮退耕农户自主决策，退耕补助仍是农户加入退耕的主要因素。96%的农户表示拥有完全的参与退耕决定权，81%的农户填写了退耕申请表，98%的农户签订了新一轮退耕合同，退耕树种的确定方式主要以自家、林业站和村集体商定几种方式为主，分别占农户的37%、26%和23%。领取补助、劳动力短缺、响应政策号召和土地生产力低是促使农户参加退耕的主要因素，分别占农户总数的75%、70%、69%和41%（表2）。

退耕地面积丈量准确，农户认可度高。98%的农户表示新一轮退耕地面积确定准确。

农户的退耕地管护意识明确，管护人员年龄结构偏大。99%的农户表示家庭对退耕地有管护责任，93%的农户已开展管护，其中由45岁以上家庭成员实施管护的占79.6%，由65岁以上管护的占15%。

五成农户表示不会复耕，复耕仍存可能。54%的农户表示一旦参与退耕工程，就不能退出。其中57%的农户了解复耕违法且已领取退耕补助而不会复耕；20%的农户盼望退耕经济林地有收入；19%的农户因退耕地已整体连片、自家复耕不方便；因退耕地的生态作用，不愿复耕的仅占4%。

① 新一轮退耕百户农户来自2016年新设的新一轮退耕还林监测点，即湖北秭归、竹溪，湖南溆浦，重庆开州、云阳，云南会泽，贵州思南以及甘肃的会宁、环县和泾川的10个监测村的100个监测户。

农户对退耕政策评价中，退耕补助和生态改善是吸引农户参与的主要动力，地块分散和劳动力缺乏是造成农户参与退耕经营的主要障碍。78%的农户认为退耕补助和带来的环境改善是退耕政策优势，56%的农户表示退耕减轻了劳动强度；51%的农户表示由于退耕地块过于分散，家庭缺少劳动力导致造林管护困难，有31%的农户表示新一轮退耕补助标准太低。

表2　新一轮退耕因素重要程度分布

	排序1			重要程度依次降低 →				排序8
1.可以领退耕补助	53				2			
2.缺少劳动力，没人种地	34	34	1	1				
3.土地产量太低	1		39	1				
4.土地野生动物破坏严重			1	21				
5.家里有其他工作和生意可以挣钱	2				15			
6.响应政策号召，改善生态	2	2	10			55		
7.树长大了值钱	1						19	
8.村里统一要求的								3

注：问卷此问题可以多选，且按照重要程度依次填写，上表结果是整理所得。

（执笔人：王佳南，张坤）

四　巩固退耕还林成果形势不容乐观

2015年，前一轮退耕还林工程接近尾声，退耕还林生态成效彰显，巩固退耕还林成果任务艰巨。“后悔退耕了，后悔管好退耕林木了”，一位退耕农户的话道出了退耕生态恢复好的地区农民的心声，由于退耕补助到期、退耕林木管理不足、退耕比较利益下降等原因，退耕农户对退耕林木的归属意识在降低，部分林粮、林牧矛盾较大的地方，退耕林木被逐渐蚕食、甚至消失，保护好已有退耕森林，迫在眉睫。

2015年，前一轮退耕还林工程已完全进入完善退耕还林阶段，部分地区已完成前一轮退耕还林建设任务、结束退耕补助。2015年，100个退耕还林样本县的退耕地已全部进入完善退耕还林阶段，其中，有102.84万公顷的退耕地仍在完善退耕还林阶段，占样本县前一轮退耕地还林任务的96.08%，有3.92%的退耕地已结束前一轮退耕补助。退耕农户监测结果显示，23.39%的退耕样本户前一轮退耕补助到期。

（一）退耕还林生态成效显著：增加森林资源，提高耕地生产力

经过17年的实施，退耕还林工程已取得显著的生态效益。与退耕前的1998年相比，退耕样本县的森林面积从860.86万公顷增加到2015年的1165.09万公顷，增长35.34%，森林覆盖率从25.18%增加到35.88%，增加10.70个百分点，高于全国退耕还林森林覆盖率增长的平均值（3个百分点）7个多百分点（图3-3）。

在生态环境改善和农业技术进步的作用下，退耕还林工程区粮食总产和单产稳步提高。2015年，样本县粮食播种面积503.96万公顷，比退耕前的1998年增长4.13%，粮食总产量2491.75万吨，比退耕前的1998年增长30.30%，粮食产量增

图3-3 退耕还林样本县森林资源变化

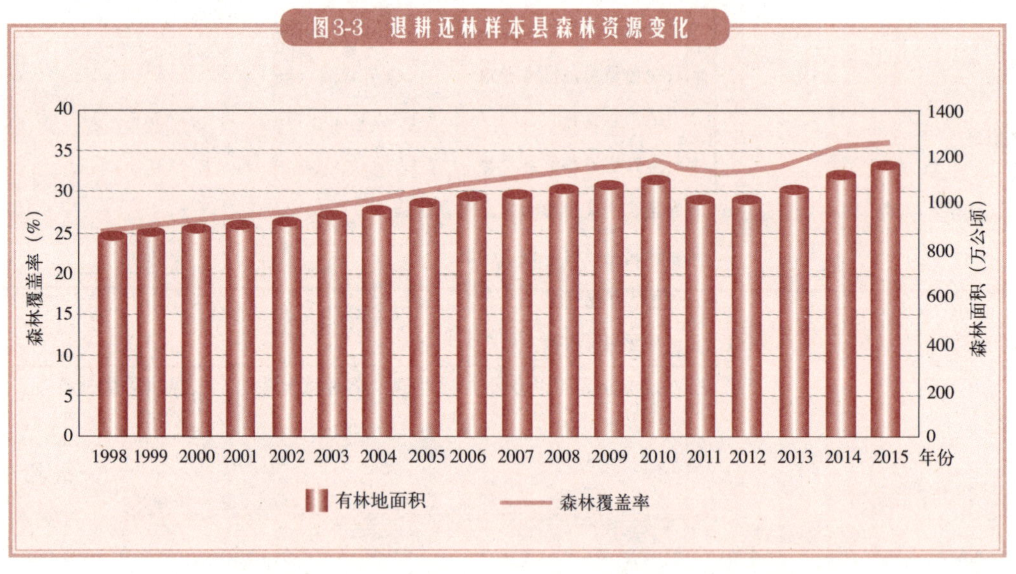

图3-4 退耕还林样本县粮食播种面积和粮食单产变化

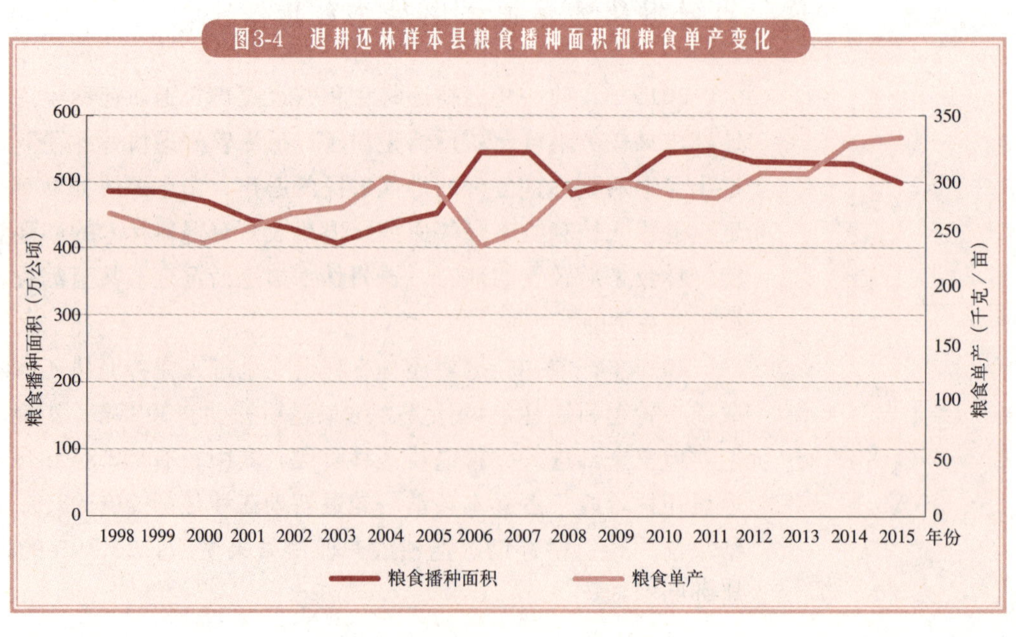

长的幅度远大于粮食播种面积增长幅度，同期，样本县粮食单产从263.43千克/亩增加大329.63千克/亩，增长25.13%（图3-4）。表明：退耕还林没有影响工程区的粮食安全，同时，由于工程区生态状况改善，耕地生产力提高，有力维护国家粮食安全。

退耕还林监测样本农户问卷调查结果显示，有96.84%的农户认为退耕还林改善了本村的生态环境，只有3.16%的农户认为环境没有变化。

（二）退耕还林比较收益下降，巩固退耕还林成果压力加大

2015年，早期退耕的退耕农户已陆续结束前一轮退耕补助，同时，为维护粮食安全，近年来国家各项支农惠农政策不断加强，退耕比较效益下降，巩固退耕还林成果压力加大的呼声不断加大。前一轮退耕还林以生态林为主，经济效益不高，有些成林不成材，抚育管护、森林经营的任务十分繁重。如果不继续给予适当补偿，部分退耕农民收入将有所下降，一些刚刚走上脱贫道路的退耕农民，将会再次陷入困境。退耕农户获得补助的状况究竟如何？退耕还林的比较利益真的下降了？用什么来衡量？

2015年，我们采取两种方法反映退耕还林比较利益：一是比较退耕样本县和样本农户总体的农业和退耕补助增长情况；二是从1165户退耕样本农户中随机选取100个退耕农户[①]（以下简称“标准样本户”），分析其退耕还林的机会成本。

分析发现，与2008年相比，2015年农业直补的增长超过退耕直补，但样本农户的退耕补助金额仍大于农业直补，退耕补助的比较优势仍在。2015年，样本县农业直补70.45亿元，比2008年增长108.62%，退耕补助19.91亿元，比2008年下降22.87%，同期，样本农户农业直补和退耕直补无论是补助总额还是人均补助，均呈现同样的趋势；但是，2015年，样本农户的退耕补助总额为151.15万元，比样本农户农业直补总额高25.02万元，样本农户的人均退耕补助289.22元，比人均农业直补高47.86元（表3-2），退耕补助的比较优势仍在。

（三）已有18.25%的退耕林木纳入公益林，退耕接续政策初现

补助到期的退耕林木采取什么政策继续支持是当前退耕还林政策面临的重大问题。实施15年的退耕还林工程生态成效显著，实践证明将陡坡耕地和严重沙化耕地退耕还林，不仅遏制了水土流失和风沙危害，还改善了部分区域特别是生态脆弱地区的生态服务。将符合条件退耕林木纳入生态公益林，依照生态公益林的补偿和管理办法开展经营，是巩固退耕还林成果的重要接续措施。2015年退耕还林监测结果

① 100个标准样本户的抽样方法是将所有农户按农户代码排列并以自然数编码；使用等距抽样方法，应用手机计时器功能，开始计时后，随机按停，以小数点最后一位数作为起始农户的编码；抽样强度为1149÷100≈11，即每隔11户抽取一个农户，循环抽样直至抽取出100个农户。

表3-2　2008年和2015年样本县和样本户农业与退耕补助比较

项目	样本县农业直补总额（万元）	样本县退耕补助总额（万元）	样本户农业补助总额（万元）	样本户退耕补助总额（万元）	样本户人均农业补助（元）	样本户人均退耕补助（元）
2008年	337705.73	258185.77	37.27	243.40	70.28	458.98
2015年	704519.41	199128.20	126.13	151.15	241.36	289.22
2015年与2008年相比增减（%）	108.62	−22.87	238.42	−37.90	243.43	−36.99

专栏 3-4　退耕还林机会成本分析

标准样本农户退耕地机会成本分析（图 3）发现，平均看，与农业生产相比，2015 年退耕还林已失去比较优势，除退耕地上有较好的经济林如干鲜果品、茶叶等产出的农户，退耕还林收益仍保持比较优势，约 70% 的退耕农户退耕获得的收益低于其从事农作物生产。2015 年，标准样本农户户均退耕地收入 1919.64 元。按当前农作物单产水平，已退耕地如果从事农作物生产，户均农作物收入可达 7524.25 元，加上退耕补助，户均退耕机会成本 4417.63 元，即由于退耕还林农户放弃的收入为平均每户 4417.63 元，放弃收入最高的可达 6 万多元。因此，平均看，与农作物生产相比，退耕还林政策已不具有比较优势。退耕补助结束后，如果没有新的接续政策，退耕农户户均退耕机会成本将达 5604.61 元。

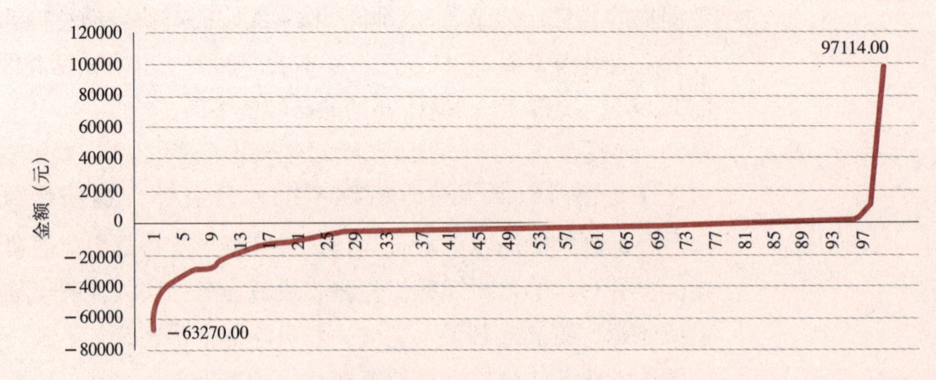

图3　退耕还林机会成本分析

（执笔人：王江）

表明，100个退耕样本县累计已有60.23万公顷退耕地纳入生态公益林，占退耕样本县累计退耕还林面积329.96公顷的18.25%，其中，纳入国家级公益林的39.66万公顷，纳入地方公益林的20.57万公顷。

由于仍有大量的退耕还生态林地在停发农户退耕补助后对农户既无经济收益又没有生态服务补偿。同时，目前的生态补偿标准（集体和个人所有的国家级公益林补偿标准为每年每亩15元）与前一轮退耕还林工程给予农户的退耕补助标准之间的差额，生态效益补偿费与农户心理预期的落差，能否激励农户继续保持和管护退耕还林成果仍需详细调查研究。

（四）约20%的退耕户补助停止后将有经济困难，复耕仍是个别现象

2016年大部分前一轮退耕还林地将结束补助政策，停发退耕补助后，对退耕农户的生计有何影响是本监测的关键问题之一。

2015年末，100个样本县享受原补助、完善退耕还林补助和补助期满的退耕还林地面积比例分别为15.46%、77.99%和6.55%。填报数据的1231个样本户中，享受原有补助、享受完善退耕还林补助和补助期满的退耕还林地比例分别为5.47%、87.13%和7.40%，其中完善退耕还林政策补助期满的农户有150个，占样本户总数的12.19%。

样本村中反映退耕补助到期后家庭有困难的农户为6421个，缺粮的农户5991个，分别占样本村退耕户总数的20.53 %和19.15%。已复耕的有35个，复耕面积582.46亩，尽管数量少，但一定程度反映出退耕补助到期后农户的困难和及其应对措施。

样本村年内减少耕地面积3031.9亩，其中国家建设占用2439.7亩，占减少耕地总面积的80.47%；年内减少耕地面积占耕地总面积的0.69%，弃耕地面积5815亩，占耕地总面积的1.32%；宜林荒山荒地面积113271.9亩，占样本村土地总面积的4.57%。

（五）88.7%的退耕地由农户自己管护，60%的退耕地管护由农村女性承担

由于退耕地面积大、分布范围广，目前退耕地的管理仍以农户自家管护为主，约占88.7%，在所有的管护人员中女性占比超过六成，且年龄在50岁以上偏多。除此以外，部分地区也有聘请护林员进行集体管护。947个农户的退耕地保存率在85%以上，占比为81.42%。

退耕地的管理需要林业部门与当地群众密切配合，切实发挥百姓的力量，同时也要关注其生活问题。在问及退耕地产出时，有农户表示在从退耕林地中获取柴火做饭，这也是农户自行管理的局限性。聘请专职护林员，不仅可以减少对森林的破坏，也可以提高百姓维护林地的意识。

五 问题与建议

（一）存在的问题

1. 新一轮退耕补助标准低、农户不满意，对巩固退耕成果极其不利

勉强退耕可能是新一轮退耕农户的普遍特征。在农民经济理性明显提高的情况下，不按机会成本或接近的标准补偿退耕农户，不仅在政策执行过程中遇到阻力，而且为今后巩固成果埋下隐患。根据2015年监测结果，退耕农户耕地亩均收益在900元左右，目前1500元的退耕补助明显偏低，不受农户欢迎。新一轮退耕农户调查问卷显示，大家反映最多的问题是补助标准偏低。

2. 地块分散、实施难的问题没有解决，给基层退耕工作造成很大困难

甘肃会宁县确定的9.19万亩涉及9000多个小班，1亩或几分地的地块很多，位置偏僻，给工程实施造成很大困难。这种情况普遍存在，增加了规划设计、检查验收和组织实施的难度；同时，新一轮退耕实施程序复杂，从坡耕地认定、农户申请、规划设计、苗木采购、组织实施、检查验收、政策兑现，基层实施工作量非常大，人力物力有限，而且涉及部门多，协调难度非常大。监测点反映，新一轮退耕还林政策不完善不稳定，一方面要求基层严格执行国家政策，一方面又要求边实施边调整，基层难以把握。

3. 前一轮退耕比较利益下降，复耕趋势扩大

第一轮退耕还林80%以上为生态林，补助将陆续到期，而这部分生态林主要是发挥生态社会效益，几乎没有经济效益，停止补助后，退耕农户的收入将会有所下降，势必会影响到退耕农民的生计和退耕还林成果的巩固。从补助增长趋势看，农业直补大幅上升，退耕补助急剧下降。2015年，样本县农业直补70.45亿元，比2008年增长108.62%，退耕补助19.91亿元，比2008年下降22.87%；从机会成本看，由于粮食补贴的日益增加、农产品价格上涨等因素，退耕亏本已是不争的事实。2015年由于退耕，监测农户户均损失3833.78元，损失最高的可达6万多元，退耕农户为国家生态建设作出了巨大牺牲。根据我们的推断，复耕最可能发生的地区有三类：城镇郊区的粮食高产区、人地矛盾冲突较大的地区（如三峡库区）以及因干旱退耕林木长期没能成林的地区，地处偏远、生态区位重要地区已成林的退耕林木基本保存良好。

（二）政策建议

监测发现，通过创新机制、方法，新一轮退耕还林总体加快推进，对精准扶贫贡献突出，地块分散、补助标准低仍是工程进展的最大障碍；前一轮退耕还林生态改善大局已定，采取措施巩固退耕还林成果迫在眉睫；在新一轮退耕还林启动伊始、前一轮退耕还林即将结束的关键时期，坚持生态优先，使我国最大的退化土地森林恢复工程真正形成发挥稳定生态效益的森林，应是退耕还林工作的长期目标；为实现这一长期目标，两轮退耕还林政策都需要做战略调整。建议：

1．坚持生态优先，以完成林业建设目标为重

长期以来，由于我国林业生态建设的主战场多在偏远、贫困地区，不解决贫困人口的生计问题，林业生态建设成果就难以持久保护，因此，实现生态改善与减轻贫困双赢一直是我国生态林业政策的目标。经过几十年的经济快速发展，我国农村贫困问题已经得到很大程度的解决，近年来，粮食直补等惠农政策不断增加，农村社会保障体系逐渐完善，精准扶贫战略必将进一步缩小农村贫困范围，这些惠农政策已经形成广泛、基本的托底保障，因退耕致贫的可能性将大幅降低。

在此情况下，退耕还林政策应当将工作重点转移到生态恢复上，将国家的巨额建设投资转变为生态效益良好的林子，才是我们工作的本分和重点。

2．新一轮退耕政策向生态优先靠拢，留出“试错”空间

一调新一轮退耕林种政策。保留农户自愿选择树种政策，但通过退耕地规划向生态林倾斜；生态林必须种植乡土树种；借鉴澳大利亚退耕还林经验，退耕还乡土树种，永远不准复耕，让新一轮退耕从开始就有可持续的法律基础。

二调工程执行工作方式，留出“试错”空间。在确保完成退耕总任务的前提下，不设定年度完成任务量和资金进度，允许任务和资金年度结转，减轻工作压力，给基层充分的时间探索合适的退耕方式，经验成熟后，再加速实施。

三调退耕空间分布，减少干旱地区退耕任务。退耕农户监测数据显示在甘肃定西等干旱县、青海和宁夏的大部分监测农户自退耕以来几乎每年都在补植补造，补植补造面积和株数最多的是青海省。

四调退耕还生态林补助标准，鼓励退耕还生态林。为保持政策连续性，目前的补助政策暂时不动，5年补助期满后，调高退耕还生态林补助标准。

3．前一轮退耕还林设立退出机制，重点保生态林

总体判断：退耕还林改善生态的大局已定，复耕主要发生在粮食高产区、人地矛盾突出地区和干旱、退耕不成林地区，抓紧巩固已有退耕成果是前一轮退耕重中之重。应对策略：丢卒保车，保生态林，设立退出机制，逐渐更换成乡土树种，使退耕林木转化成稳定的森林生态系统，真正实现退耕还林生态建设目标。

一是“不动声色”退出机制。根据我们的观察，前一轮退耕林木在一个村庄的保存状况基本是“离村越远保存越好，挨着村庄的不是复耕就是不成林”。“不动声色”就是，一方面设置新政策大张旗鼓地鼓励退耕还林保存好、生态好的农户，巩固退耕成果；另一方面，对已复耕的农户，尤其是原先不该退的良田退耕，考虑到退耕补助资金的普惠和减轻贫困效应，不予追究。

二是“稳定军心”，将符合条件的退耕生态林尽快纳入生态公益林。政策不确定对退耕林木保护的杀伤力很大，大多数退耕农户都处在观望状态，尽快出台前一轮退耕还林纳入生态公益林制度，考虑到退耕农户已享受到了退耕补贴，补偿标准可相当于农业补贴的一半，用生态效益补偿政策接续退耕还林政策。

三是“收缩战线”。将工作重点放在生态区位重要的退耕还生态林地区。将巩固退耕成果重点放在华中和西南水土条件好的地区，加大乡土树种更换和自然修复力度；西北干旱、半干旱省份减少退耕地还林任务，重在封育。

四是“调整结构”。制定退耕还林经营长期规划，逐步调整退耕林木结构，大力引入乡土树种，使退耕还林形成森林，真正发挥森林生态效益。

五是“加强管理”。加强退耕林木抚育管理，有条件的地方与国有林场改革相结合，组建由村社与国有林场相结合的管护队伍，提高退耕还林森林经营质量和效益。

2016

京津风沙源治理工程

京津风沙源治理工程社会经济效益监测报告

2015年，是京津风沙源治理工程（以下简称“京津工程”）连续跟踪监测的第13年。为更加全面反映京津二期工程实施的效果和影响，2015年工程监测样本县增扩了陕西的府谷和横山县、北京的门头沟和密云区，县级监测样本点由21个增加到25个，工程区总面积由45.8万平方千米增至70.6万平方千米。京津二期工程加大了对林草植被保护与建设、水土资源合理利用、合理开发利用草地资源的投资力度，新增了工程固沙等任务，京津二期工程规划投资877.92亿元。

2015年工程区通过大力推广容器苗造林、节水抗旱造林等技术，提高了工程建设科技含量；根据《关于进一步加强京津风沙源治理二期工程管理工作的通知》，对工程各地营造林及抚育管理等工作提出了明确要求，进一步增强了质量管理意识，提高建设成效。工程信息调度与质量督查分析进一步强化；根据《京津风沙源治理工程二期林业建设项目技术规定》，大力推广应用以抗旱造林为主的适用技术和治理模式，加强技术培训，充分发挥科技在工程建设中的支撑作用；创新机制，增强工程建设活力。内蒙古等地认真执行“谁造谁有，合造共有”和“谁投资、谁治理、谁开发、谁收益”等政策，鼓励、支持和引导农牧民等各种社会主体参与工程建设，有力地推动了工程建设进程。大力推行了先造后补、合同制、专业队造林等建设机制，逐步形成个体承包、联户承包、大户承包、企业承包、股份合作、国有林场造林等造林主体广泛、形式多样的工程建设机制。

监测结果表明：工程区植被恢复明显，生态恶化的趋势基本得到控制，原有植被得到有效保护和恢复，林草植被覆盖率显著提高，森林覆盖率较2000年提高了21.2个百分点，其中，森林覆盖率上升超过20个百分点的样本县（旗）有3个，上升10～20个百分点的有12个，新增4个县级样本点的平均覆盖率也在40%以上，森林生态多样性显著提升。工程区土壤侵蚀面积大幅减少，较2000年减少了238.13万公顷，减幅达70.37%，沙尘天气减弱，受风沙危害的乡镇数也有所下降。京津工程区特色林果业、绿色养殖业和休闲旅游业在保护生态的前提下，紧紧围绕自然、生态、乡土、历史文化等优势资源，重点发展生态良好、就业富民的绿色产业，提升一产、优化二产、扩展三产，林业总产值显著提高，加快了群众脱贫致富步伐。样本县（旗）家庭农村居民人均纯收入从2000年的3289.12元增长至2015年的8647.29元，增长了162.91%。工程建设对带动区域经济发展、增加农民收入、改善工程区农民生活水平发挥了积极作用。但是，工程建设仍然存在着建设资金投入不足、治理难度依然很大、京津冀生态一体化建设有待加强等问题。

一　样本县（旗）自然经济社会概况

（一）人口与资源状况

1．总人口稳中有升，户均劳动力基本保持稳定

2000－2015年，样本县（旗）总人口和乡村人口都呈稳中有升的趋势。2015年，样本县（旗）总人口和乡村人口分别为734.84万人和547.7万人，与工程实施前的2000年相比，分别增长了25.40%和8.73%（图4-1）。

但是，户级监测数据显示，2000－2015年，样本户户均人口总体上呈现稳中有降趋势，户均劳动力和劳动力负担系数基本保持稳定。2015年样本户户均人口为

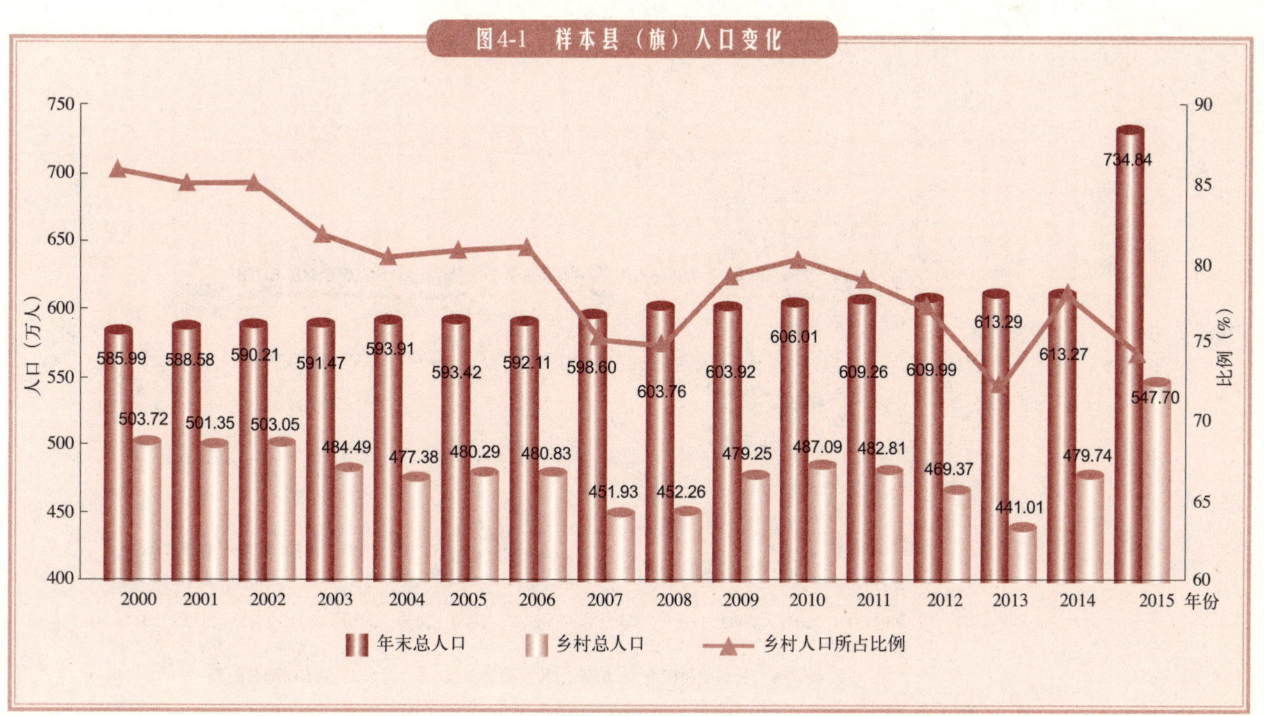

图4-1　样本县（旗）人口变化

3.31人，与2014年持平，比2000年下降了11.50%。户均劳动力为2.06人，比2014年下降了9.65%，比2000年增长了8.42%。户均劳动力负担系数为1.61，比2014年增长了11.03%，比2000年下降了18.27%（图4-2）。

2．林业用地面积总体呈增长态势，土地利用结构不断调整

2000－2015年，样本县（旗）牧草地面积基本保持稳定，林业用地面积持续攀升。2015年，样本县（旗）年末在册耕地面积179.28万公顷，其中25度以上坡耕地面积16.63万公顷，基本农田面积70.23万公顷，林业用地面积633.67万公顷，牧草地面积519.84万公顷。同2000、2014年相比，耕地面积分别增加了24.19万公顷和

图4-2 样本户户均人口及劳动力情况

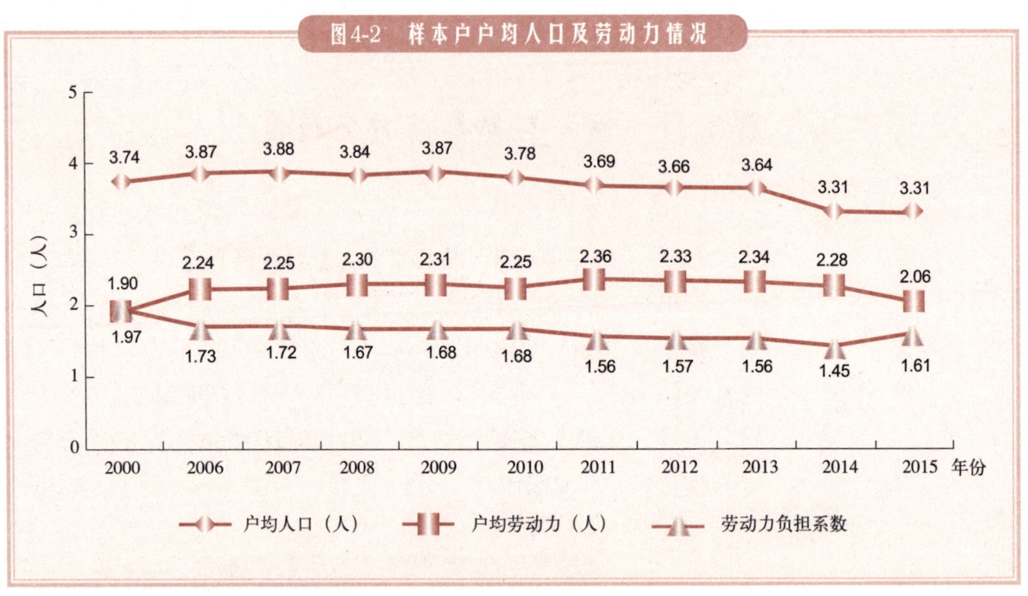

图4-3 样本县（旗）土地资源情况

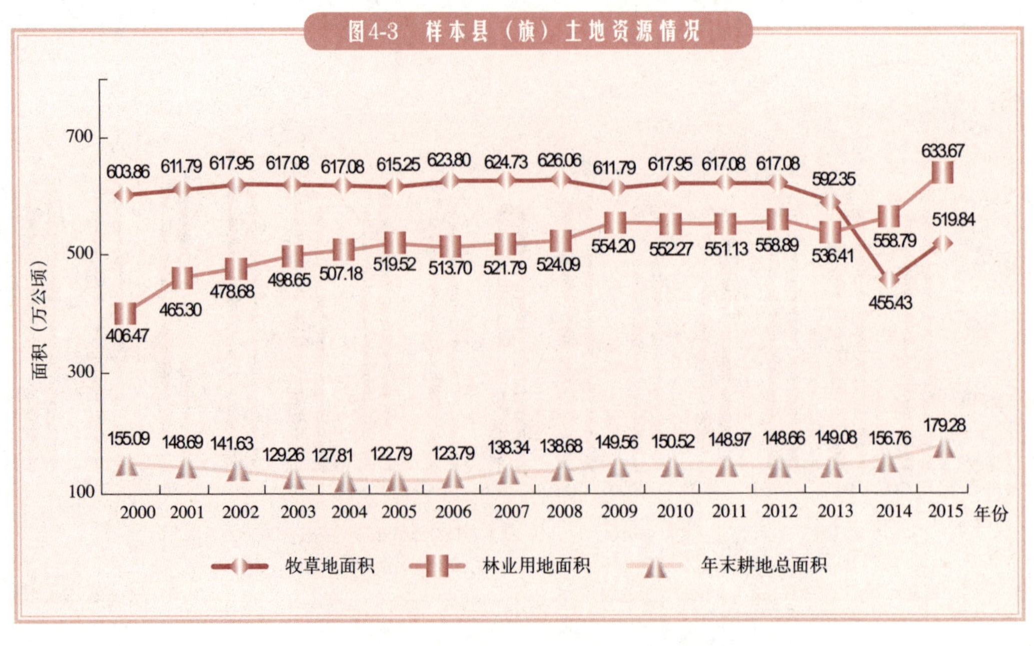

22.52万公顷，分别增长了15.60%和14.37%。林业用地面积分别增加了227.20万公顷和74.88万公顷，分别增长了55.90%和13.40%。 2015年，牧草地面积比2000减少了84.02万公顷，下降了13.91%，比2014年增加了64.41万公顷，增长了14.14%（图4-3）。

2000－2015年，户均实际经营耕地面积稳中有降，户均牧草地面积总体上呈现上升趋势，户均林业用地面积呈先上升后稳定的趋势。2015年，户均实际经营耕地面积18.93亩，户均牧草场面积44.40亩，户均林业用地面积24.23亩。与2014年相比，户均实际经营耕地与户均林业用地面积分别下降了21.52%和9.18%，户均牧草地面积增长了4.72%。与2000年相比，户均实际经营耕地下降了30.68%，户均牧草地面积增长了67.93%，户均林业用地面积增长了606.41%（图4-4）。

3．森林资源总量增加，质量提升

2000－2015年，样本县（旗）有林地面积总体上保持增长态势。2015年，样本县（旗）有林地面积237.61万公顷，与2000年相比，增长了46.94%，与2014年相比，下降了0.22%。2015年样本县（旗）森林蓄积量为8983.24万立方米，与2000年相比增长了69.48%，与2014年相比，增长了7.25%（图4-5）。

4．样本户百户造林面积总体呈稳定趋势，但个别年份波动大

2015年百户当年造林面积7.25亩，比2014年减少了26.99%，比2006年增长了87.82%。其中，2010年百户当年造林面积最大，达85.29亩（图4-6）。造林面积减少的原因是目前大部分地块已经完成了造林任务，可造林的土地面积越来越少。

图4-4 样本户户均土地情况

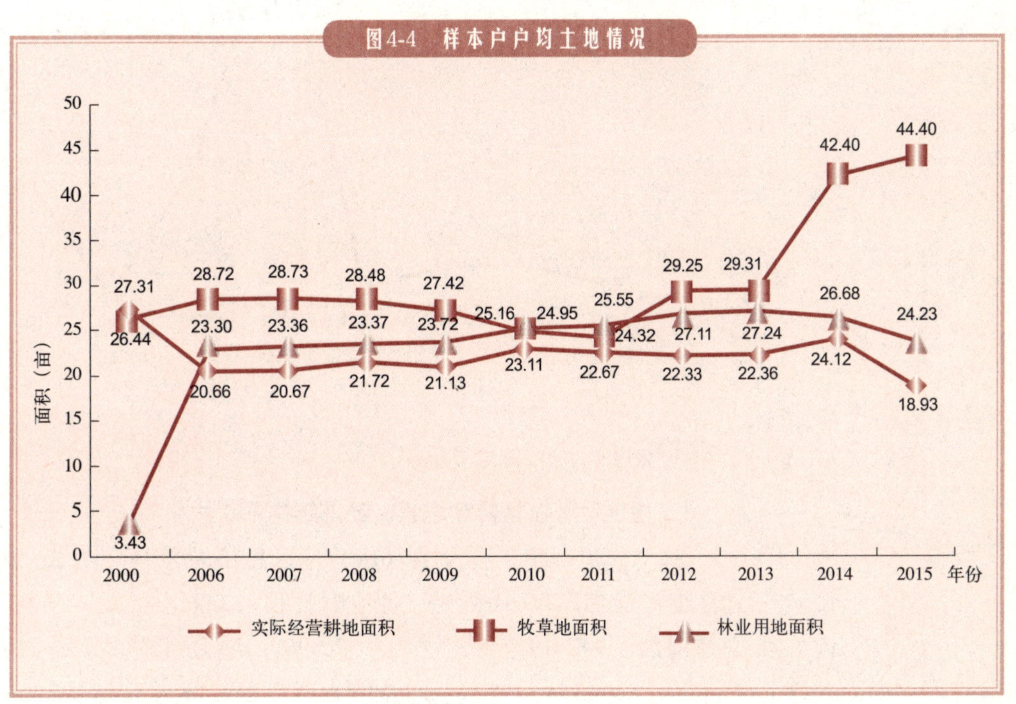

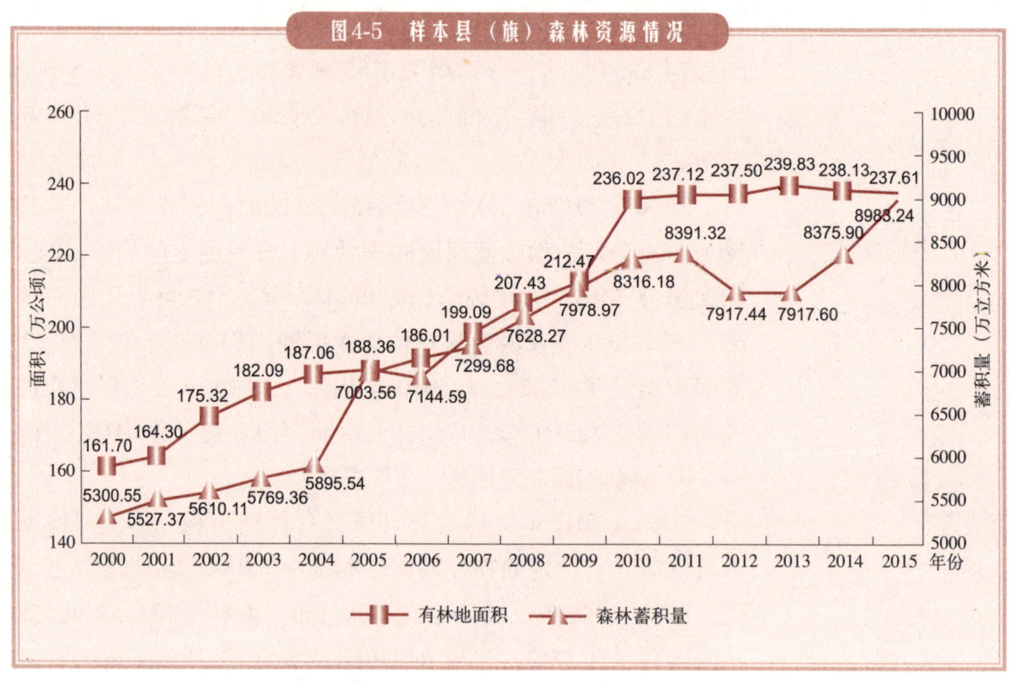

（二）经济与社会发展

1．地区经济总量持续增长，经济结构不断优化

2000－2015年，样本县（旗）地区经济总量持续增长。2015年样本县（旗）地区生产总值2730.16亿元，地方财政收入227.78亿元，与2014年相比，地区生产总值增加了942.08亿元，增长了52.69%，地方财政收入增加了90.29亿元，增长了65.67%。2015年，地区生产总值和地方财政收入分别为2000年的14.64倍和27.18

倍。15年来环比年均分别增长25.02%和26.65%，高于同期全国水平（图4-7）。

2000－2015年，样本县（旗）农林牧渔总产值呈逐年递增态势，2015年农林牧渔总产值653.28亿元，种植业、林业、畜牧业、渔业和农林牧渔服务业占农林牧渔总产值的比例分别为50.74%、6.82%、39.60%、0.60%和1.45%，同2000年比，畜牧业和渔业的比例分别减少了4.31和0.37个百分点，种植业和林业分别增加了2.31和0.13个百分点。同2014年比，种植业、林业和渔业比例分别增加了3.39、2.22和0.15个百分点，畜牧业和农林牧渔服务业比例分别减少了6.41和0.13个百分点（表4-1）。

图4-7 样本县（旗）经济总量变化情况

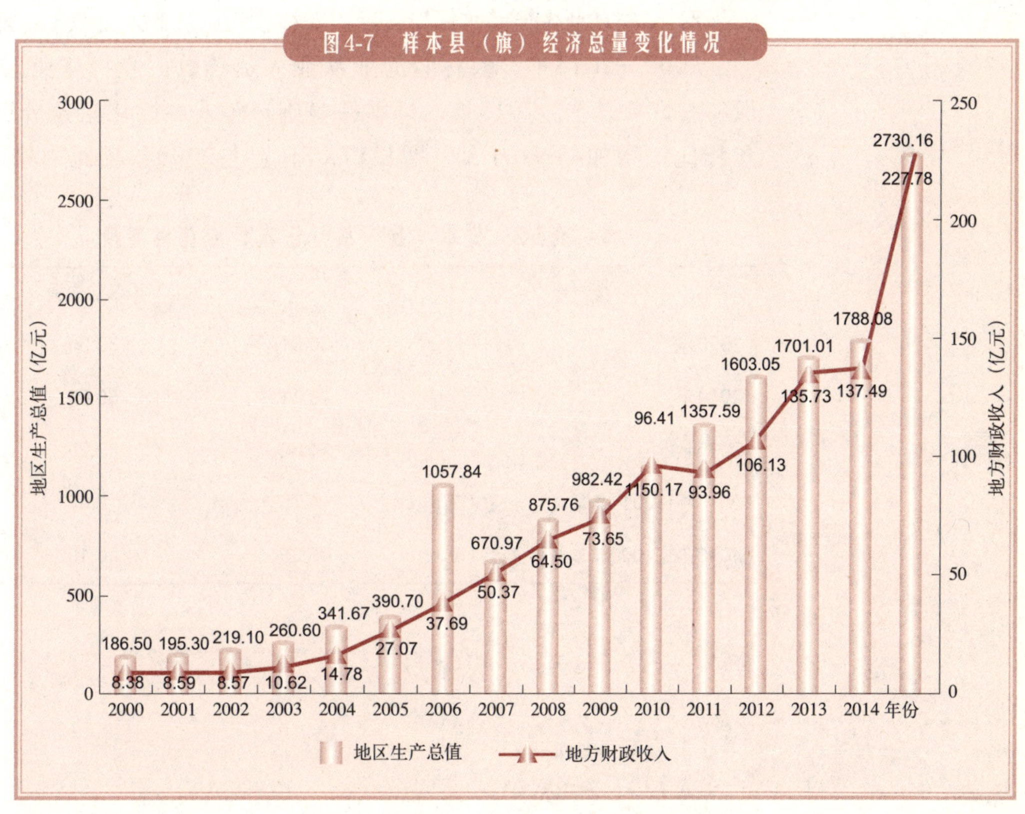

表4-1 样本县（旗）大农业内部结构

年 份	各业所占比例（%）				
	种植业	林业	畜牧业	渔业	农林牧渔服务业
2000年	48.43	6.69	43.91	0.97	NA
2014年	47.35	4.60	46.01	0.45	1.58
2015年	50.74	6.82	39.60	0.60	1.45
2015年比2000年增减百分点（个）	2.31	0.13	－4.31	－0.37	NA
2015年比2014年增减百分点（个）	3.39	2.22	－6.41	0.15	－0.13

注：NA表示不可用。

2000－2015年，样本县（旗）地区经济结构不断调整优化，第一产业比例不断下降，第二产业比例上升，第三产业比例快速上升。2015年，样本县（旗）三次产业比例分别为14.66%、59.25%和37.86%，与2014年相比，第一产业下降了4.75个百分点，第二产业增长了8.62个百分点，第三产业增长了7.90个百分点；与2000年相比，第一产业下降了45.35个百分点，第二产业增长了20.19个百分点，第三产业增长了36.93个百分点。林业增加值在第一产业比例保持稳定，2015年林业增加值278659.2万元，占第一产业的6.96%，2007年以后林业增加值占第一产业比例始终保持在4.5%以上（表4-2）。

2．乡村从业人员基本保持稳定，农林牧渔业从业人员稳中有降

2000－2015年，农林牧渔业从业人员总数占乡村从业人员总数的比例始终保持在50%以上。2015年，样本县（旗）年末乡村从业人员314.76万人，与2014年相比，增加45.91万人，增长17.08%，与2000年相比，增加74.11万人，增长

表4-2　样本　县（旗）三次产业比例变换　　%

指　标	第一产业	第二产业	第三产业
2000年	60.01	39.06	0.93
2014年	19.41	50.63	29.96
2015年	14.66	59.25	37.86
2015年比2014年增减百分点（个）	－4.75	8.62	7.90
2015年比2000年增减百分点（个）	－45.35	20.19	36.93

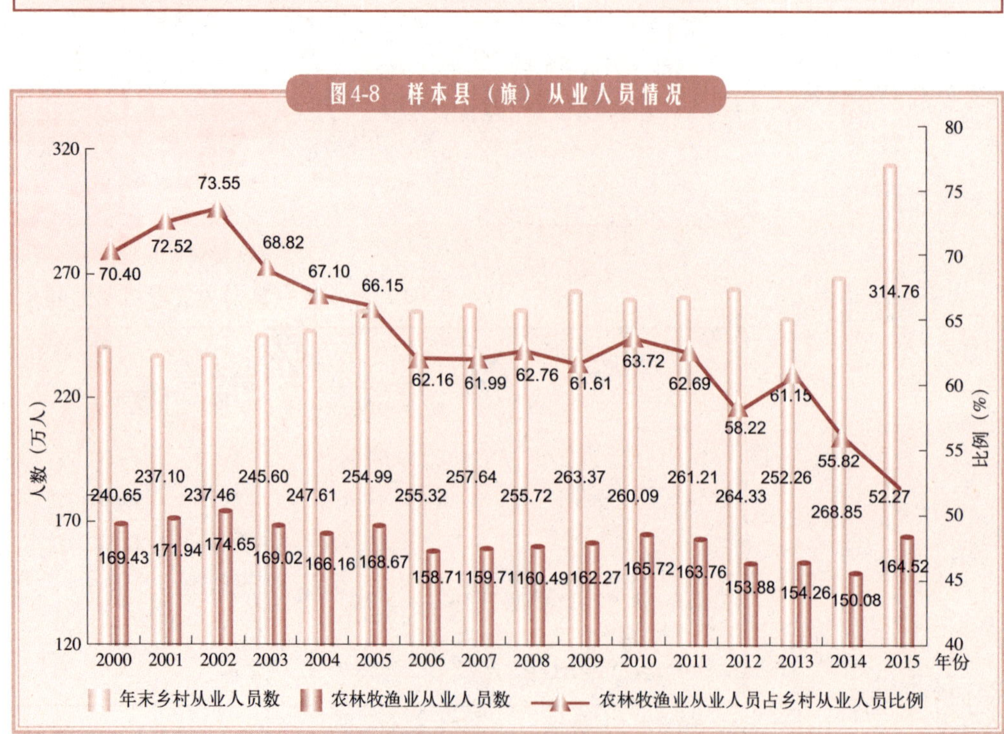

图4-8　样本县（旗）从业人员情况

30.80%。2015年，样本县（旗）农林牧渔业从业人员164.52万人，占乡村从业人员总数的39.75%，与2014年相比，增长9.62%；与2000年相比，减少了2.90%（图4-8）。

3．农村低收入人口数个别年份有波动，总体上呈下降趋势

2000－2015年，样本县（旗）农村低收入人口数总体上呈下降趋势，但在2005年有较大幅度的增长，大致上升到2000年的水平，随后逐年减少。2015年，农村低收入人口数为69.04万人，与2014年相比减少6.36%，与2000年相比减少50.24%（图4-9）。

图4-9 农村低收入人口数

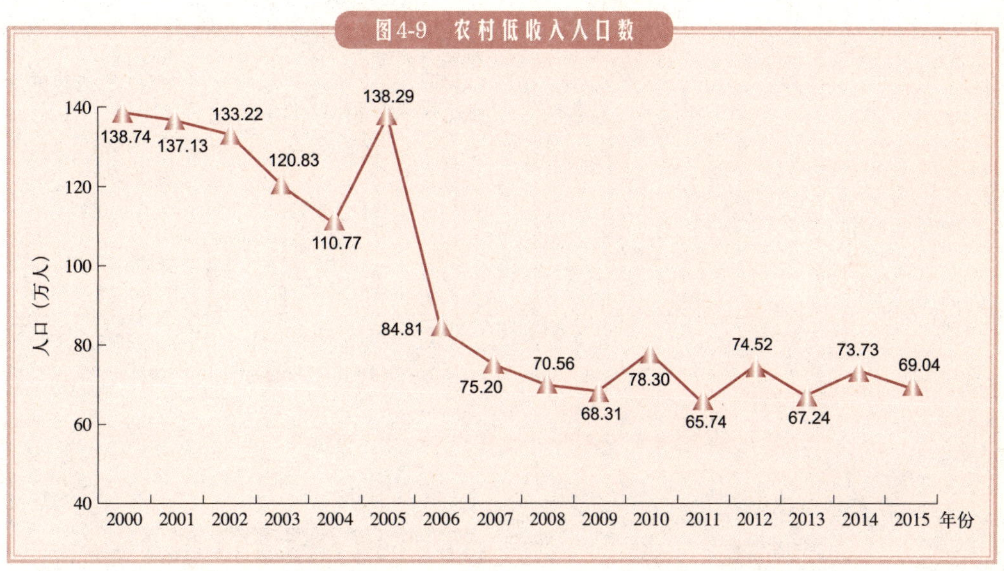

4．农户家庭生产生活条件持续改善，计算机和互联网技术惠及农村

2000－2015年，样本户家庭生产工具不断改进，耐用消费品数量增加、质量提升。2015年，户均生产用房14.61平方米，汽车、大棚和拖拉机生产工具的百户拥有量分别达15台、58.5平方米和17台，户均生产用房比2014年下降了51.61%，汽车、大棚和拖拉机的百户拥有量分别比2014年增长了7.14%、73.85%和6.25%。与2000年相比，户均生产用房面积、百户拥有大棚面积、百户拖拉机拥有量和百户汽车拥有量分别是2000年的1.09倍、7.31倍、5.67倍和7.5倍，其中百户汽车拥有量增长最大（图4-10）。

2000－2015年，冰箱、洗衣机、摩托车和电话等家庭耐用消费品数量个别年份有波动，总体呈增长趋势。2015年，百户拥有冰箱、洗衣机、摩托车和电话分别为87台、90台、56台和222部，与2014年相比，百户拥有洗衣机和电话分别增长了4.65%和5.21%，百户拥有摩托车和冰箱分别下降了39.13%和7.45%。与2000年相比，百户拥有洗衣机、摩托车、冰箱和电话分别增长了172.73%、166.67%、866.67%和788.00%，其中百户拥有冰箱增长最大，百户拥有电话次之（图4-11）。

图4-10 样本户生产资料变化情况

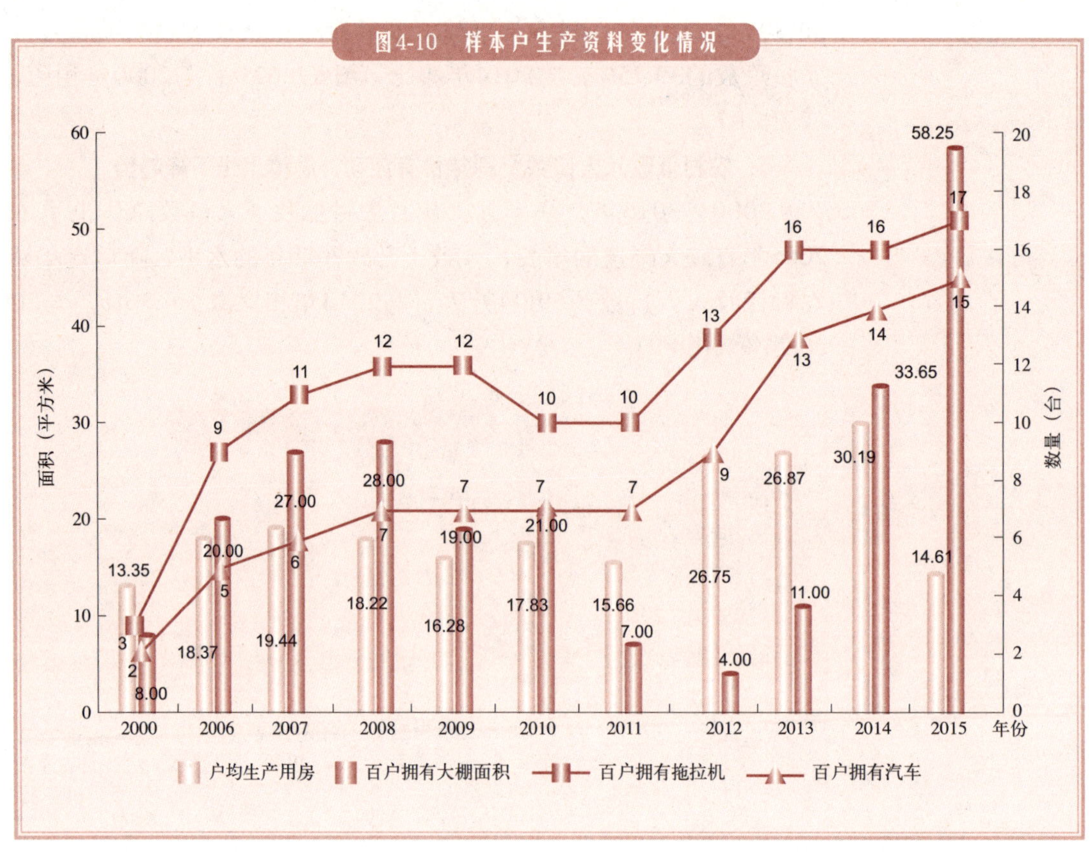

图4-11 样本户耐用消费品情况

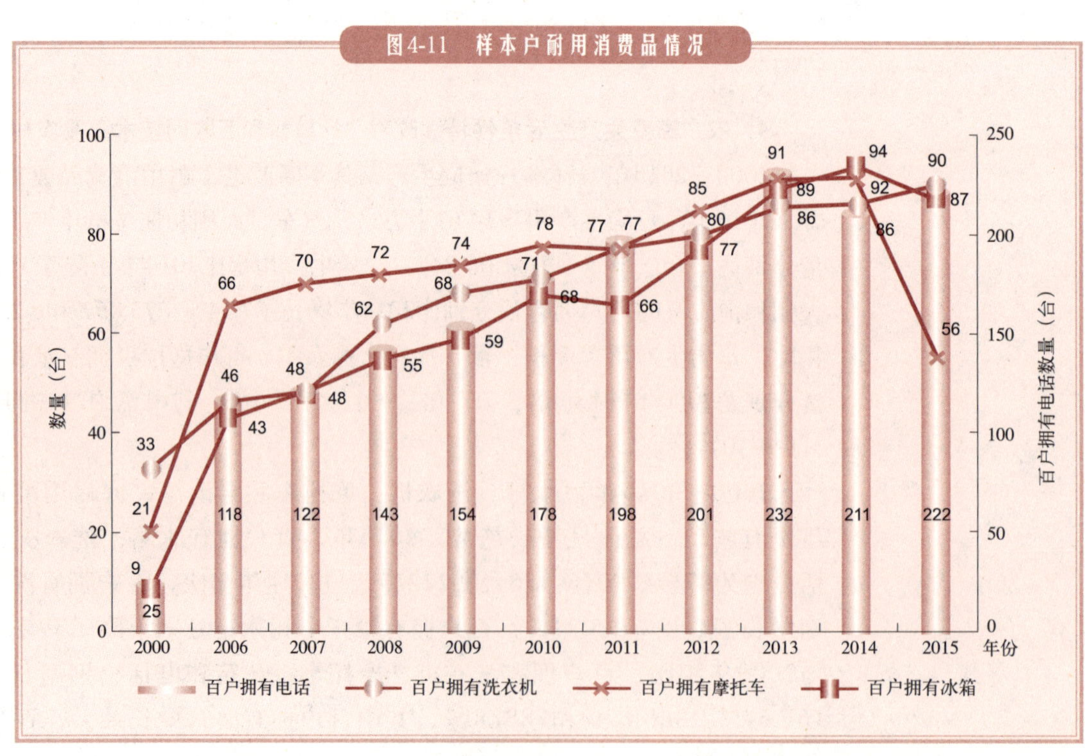

图4-12 百户拥有计算机情况

自2000年以来，计算机和互联网技术逐步走进农村，农户计算机拥有量持续攀升。2015年，百户接入互联网数量为13，百户拥有计算机24台，比2014年增长了20%，比2000年增长了1100%（图4-12）。

5．农村社会保障持续加强

2000－2015年，样本县（旗）农村医疗卫生条件逐年改善，农村合作医疗卫生所数量基本保持稳定，但农村医生和卫生员数量逐年上升。到2015年，样本县（旗）有农村合作医疗卫生所5264个，农村医生和卫生员12028人。同时，群众参与养老保险、合作医疗的意识逐年加强，2015年参与农村社会养老保险281.35万人，较2014年增加了23.56%，参与农村合作医疗保险474.80万人，较2014年增加了25.85%。养老保险、医疗保险的参与，在缓解农民老有所养、因病致贫等方面发挥了重要作用。

6．外出务工人数、外出务工纯收入均呈现上升趋势

户级监测显示，2000－2015年，农户外出务工人数呈先增长后稳定的趋势，户均外出务工纯收入保持增长势头。2015年，户均外出务工人数为0.86人，户均外出务工纯收入为14708元，比2014年分别增长6.17%和21.56%，比2000年分别增长160.61%和715.78%。在2010年，户均外出务工人数最多，达0.88人，是2000年的2.67倍（图4-13）。

7．农户信贷方式多样化，信用合作社小额信贷成热点

2015年，样本户户均信贷5963元，其中民间借贷2136元，金融机构信贷（包括银行贷款、信用合作社小额信贷和其他）3827元，金融机构信贷超民间借贷79.17%。户均银行贷款、信用合作社小额信贷和其他金融机构信贷分别为2189元、1413元和225元，占比36.71%，23.70%和3.77%，信用合作社小额信贷占金融机构信贷方式的36.92%，成为仅次于银行贷款的金融机构信贷方式，成为现今农户信贷的热点（图4-14）。

图4-13 样本户外出务工情况

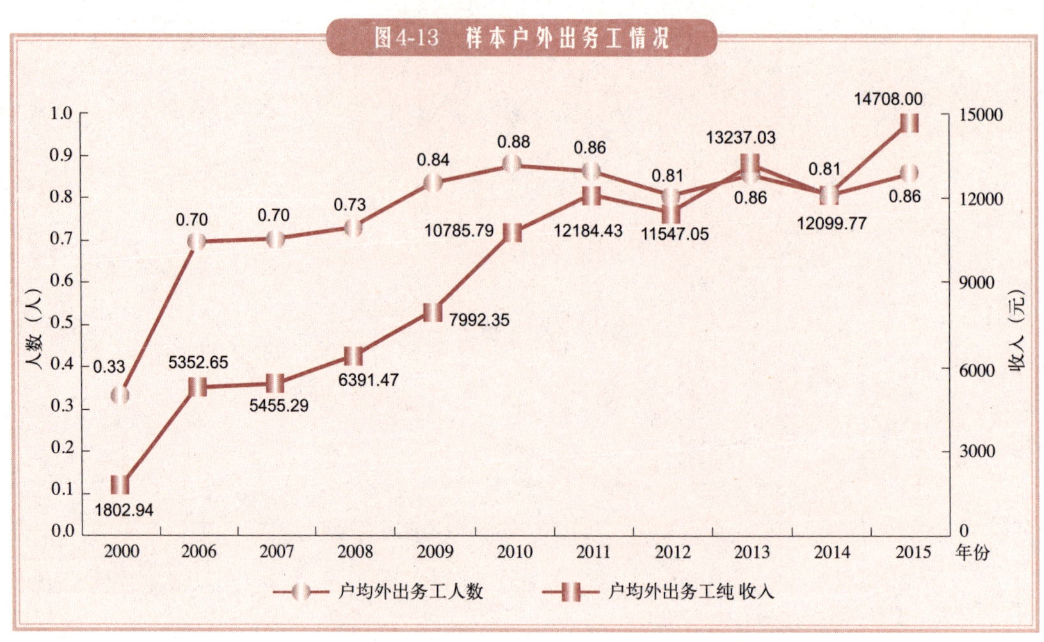

图4-14 2015年样本户信贷情况

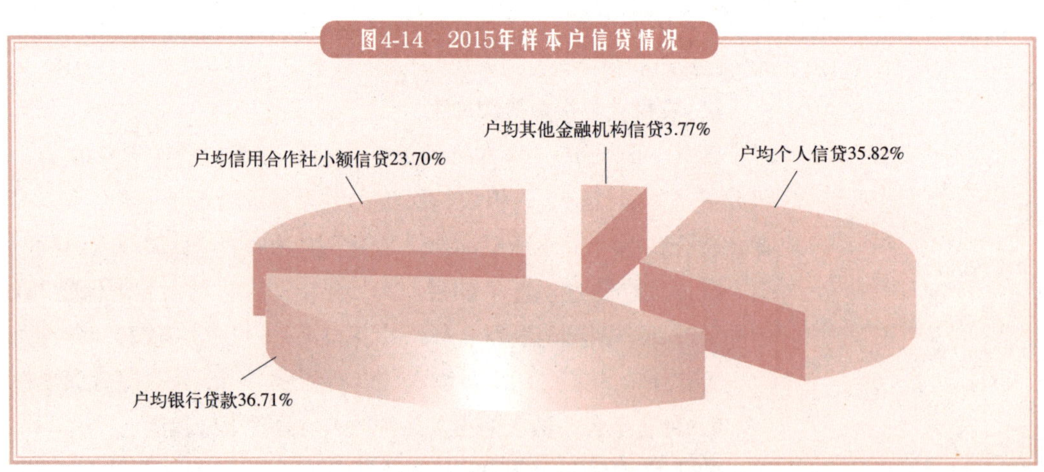

二 京津工程建设跟踪和监测结果

（一）工程投资与政策兑现

2000－2015年，样本县（旗）工程累计投资131亿元，工程规划总投资135.69亿元，投资完成率达96.54%。其中，2015年样本县（旗）工程实际总投资6.32亿元，规划总投资7.02亿元，投资完成率达90.03%。自2000年以来，样本县（旗）投资完成率始终保持在80%以上的水平（图4-15）。

从投资投放方向来看，林业措施是工程投资的主体。2015年样本县（旗）在林业、农业、水利和易地搬迁上的投资分别为36145万元、13065万元、11028万元和2895万元，林业投资占当年实际投资的57.25%。

图4-15 样本县（旗）工程投资情况

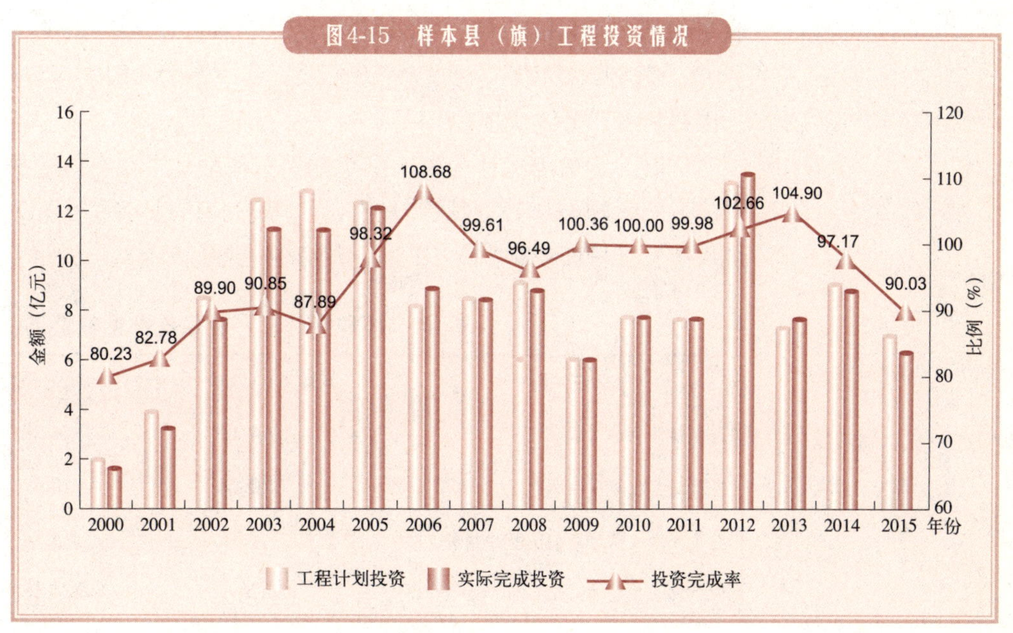

表4-3 样本县（旗）政策兑现情况

指 标	单位	2000年	2014年	2015年
自工程实施以来累计粮食补助折资	万元	3480.00	753200.80	867201.70
其中：当年粮食补助折资（含当年新退耕）	万元	3200.00	30922.95	86775.89
自工程实施以来累计生活费兑现金额	万元	190.00	144293.34	158154.80
其中：当年生活费兑现金额（含当年新退耕）	万元	150.00	9328.97	8675.80
年末享受钱粮补助的退耕还林面积	公顷	5001.00	355960.00	546928.80
其中：享受原有补助的退耕还林面积	公顷	5001.00	10826.00	183872.70
享受延长期补助的退耕还林面积	公顷		325834.00	337256.80
当年退耕还林实际到位资金	万元	3790.82	26331.42	30305.52
粮款兑现涉及户数（参与工程的农户数）	户	12610.00	812170.00	934021.00

政策兑现方面，截至2015年底，样本县（旗）自工程实施以来累计粮食补助折资867201.70万元，其中当年粮食补助折资（含当年新退耕）86775.89万元。自工程实施以来累计生活费兑现金额158154.80万元，其中当年生活费兑现金额（含当年新退耕）8675.80万元。2015年底，享受钱粮补助的退耕还林面积546928.80公顷，退耕还林实际到位资金30305.52万元，粮款兑现涉及户数934021.00户（表4-3）。

（二）林草植被保护

2015年，样本县（旗）年末实有禁牧面积184.49万公顷。当年工程二期规划禁牧草地面积44.38万公顷，其中新禁牧草地面积25.47万公顷，工程实际任务完成率100%。规划封栏围育面积25.97万公顷，其中新纳入围栏封育面积1.34万公顷，新纳入围栏封育任务完成率100%。

同时，为巩固造林成果，京津工程二期增加了现有林管护的建设内容，样本县（旗）当年现有林管护投资5167万元，规划现有林管护面积250.65万公顷，实际完成现有林管护面积234.15万公顷，任务完成率达93.42%（表4-4）。

表4-4　样本县（旗）林草植被保护情况

指　标	规划（万公顷）	实际（万公顷）	规划完成率（%）
当年禁牧草地面积	44.38	44.38	100.00
当年新禁牧草地面积	25.47	25.47	100.00
当年新纳入围栏封育的草地面积	1.34	1.34	100.00
现有林管护面积	250.65	234.15	93.42

（三）林草植被建设

2015年，样本县（旗）京津工程计划荒山荒（沙）地造林11.80万公顷，其中人工造林2.47万公顷，实际完成荒山荒（沙）地造林7.90万公顷，人工造林2.05万公顷，工程任务完成率分别为66.91%和83.32%。同时，各地因地制宜，合理选择造林树种，样本县（旗）当年实际人工造乔木林15416.2公顷，灌木林4723公顷（表4-5）。

造林方式上，2015年样本县（旗）计划飞播造林2667公顷，无林地和疏林地新封40733公顷，实际飞播造林2667公顷，无林地和疏林地新封30666.3公顷，任务完成率为分别为100%和75.29%。2015年末实有封山（沙）育林（草）面积79.8万公顷，累计造林保存面积246.06万公顷。与2014年相比，累计造林保存面积增加了3.76万公顷。2015年飞播造林保存率为40.59%，与2014年相比，下降了25.09个百分点。同时，2015年样本县（旗）补植补造3.42万公顷，与2014年相比，下降了3万公顷（图4-16、4-17）。

表4-5　样本县（旗）林草植被建设情况

指　标	规划（万公顷）	实际（万公顷）	规划完成率（%）
荒山荒（沙）地造林面积	11.80	7.90	66.91
其中：人工造林	2.47	2.05	83.32
飞播造林	0.27	0.27	100.00
无林地和疏林地新封	4.07	3.07	75.29
新一轮退耕还林（2014年启动）	0.99	0.99	100.00

图4-16 样本县（旗）造林保存情况

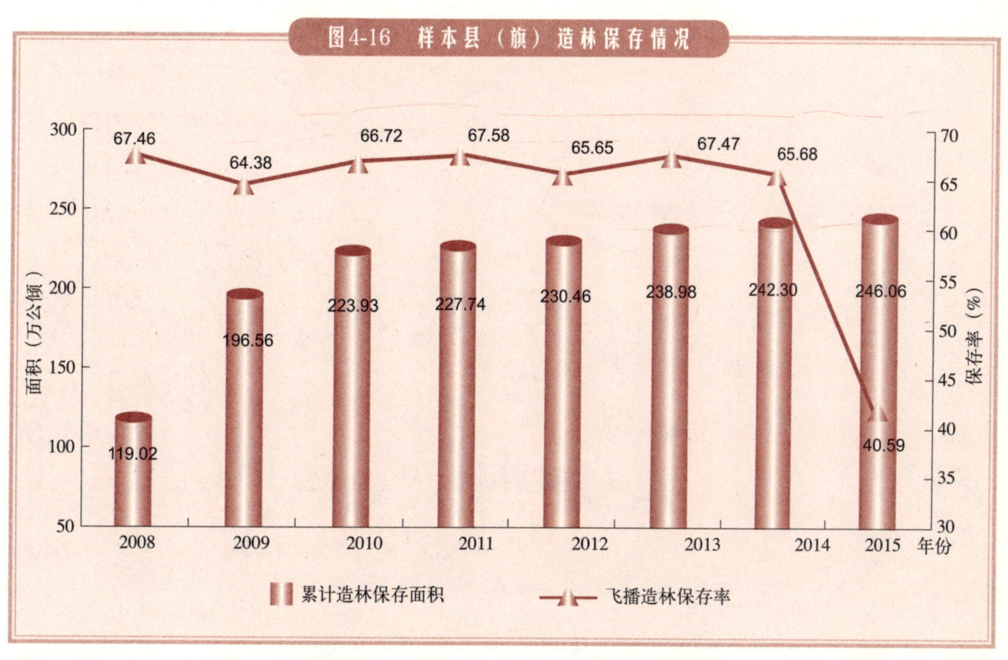

图4-17 样本县（旗）补植补造情况

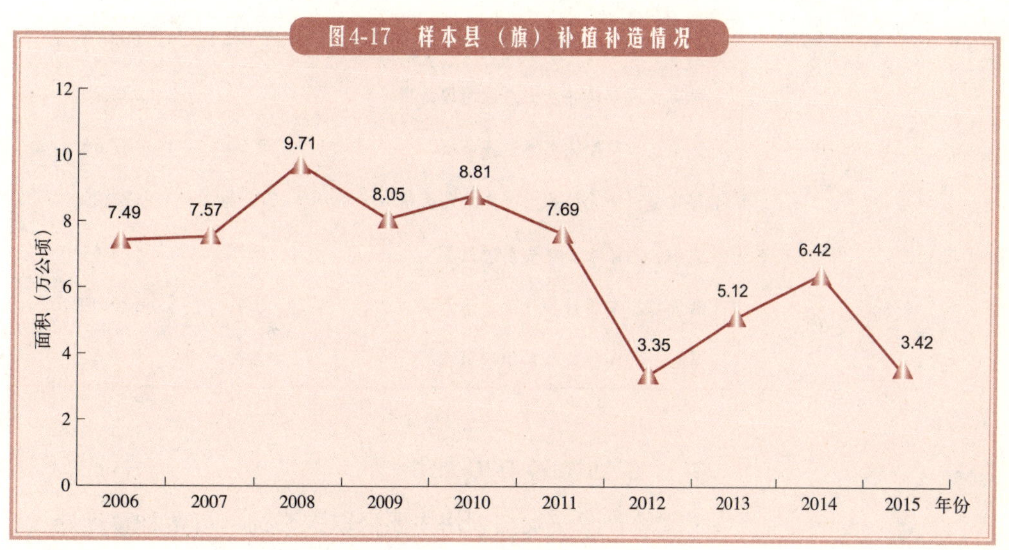

（四）水资源利用与重点区域沙化土地治理

工程区水利治理主要采用小流域综合治理、水源工程建设、节水灌溉等三项措施。截至2015年底，样本县（旗）累计完成水源建设工程42.13千处，节水灌溉31.61千处，分别占计划完成数的104.81%和98.46%，小流域综合治理面积50.97万公顷，占计划治理面积的102.85%（图4-18）。

工程固沙方面，2015年实际完成工程固沙1166公顷，比计划多完成567万亩。沙化土地治理方面，截至2015年底，样本县（旗）累计完成沙化土地治理224.76万公顷，水土流失治理190.10万公顷，沙化草地治理137.92万公顷。其中当年完成治理面积分别为6.02万公顷、2.44万公顷和1.92万公顷（表4-6）。

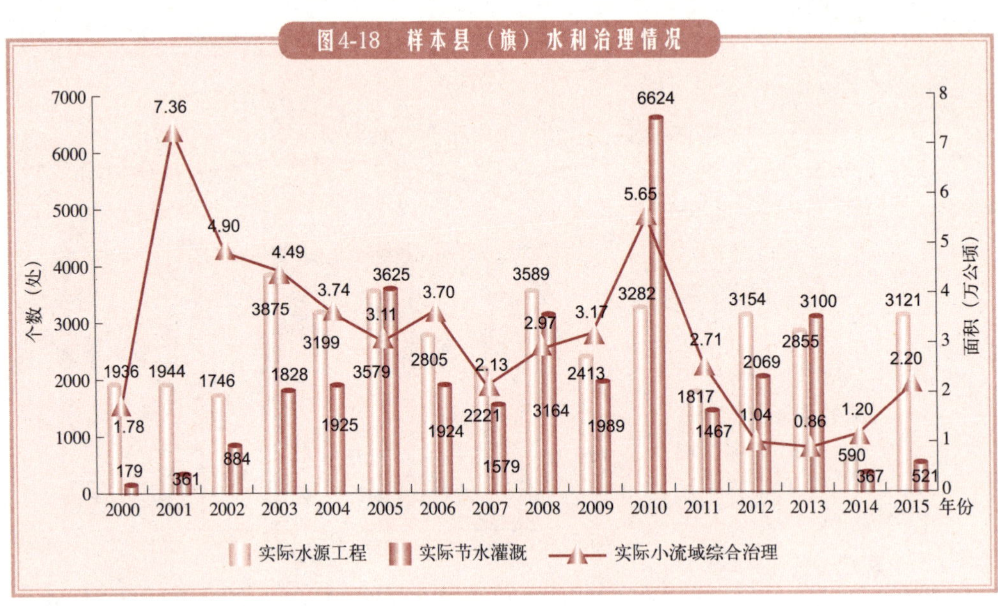

表4-6 样本县（旗）工程固沙情况

万公顷

指　标	2000年	2013年	2014年	2015年
工程实施以来累计沙化土地治理面积	10.82	209.98	222.71	224.76
其中：当年沙化土地治理面积	6.34	67.86	2.56	6.02
工程实施以来累计水土流失治理面积	38.28	128.99	129.73	190.10
其中：当年水土流失治理面积	6.73	2.41	1.56	2.44
工程实施以来累计沙化草地治理面积	9.48	136.09	136.47	137.92
其中：当年沙化草地治理面积	2.77	58.59	0.38	1.92

（五）草地资源开发利用

草地资源开发与利用主要采取人工饲草、草种草地建设、暖棚建设、青贮窖、贮草棚、饲料机械等措施。2015年，样本县（旗）完成人工饲草11966.40公顷，草种基地建设6173.60公顷，青贮窖571008万平方米，贮草棚79500万平方米，暖棚建设584660平方米，饲料机械4221套，计划完成率均在90%以上（表4-7）。

（六）易地搬迁

易地搬迁（即原一期工程生态移民）作为京津工程建设的一项重要内容，从2002年正式启动，随着工程的不断深入，易地搬迁任务量有所减少。2002－2015年，样本县（旗）实际易地搬迁累计54255人。其中，2015年易地搬迁2691人，规划完成率100%，异地搬迁在山西大同所占比例较大，占当年易地搬迁总数的59.46%（图4-19）。

表4-7 样本县（旗）草地资源开发利用情况

指　标	单　位	计　划	实　际	计划完成率（%）
人工饲草基地建设	公顷	13033.10	11966.40	91.82
草种草地建设	公顷	6173.60	6173.60	100.00
青贮窖建设	平方米	575000.00	571008.00	99.31
贮草棚建设	平方米	79500.00	79500.00	100.00
暖棚建设	平方米	594660.00	584660.00	98.32
饲料机械	套	4541.00	4221.00	92.95

图4-19 样本县（旗）易地搬迁情况

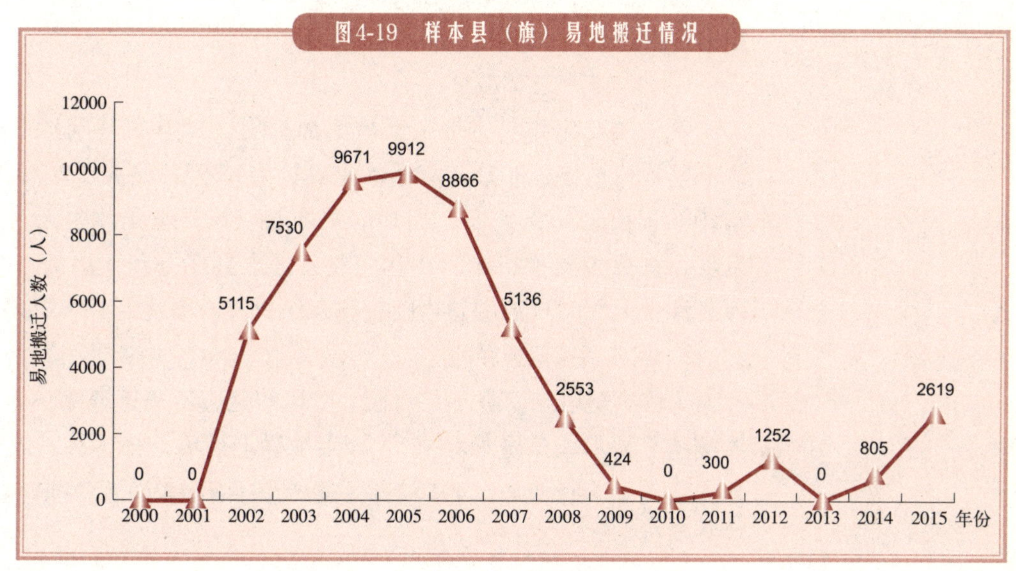

三　工程实施效果分析

京津工程的实施对当地社会经济发展、生态环境改善、人民生活水平提高、社会福利进步等方面起到了积极的促进作用。同时，在京津冀一体化上升为国家战略时，率先破局，起到了重要的生态支撑作用。

（一）发挥工程区域联动作用，构建绿色生态屏障

京津工程二期实施范围由北京、天津、河北、山西、内蒙古5个省（自治区、直辖市）的75个县（旗、市、区）扩大至包括陕西在内6个省（自治区、直辖市）的138个县（旗、市、区）。工程区各地在林业生态建设方面优势互补，共建绿色生态。

2015年，样本县（旗）围绕京津冀地区营造防护林等9.04万公顷，森林覆盖率

从2000年的19.96%提高至2015年的35.02%，提高了15.06个百分点。森林蓄积量从2000年的5300.55万立方米增加到2015年的8983.24万立方米，增长了69.48%，实现了工程区森林面积、蓄积双增加。

京津风沙源工程实施十多年来，形成了三道守卫京津冀的绿色生态屏障——浑善达克沙地灌草结合的防风固沙屏障、坝上及晋北地区以乔灌结合的防风阻沙林带、北京及城郊地区纵横交错的森林绿化网，有效抑制了京津冀风沙源的形成和外来风沙的入侵。

（二）助力大气污染治理，扩大碳汇储备

京津冀地区风沙危害与防沙治沙引起社会广泛关注。在此背景下，林业的生态能力建设承载了民众更多的期盼。京津工程在风沙治理、扩大碳汇储备方面做出了积极贡献。

1．沙尘天气总体减少

受气候变化和北方地区植被增加影响，样本县（旗）形成沙尘天气的日数总体上呈减少趋势，2015年春季沙尘日数为4.7天，略多于2014年同期（3.5天），但与2000年相比减少近2天。同时，样本县（旗）全年沙尘天气的日数在减少。调研发现，内蒙古阿鲁科尔沁旗和河北省怀来县在全年大风天气日数相同的情况下，形成沙尘天气的日数内蒙古阿鲁科尔沁旗没有变化，怀来县减少了2次。

2．风沙危害明显减轻

工程实施以来，样本县（旗）受风沙危害范围逐渐缩小，危害程度明显减轻。监测结果显示，在增加北京、陕西4个样本县后，样本县（旗）农作物受灾面积总体上依然呈下降趋势，2015年农作物受灾面积42.25万公顷，较2014年减少了14.74万公顷，下降了25.86%。

3．森林碳汇能力逐年增加

截至2015年底，样本县（旗）有林地面积237.61万公顷，京津工程实施以来，工程区森林面积年均净增37万公顷，每年可吸收二氧化碳286.41万吨，释放氧气253.33万吨，对维持京津冀地区的碳－氧平衡起到非常重要的作用。

（三）合理利用生态空间，完善水资源保护与治理

水资源保护与治理是一项复杂的社会系统工程，京津工程在水土流失严重及水源涵养区，开展小流域综合治理。在风沙及水土流失地区开展节水灌溉。同时，开展水源工程建设，集取、存贮和综合利用水资源。工程在水资源保护与治理方面投资力度也不断加大，2000－2015年，工程小流域治理及水源工程（含节水灌溉）累计投资16.88亿元，其中，2015年工程二期水源工程及节水灌溉投资分别为2634.3万元和1717.7万元。2015年，样本县（旗）完成水源工程3121处，节水灌溉521处，水利工程的实施为工程区植被建设做出了积极贡献。

（四）推进绿色生态产品产业提质升级，经济效益日益凸显

随着工程建设的不断深入，工程区以特色林果业、绿色养殖业、生态旅游业等为主的绿色生态产品产业不断升级，农林产品加工业等新型产业逐渐兴起，初见产业互动、产业互促格局，这些绿色产业目前已成为工程区经济增长的新亮点，拓宽了农民增收致富门路，初步实现了生态建设和经济发展的良性互动。2015年，样本县（旗）木材产量34.37万立方米、中药材1173.47万千克、干鲜果品101.47万吨、锯材8.38万立方米、人造板2.04万立方米。

多伦县在京津工程中成功地实现了经营资本化和效益社会化。农户不仅通过劳务直接增收，通过退耕地造林出售苗木也能获得经济效益。例如：曲家湾村农户售卖樟子松苗木累计收入从10万元到50万元不等，极大地改善了农民生活状况，同时也提高了农民林业建设的积极性。据统计，林业对农户的直接收入贡献达到40%以上。

（五）拉动地方经济增长，产业结构不断优化

地方经济总量增加。2000－2015年，样本县（旗）工程累计投资134.03亿元，根据此期间我国投资拉动GDP增长系数，计算得到京津工程投资直接拉动样本县（旗）地区GDP累计增加34.75亿元，对地区GDP增长的贡献率为8.53%（表4-8）。

京津工程，特别是项目区退耕还林、易地搬迁等工程的实施，使一部分农牧民从第一产业进入第二、三产业，拓宽了就业门路和收入渠道。北京市的黄芪加工、河北的葡萄产业、山西的仁用杏基地等形成了规模化优势，走上了产业化道路，优化了农村产业结构，促进了农村劳动力转移重组并带动了当地农民的增收。

（六）扩展生态资源经营模式，提高生态文化功能

依托京津工程建设的良好生态环境，工程区大力发展不同类型、不同档次、不同特色，具有观赏、品尝、体验、休闲、度假等多种功能的休闲旅游业，接待游客

表4-8　样本县（旗）工程投资拉动GDP增长情况

年　份	2000—2005	2006	2007	2008	2009	2010	2011	2012	2013	2014	2015
我国投资对GDP增长贡献率（%）	50.50	42.99	37.12	43.50	87.60	54.80	54.20	50.40	54.40	48.50	31.70
京津工程投资（亿元）	23.91	4.25	3.10	3.77	3.82	4.48	5.65	7.73	7.69	8.82	9.35
工程投资拉动地区GDP增长（亿元）	12.07	1.83	1.15	1.64	3.35	2.46	3.06	3.74	4.18	4.28	2.96
地区GDP增长（亿元）	204.20	67.14	213.13	204.79	106.66	167.75	207.41	235.42	97.96	87.08	34.75
工程投资对地区GDP增长的贡献率（%）	5.91	2.72	0.54	0.80	3.14	1.47	1.48	1.59	4.27	4.91	8.53

人次和旅游收入明显增长。2015年，样本县（旗）森林旅游人数达602.94万人，与2000年相比，增加了452.77万人，是2000年的3倍多。仅森林旅游收入就达到33.08亿元，是2000年的16.71倍。大力发展森林旅游，培植了工程区经济新的增长点，带动了贫困地区群众的脱贫致富。

同时森林作为开展环境教育的天然课堂，工程区充分挖掘森林资源的科学内涵，示范了人与自然共生、共融的关系。内蒙古多伦县蒙京津冀青少年生态实践基地建设、全国青少年生态文明教育体验活动等，寓教于乐,让青少年在森林中领略大自然的野趣，陶冶了情操，提升了生态文明理念,增强了生态安全意识,促进了生态文明建设目标的实现。

四 问题与建议

（一）问题

京津工程的实施给工程区的生态建设和林业发展带来了机遇，增加了动力，在逐步改善当地生态状况的同时，促进了区域经济发展和群众增收致富。但当前工程建设中仍然存在着一些不容忽视的困难和问题。

1．工程建设难度越来越大，投资标准仍然偏低

一期工程按照先易后难的原则，自然条件比较好的地段优先得到了治理，剩余需要治理的地段水资源缺乏、土壤瘠薄、砂砾石多、盐碱化程度高，立地条件越来越差，是难啃的“硬骨头”。二期工程西扩区域大部分地区干旱少雨，沙地流动性强、面积大，是生态保护和建设的重点难点区域。

近年来，受材料价格和人工成本上涨等因素影响，工程造林育林成本不断上升。据测算，2015年样本县（旗）人工造乔木林平均成本780元/亩，封山育林平均成本130元/亩。而京津工程二期在2016年人工造乔木林中央投资标准才调整为500元/亩，封山育林中央投资标准为100元/亩。由于工程区多为贫困地区，地方财政根本无力配套，仅靠中央投资远不能满足工程实际所需费用，在一定程度上影响了工程建设的质量和效益。

2．工程后期管护经费不足，林区防火形势严峻

京津工程投资主要在工程实施的直接投入上，对后期管护经费投入不足，而要保证工程的效果主要靠长期的后续管护，这样就造成了工程后期管护与资源、社会经济的动态发展不协调。另一方面，随着国家经济的快速增长，物价水平在不断上升，城市居民和其他行业职工的收入都有了显著提高。但是森林管护人员工资待遇低，社会保障体系不完善，出现了队伍不稳、人员变动频繁、工作积极性不高、巡山管护走过场等问题，森林管护工作存在不少隐患。

另外，由于工程区立地条件差，可供选择的造林树种少，栽植纯林面积大，给森林病虫害防治带来较大压力。同时，随着森林面积的不断扩大，林草植被迅速增加，可燃物量不断增多，火险等级不断提高，森林防火压力越来越大，但森林防火基础设施薄弱，难以适应当前森林防火的需要，加大了管护难度，势必会存在着管护不到位的隐患，各种管护措施和要求难以全面落实，不利于森林资源的有效保护。

3．林业生态工程与区域性生态环境匹配不紧密，局部地区林分退化严重

为了尽快发挥林业生态工程的效果，在工程实施过程中采用了较为单一的林种，且林龄结构单一。部分地区的生态林已经进入过熟期，部分地区出现了大面积死亡现象。同时，坝上地区生态环境较为脆弱，尤其是水资源缺乏，生态林的种植更进一步降低了当地的地下水水位，或者影响了生态林的生长。并且，阶段生态林的功能单一，以防风固沙为主，其他功能的开发有限。在山西调研中了解到，晋北沙区造林，受恶劣的自然条件影响很大，存在20世纪50、60年代栽植的400多万亩杨树小老树过熟林、残次林濒临死亡，防护效益逐渐减弱，属于低效林、退化林分，急需改造，以便能持续发挥防护效益。

4．京津冀生态建设不平衡，一体化建设有待加强

实现京津冀协同发展，已上升为重大国家战略，生态环境是京津冀协同发展的重要突破口。京津冀地区的林业生态建设得到了国家高度重视，“三北”防护林体系建设、太行山绿化、京津风沙源治理等工程相继启动，并且开展了退耕还林、湿地保护和造林、森林抚育补贴等试点工作，另外，京津冀在造林绿化、森林防火、林业有害生物防治等方面开展了多方面合作，取得了一定成效，但京津冀林业生态工程在实施过程中也面临着严峻的挑战：一是区域间不平衡和需求的差异影响林业生态工程的发展，经济较发达地区更关注林业生态工程的生态价值，而经济不发达地区更关注其经济价值；二是京津冀林业生态工程已有的布局并不能满足现阶段经济发展的需求，如何协调已有工程与后期工程的关系是影响生态工程功能的重要因素；三是已有林业生态工程功能、林种和林龄结构单一将影响下一步林业生态工程的开展。

（二）对策与建议

1．增加工程管护资金，建立巩固成果长效机制

一是建议国家建立长效的工程管护机制，出台生态补偿政策，对工程区的林地加强管护，确保治理成效。同时，加强护林队伍建设，建立专门的管护队伍，专列管护资金，提高林木保存率，切实巩固工程建设成果。二是将工程造林全部及时纳入生态公益林补偿范围，减轻工程农牧民对工程依赖程度，减轻对工程成果巩固压力。三是重视工程区林牧矛盾的解决，改变养殖户传统的养殖习惯，进一步推广舍饲圈养，实行划区放牧、季节性休牧，科学核定载畜量，逐步实现全面保护林草植被的目的。四是尽快全面启动工程区退化林分改造项目。工程区目前有很多“小老树”杨树由于树龄增长，已经成为过熟林，加之气候与立地条件差，出现了濒临死亡现象，防护效益逐渐减弱，建议国家尽快全面启动工程区退化林分改造项目。

2. 强化科技支撑，提高造林质量

建议切实加大科技防沙治沙力度。加大造林树种结构调节力度。促进项目区造林由单一树种向多树种转变，由单一林分向乔灌草混交复合林分转变；强力推广以容器苗为主的抗旱造林实用技术。根据项目区自然条件，把推广容器苗造林作为抗旱保活的关键措施，推广普及容器苗造林技术。积极推广集水保墒、地膜覆盖、生根粉、保水剂等抗旱保活技术，稳步提高造林质量。

3. 依托京津风沙源治理等林业工程，推动京津冀生态一体化建设

生态一体化，是京津冀一体化重要内容，对于保障京津冀社会经济可持续发展具有不可替代的作用。林业生态工程建设，不仅为该区域生态质量改善和提升具有基础作用，同时，对于工程实施区产业结构调整、贫困地区精准扶贫、增加农民收入、国有林场改革和发展等具有重要意义。从目前研究结果来看，在政策设计、制度安排、资金投入、组织形式、技术创新、效果监测评价等方面均有待于深入开展研究。一是进行林业生态工程顶层优化设计。将现有林业生态工程整合，按照区域生态与产业布局，明确不同功能区建设目标、建设任务、重要技术途径、资金安排、组织经营方式等。二是开展林业生态工程建设模式研究。从理论与技术层面，系统总结类似山区生态治理与林果产业、森林旅游业有机结合，与贫困地区精准扶贫有机结合的林业生态工程建设新模式。三是开展林业生态工程资金投入方式研究。在京津冀林业生态工程区开展分类投资标准、资金来源、资金使用和管理等研究。四是开展林业生态工程组织经营形式研究。探索既保护农民合法利益，又能够调动社会资本投入的新型林业生态工程组织经营形式。五是开展林业生态工程效果评价体系研究。有针对性地开展不同建设类型效果评价体系、评价方法研究。

野生动植物保护及自然保护区建设工程

野生动植物保护及自然保护区建设工程社会经济效益监测报告[①]

2015年，是开展野生动植物保护及自然保护区建设工程（以下简称“保护区工程”）社会经济效益监测的第10年，继续对原有40个样本保护区和样本村实施监测。样本村数量，与2014年相比，减少1个。原因是宁夏灵武白芨滩保护区内甜水河村所在地的地质环境在近年来发生变化，地下水位逐渐升高，对人畜饮水安全造成影响。为了确保村民人身安全，宁夏灵武市政府做出对该村整体搬迁的决定，将全村迁出了保护区。2015年度纳入分析范围样本村数量为65个。

本次监测继续采取定点跟踪监测的方法，利用保护区调查表和村调查表收集监测数据。2015年，进一步完善了监测指标体系，将保护区指标调整为305个。新增指标21个，分别为：违规修筑设施面积，处罚人次，工程实施以来累计发生有害生物种类，其中当年新发生种类，工程实施以来累计有害生物发生面积，当年发生面积，当年发生面积中的轻度、中度、重度情况，成灾率，工程实施以来累计防治面积，其中当年防治面积，当年无公害防治面积，工程实施以来的外来有害生物种类，工程实施以来累计发生面积，当年发生面积，工程实施以来累计防治面积，当年防治面积，生活在核心区的人口中贫困人口数，人均可支配收入，森林覆盖率；删除指标8个，分别为：森林病虫害发生面积，防治面积，森林鼠害发生面积，防治面积，其他灾害发生面积，防治面积，外来入侵物种种类以及外来物种入侵面积。另外，对无法通过指标量化的内容，继续通过保护区调查问卷和农户调查问卷方式加以补充说明。向每个样本保护区管理局发放保护区调查问卷1份，共发放问卷40份，收回问卷40份；向每个样本村发放农户调查问卷10份，共发放问卷650份，收回问卷650份。

---

① 个别样本保护区对个别数据进行了修正，本报告中某些数据与往年监测报告中的数据不一致。

一 样本保护区与样本村基本情况

（一）样本保护区基本情况

1．土地面积有所增加，功能区划进行了调整

2015年，40个样本保护区土地总面积449.36万公顷。从功能区划来看，保护区的核心区、缓冲区、实验区面积分别占保护区土地总面积的36.15%、18.98%和44.87%。从土地权属来看，国有土地、集体土地面积分别占80.54%和19.46%；保护区获得土地使用权面积占保护区土地总面积的54.30%。与2014年相比，样本保护区土地总面积增加14.29万公顷。其中，核心区、缓冲区和实验区面积分别增加12.37万公顷、0.93万公顷和0.99万公顷；国有土地和集体土地面积分别增加14.28万公顷和0.01万公顷，保护区获得土地使用权面积没有变化。样本保护区土地面积及功能区划变动的原因主要是：2015年，有两个样本保护区发生了变化。新疆托木尔峰保护区总面积增加，由237600公顷调整为380480.60公顷，核心区、缓冲区和实验区面积分别由 106040公顷、64912公顷和66648万公顷调整为216646.37公顷、86642.55公顷和77191.08公顷；四川卧龙保护区总面积没有变化，但功能区划进行了调整，核心区、缓冲区和实验区面积分别由138379.10公顷、43306.70公顷和18314.20万公顷调整为151567公顷、30735公顷和17698公顷。

2．职工收入增长明显

2015年，40个样本保护区共有在岗职工5839人（包括企业职工），年人均工资46512.66元；离退休人员3177人，年人均生活费31964.07元。与2014年相比，在岗职工减少176人，人均工资增加8514.74元；离退休人员增加106人，人均生活费增加5720.12元。从监测结果看，保护区职工年收入快速增长，其原因主要得益于国家加快推动事业单位改革，提高了职工工资标准，地方各级政府实施政策性调资等。

3．区内村及人口数量持续减少

2015年，40个样本保护区内共有156个乡（镇）510个行政村84166个农户346408人。其中，生活居住在核心区人口56638人，实验区人口249783人，缓冲区人口39987人。与2014年相比，保护区内乡镇数量没有变化，行政村数量减少3个，户数减少1543个，人口减少8521人。其中，核心区内人口数量减少较快，减少6225人；实验区人口减少3774人；缓冲区人口增加1478人。原因：新疆托木尔峰保护区调整范围后有2个村庄及相应人口被调整出保护区范围，宁夏灵武白芨滩保护区内1个村庄因地质灾害整体搬迁，辽宁医巫闾山保护区内行政村合并。

4．地区经济增速进一步放缓

2015年，样本保护区所在行政区的国内生产总值（现价）7483.13亿元，地方财政收入941.75亿元，职工年平均工资40769.17元，农村居民人均纯收入9706.27元。与2014年相比，分别增长了8.84%、5.53%、12.25%和10.13%。从各项指标增长速度看，与2014年相比，国内生产总值（现价）和职工年平均工资增速分别提

高了5.13和5.00个百分点；地方财政收入和农村居民人均纯收入增速下降了0.82和1.24个百分点。

（二）样本村基本情况

2015年，由于搬迁原因，样本村减少至65个。其中，区内村28个，区外村37个。

1．土地总面积及结构保持稳定

2015年，65个样本村土地总面积29.11万公顷，其中，划入自然保护区14万公顷，占样本村土地总面积的48.10%。与2014年相比，样本村土地面积与结构没有变化（表5-1）。

表5-1 65个样本村土地情况 公顷

土地类型	总面积	占比（%）	划入自然保护区	
			面积	占总面积比例（%）
村土地总面积	291149.19	100.00	140040.69	48.10
其中：耕地	15543.26	5.34	4013.24	25.82
林地	154787.61	53.16	91272.50	58.97
草场	109985.60	37.78	40527.20	36.85
水面	4837.53	1.66	3322.33	68.68
其他土地	5995.19	2.06	905.42	15.10

2．人口有所增加

2015年，65个样本村共有21887个农户82629人。其中，区内村有6736个24762人，区外村有15151个57867人。与2014年相比，样本村的户数和人口数量分别增长3.16%和1.08%。

3．劳动力略有增加，外出务工人员减少

2015年，65个样本村共有劳动力43725人，占村总人口的52.92%。与2014年相比，样本村劳动力总量增长0.48%。其中，区内村增加599人，增长4.52%，区外村减少389人，下降1.28%。

从劳动力转移情况看，2015年，样本村共有外出务工人数20792人，占劳动力总量的47.55%。其中，常年务工人数14771人，季节性务工人数6021人。与2014年相比，样本村外出务工人数减少296人。从结构上看，外出务工人数中常年务工人数数量增长7.27%（表5-2）。

4．生活居住在保护区内人口数量减少

2015年，样本村中生活居住在保护区内的人口共有4475户16827人，分别占样本村农户和人口总数的20.45%和20.36%。与2014年相比，户数虽然增加了54户，但人口减少了227人，下降了1.33%。

表5-2　样本村劳动力外出务工情况　　人

项目	区内村			区外村		
	2014年	2015年	增减幅度（%）	2014年	2015年	增减幅度（%）
外出务工人数	5606	5561	−0.80	15482	15231	−1.62
其中：常年务工人数	4096	4254	3.86	9674	10517	8.71
季节性务工人数	1510	1307	−13.44	5808	4714	−18.84

二　工程实施进展

（一）工程投资与使用情况

2015年，样本保护区工程计划总投资25215.77万元。其中，中央投入占74.60%，地方配套资金占25.40%。与2014年相比，计划投资增长64.05%。

从资金到位情况看，2015年，样本保护区工程实际到位资金22863.06万元，到位率90.67%，比2014年提高4.55个百分点。

从投资完成情况看，2015年，样本保护区工程投资完成率75.68%，比2014年提高5.32个百分点。其中，中央投入资金完成率提高0.08个百分点，地方配套资金提高9.99个百分点（表5-3）。

表5-3　40个样本保护区工程投资与使用情况　　万元

项目	计划投资	实际到位	实际完成	资金到位率（%）	投资完成率（%）
总投资	25215.77	22863.06	17302.28	90.67	75.68
其中：中央投入	18809.87	16029.37	10857.50	85.22	67.74
地方配套	6405.90	6833.69	6444.78	106.68	94.31

图5-1　样本保护区工程资金支出结构比例

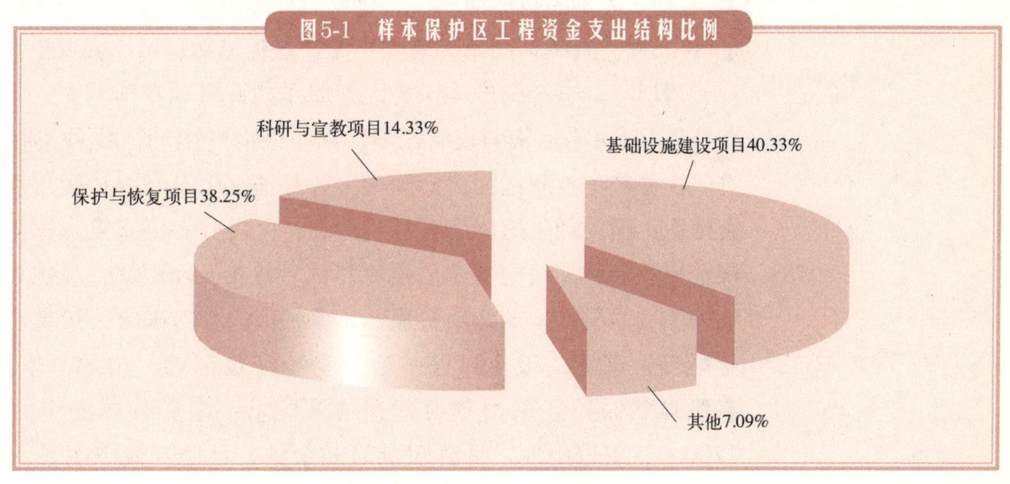

从投资结构看，保护与恢复项目、基础设施建设项目是工程重点建设内容。2015年，40个样本保护区保护与恢复项目、基础设施建设项目、科研与宣教项目实际完成投资分别占工程实际完成总额的38.25%、40.33%和14.33%（图5-1）。与2014年相比，基础设施项目、保护与恢复项目占比分别提高5.9个百分点和6.79个百分点，科研与宣传项目占比下降10.68个百分点。

（二）工程建设情况

2015年，样本保护区工程建设的主要内容如下。

保护与恢复设施建设方面，共新建保护站4处，土建面积1044平方米；改扩建保护站3处，土建面积1286平方米；新建野生动物救护站2处，土建面积29平方米；新增栖息地改良180公顷，防火瞭望塔3座，防火隔离带12千米，围栏73.75千米，珍稀植物苗圃0.5公顷，界碑101个，界桩1498个，标牌442个。

科研与监测设施建设方面，共新建生态定位站3处，土建面积1036.80平方米；气象观测站13处，土建面积232平方米；土壤监测站1处，土建面积20平方米；水文、水质监测站3处，土建面积6820平方米；关键物种监测点4处，土建面积4020平方米；固定样地101个，固定样线221千米。

基础设施建设方面，共新建管护码头1个，巡护步道67.60千米，科研用房1626平方米，宣教用房3189平方米，管理局（分局、所）用房300平方米。

三 工程产生的生态、社会和经济效益

（一）生态效益

1．区内野生动植物生境进一步改善，物种种群数量不断增加

2015年，有9个样本保护区通过专项调查、巡护等方式，新记录到野生动物27种。其中，国家一级重点保护野生动物1种，为黄腹角雉；国家二级重点保护野生动物3种，分别为黄脚渔鸮、白琵鹭、蛇雕（表5-4）；有3个样本保护区新记录到野生植物3种。其中，国家二级重点保护野生植物1种，为闽楠（表5-5）。

2015年，有26个样本保护区开展了共计51项专项调查。其中，已完成并对外公布结果的有4项。从调查结论看，保护区内野生动植物种类多样，生存环境持续改善，物种种类不断增加。如河南宝天曼国家级自然保护区年度重点保护植物资源调查结论：区内野生植物生存环境适宜，区内分布国家重点保护植物24种，国家珍稀濒危植物36种，河南省重点植物75种。首次发现国家二级重点保护野生植物闽楠；红外相机监测野生动物项目显示，保护区内存有国家一级重点保护野生动物林麝、金雕等，国家二级重点保护野生动物红腹锦鸡、勺鸡、斑羚等。重庆大巴山国家级自然保护区崖柏专项调查结果显示：崖柏种群集中分布于区内海拔900～2200米石灰岩山地，种群数量3190余株，且居群效应明显，在分布区域为优势树

表5-4　2015年样本保护区新发现野生动物情况

保护区名称	野生动物名称	数量（头、只）	发现方式
山东黄河三角洲国家级自然保护区	红翅凤头鹃	1	专项调查
河南宝天曼国家级自然保护区	豹猫	100	专项调查
湖北后河国家级自然保护区	大拟啄木鸟	不确定	巡护
	灰头绿啄木鸟		
	棕背伯劳		
	赤红山椒鸟		
	丝光椋鸟		
	棕头幽鹛		
	黑头奇鹛		
	栗耳凤鹛		
	蓝鹀		
	栗腹矶鸫		
	灰头鸫		
广东南岭国家级自然保护区	黄脚渔鸮	1	专项调查
海南东寨港国家级自然保护区	红喉姬鹟	5	专项调查、巡护
	红嘴蓝鹊	9	
	白喉红臀鹎	15	
	白琵鹭	2	
广西大瑶山国家级自然保护区	角原矛头蝮	5	专项调查
	黄腹角雉	1	
贵州梵净山国家级自然保护区	蛇雕	5	专项调查
	梵净山蝙蝠	3	
宁夏白芨滩国家级自然保护区	黄腰柳莺	不确定	专项调查
	灰头麦鸡	不确定	
	大韦莺	不确定	
	戴胜	不确定	
甘肃尕海则岔国家级自然保护区	夜莺	41	巡护

表5-5　2015年样本保护区内新记录到野生植物物种

保护区名称	野生植物名称	数量（株）	发现方式
内蒙古西鄂尔多斯国家级自然保护区	桌子山菊花	60～80	专家考察
河南宝天曼国家级自然保护区	闽楠	1	专项调查
湖南莽山国家级自然保护区	岭南石杉	700～800	专项调查

种，与其他物种竞争较小。在一聚集区域有崖柏幼苗大量存在。贵州梵净山国家级自然保护区苔藓地衣专项调查结果显示：保护区内苔藓植物种类丰富，共有74科223属657种。

样本保护区通过野外监测工作，证实区内野生动物物种种群数量进一步增加。截至2015年底，有24个样本保护区安装了野外红外相机；有27个样本保护区在区内重点区域建设视频监控点505处，安装监控探头696个，可视域总面积达到1.45万公顷。从观测的野生动物种类来看，2015年，有9个保护区反映观测到区内以前没有见过的野生动物；从数量上看，有12个保护区反映与2014年相比，野生动物的数量呈增长趋势；从观测到野生动物频率上看，有13个保护区反映野生动物出现频率更为频繁。如山西历山国家级自然保护区，以往区内设置的红外相机需要约300天才能观测到野生动物，现今观测到时间缩短到60天。

2．珍稀濒危野生动物得到有效保护

为了进一步恢复珍稀濒危野生动物野外种群，样本保护区积极开展了人工繁育及放归工作。保护区调查问卷显示，2015年，6个样本保护区对丹顶鹤、褐马鸡、麋鹿等6种珍稀濒危野生动物实施了人工繁育，共成功繁育103只（表5-6）；2个样本保护区对2种珍稀濒危野生动物（重点保护）实施了野外放归自然，共放归9只。分别是四川卧龙国家级自然保护区大熊猫1只，吉林向海国家级保护区丹顶鹤8只；四川卧龙保护区新建珍稀濒危野生动物种质基因库1处。

另外，样本保护区不断加大野生动物救护力度。保护区调查问卷显示，2015年，有19个样本保护区开展了野生动物救护工作，对大熊猫、金雕、猞猁、大天鹅等44种430只伤病野生动物实施了救治，救治成活360只；救护治愈80只；治愈后放归64只。其中，国家一级重点保护野生动物7种131只，国家二级重点保护野生动物18种36只（表5-7、表5-8）。

3．极小种群野生植物保护情况

保护区调查问卷显示，2015年，共有24个保护区存有87种极小种群植物。有9个样本保护区极小种群野生植物拯救与恢复投入资金186万元。其中，中央投入占80.11%。

表5-6　2015年样本保护区人工繁育珍稀濒危野生动物情况　　只

保护区名称	野生动物名称	保护等级	2015年新繁育数量
吉林向海国家级自然保护区	丹顶鹤	国家一级	32
河北小五台山国家级自然保护区	褐马鸡	国家一级	6
江苏大丰麋鹿国家级自然保护区	麋鹿	国家一级	35
四川卧龙国家级自然保护区	大熊猫	国家一级	21
甘肃敦煌西湖国家级自然保护区	普氏野马	国家一级	7
	野骆驼	国家一级	2

表5-7　样本保护区救护国家一级重点保护野生动物情况　　只

野生动物	救护数量	成活数量	治愈数量	治愈后放归
合计	133	131	11	6
黔金丝猴	2	1	1	0
大熊猫	4	3	3	3
金雕	1	1	1	1
黑鹳	2	2	2	0
白头鹤	1	1	1	0
白鹳	1	1	1	1
麋鹿	120	120	0	0

表5-8　样本保护区救护国家二级重点保护野生动物情况　　只

野生动物	救护数量	成活数量	治愈数量	治愈后放归
合计	36	34	32	22
猞猁	1	0	0	0
灰鹤	1	1	1	1
乌林鸮	2	2	2	2
秃鹫	5	5	5	3
白枕鹤	2	2	2	0
白腹鹞	1	1	0	0
大天鹅	9	9	9	8
小天鹅	3	3	3	3
藏酋猴	2	2	2	1
红角鸮	1	1	1	1
猕猴	2	2	1	1
蛇雕	1	1	1	0
高山秃鹫	1	1	1	0
蓑羽鹤	1	1	1	0
棕尾鵟	1	1	1	0
大鵟	1	1	1	1
岩羊	1	1	1	1
鬣羚	1	0	0	0

在极小种群野生植物拯救与恢复方面，2015年，有4个样本保护区新增对桌子山菊花、小勾儿茶、莼菜、红榄李4种极小种群野生植物进行了编目、挂牌；有4个样本保护区新增开展了对裸果木、红榄李、大果青 、红豆杉、山豆根5种极小种群野生植物实施近地保护试验；有3个样本保护区对不适宜就地和近地保护的种群进一步采取了迁地保护、扩大种群规模等措施。

极小种群野生植物就地保护方面，有2个样本保护区新恢复和营造适生生境8000.60公顷；有3个保护区对4种特殊物种，具备保护和科研条件地建立了保护中心或保护基地。近地保护方面，4个保护区新建近地保护基地4处，3个保护区新建近地保护点3个，3个保护区新建近地保护种群3个。在极小种群野外回归和珍稀野生植物种源繁育基地建设方面，有2个保护区新建回归种群2个，有3个保护区新建珍稀植物种源繁育基地3处，有2个保护区新推广有重要经济价值的栽培植物9种。

从极小种群野生植物保护成效看，2015年，13个样本保护区反映观光木等41种极小种群野生植物已经得到了有效保护；4个样本保护区反映有5 种极小种群野生植物新呈现出种群数量稳定、种群规模扩大的效果。

4．林业有害生物防治形势严峻

2015年， 4个样本保护区新发生林业有害生物7种，分别是沙柳木蠹蛾、万寿菊、百孢猩猩草、柽柳林、白刺林、梭梭林、松落针病；16个样本保护区林业有害生物发生面积2.87万公顷，占16个样本保护区总面积的1.23%。从林业有害生物发生程度看，轻度、中度和重度面积分别占发生总面积的31.01%、33.80%和35.19%。成灾率范围在0.08%~20%。2015年，样本保护区防治面积5.68万公顷，与2014年相比，增长7.98%。其中，无公害防治面积1.41万公顷。在林业有害生物中，2015年外来有害生物发生面积386.40公顷，防治面积21710公顷。与2014年相比，防治面积增长0.09%。

自工程实施起来，样本保护区共发生过落叶松鞘蛾、油松毛虫、裸柱菊等林业有害生物96种，累计发生面积33.63万公顷，累计防治面积53.15万公顷。其中，外来入侵物种34种，占保护区林业有害生物种类总量的35.42%，累计发生面积1804.03公顷，累计防治面积151974.70公顷。

保护区调查问卷显示，2015年，样本保护区投入林业有害生物防治资金560.98万元。其中，中央投入占37.16%。资金主要用于购买防治设备、开展有害生物监测等。有1个保护区新建了1个国家级林业有害生物防治测报站。截至2015年年底，有29个样本保护区配备了林业有害生物防治设施设备（表5-9）。有30个样本保护区安排有林业有害生物防治技术人员。其中，专职技术人员78人，兼职技术人员232人。样本保护区对林业有害生物的防治方法主要有：物理、化学防治与人工防治相结合；加大监测力度；严控外来物种进入途径等。

5．野生动物疫源疫病得到有效防控

保护区调查问卷显示，2015年， 23个样本保护区野生动物疫源疫病防控投

表5-9　样本保护区林业有害生物防治设施设备配备情况

设施设备名称	单位	数量
体视显微镜	台	12
检疫执法记录仪	台	8
遥控监测设备	台	7
叉车	辆	3
树木无损伤检测仪	台	4
GPS定位仪器	台	138
野外采集记录仪	台	7
喷粉喷雾机	台	29
推车式高压喷雾机	台	2
推车式远射程高压喷雾机	台	9
太阳能杀虫灯	台	258
其他设备	台/件	15

入资金187.20万元。其中，中央投入占50.48%。资金主要用于监测设备、药品、药剂的购置，工作人员野外监测的补助、监测所需的用车费用，包含燃油费等。截至2015年，有22个样本保护区配置了野生动物疫源疫病监测工作所需的设备设施，包括望远镜136个、照相机83台、电脑66台、传真机20台、交通工具25辆以及其他设备38台。

在重点区域监测防控方面，2015年，有30个样本保护区进行了反馈。其中，10个保护区表示监测覆盖率达100%；7个保护区表示在90%~99%之间；3个保护区表示在80%~89%之间；4个保护区表示在70%~79%之间；6个保护区表示在69%以下。监测发现，2015年，仅青海青海湖国家级自然保护区内发生野生动物疫源疫病1起，检测出病毒名称为H5N1亚型禽流感，造成渔鸥死亡共计2748只。另外，7个样本保护区发生11种174只野生动物死亡现象，死亡原因有：正常死亡（116只）、外地群众投毒（6只）、螨虫病造成斑羚死亡30头、蜱虫病造成野骆驼死亡2头等。

在主动预警方面，2015年，4个样本保护区在区内已经采集多种易感物种，共计2225个个体，2340份样品进行检测。截至2015年，有9个样本保护区已在区内建设了预警站（点）共计40个。其中，2015年在建预警站1处。

6．森林资源保护效果明显

2015年，样本保护区内共有林业用地271.57万公顷。其中，有林地面积126.46公顷；活立木蓄积14653.27万立方米。其中，森林蓄积14293.66万立方米。有28个提供了森林覆盖率。其中，有16个保护区森林覆盖率超过90%，有2个保护区在80%～89%之间；有4个保护区在60%～79%之间；有6个保护区60%以下。这些保护区中森林覆盖率最高的达到99.80%，最低的5.60%（新疆托木尔峰国家级自然保护区地处高原冰川地带，森林覆盖率较低）。其中，江西井冈山国家级自然保护区2015年完成的森林资源调查结果显示，保护区对森林资源保护的成效非常明显，区内森林覆盖率已由90%增加到95.6%，提高5.6个百分点。该保护区内林业用地面积比前次调查暨2009年时增加了454公顷。其中，有林地面积增加了1214公顷，活立木蓄积量增长20.58%，森林蓄积量增长21.65%。

湿地保护方面，2015年，样本保护区内新增湿地恢复面积5公顷，同时，没有出现新增湿地退化面积。自工程实施以来，样本保护区已累计恢复湿地24905公顷。

7．灾害发生频率下降

2015年，26个发生了大风天气并有统计数据的样本保护区中，平均每个保护区全年发生大风天气31～32天，与2014年相比，增加了7天；11个发生了沙尘暴天气并有统计数据的保护区，平均每个保护区发生14天，与2014年相比，增加了近2天；38个有降水量统计数据的保护区中，平均每个保护区所在地的降水量1152.32毫米，比2014年增长2.93%。2015年，样本保护区共在区内监测到候鸟504.76万只，比2014年减少146.9万只，下降了22.54%。

保护区内及周边自然灾害发生情况方面，灾害发生频率和影响范围有所下降。2015年，样本村累计遭受旱灾52次、洪涝灾害22次、病虫害21次以及其他灾害7次。其中，旱灾、洪涝以及其他灾害分别比2014年减少了1次、7次和3次，但病虫害增加了4次。受灾面积上，样本村遭受各类灾害总面积26321.43公顷，下降了6.60%。

（二）社会效益

1．带动就业人员数量持续增加

2015年，样本保护区建设共带动社会就业人数55502人，与2014年相比，增加687人。其中，依托保护区工程实现就业人数9311人，增加570人；依托保护区创收项目就业人员15257人，增加800人；依托保护区在社会上开展经济活动就业人员30934人，减少683人（图5-2）。按就业领域分，2015年，依托保护区从事旅游服务人员28377人，经营服务6555人，种植4177人，分别比2014年增加1402人、161人和215人，依托保护区从事养殖人员5368人，工业生产1804人，从事其他工作9221人，分别减少434人、93人和564人（图5-3）。

从样本村居民依托保护区就业的情况看，2015年，65个样本村中共有4157人依托保护区就业。其中，区内村1944人，区外村2213人。与2014年相比，样本村依托保护区就业人员总数增加286人，增长7.39%。其中，区内村增加316人，增长19.41%；区外村减少30人，下降1.34%（图5-4）。2015年，共有529个社区农户依

图5-2 样本保护区带动社会就业人员数量变化情况

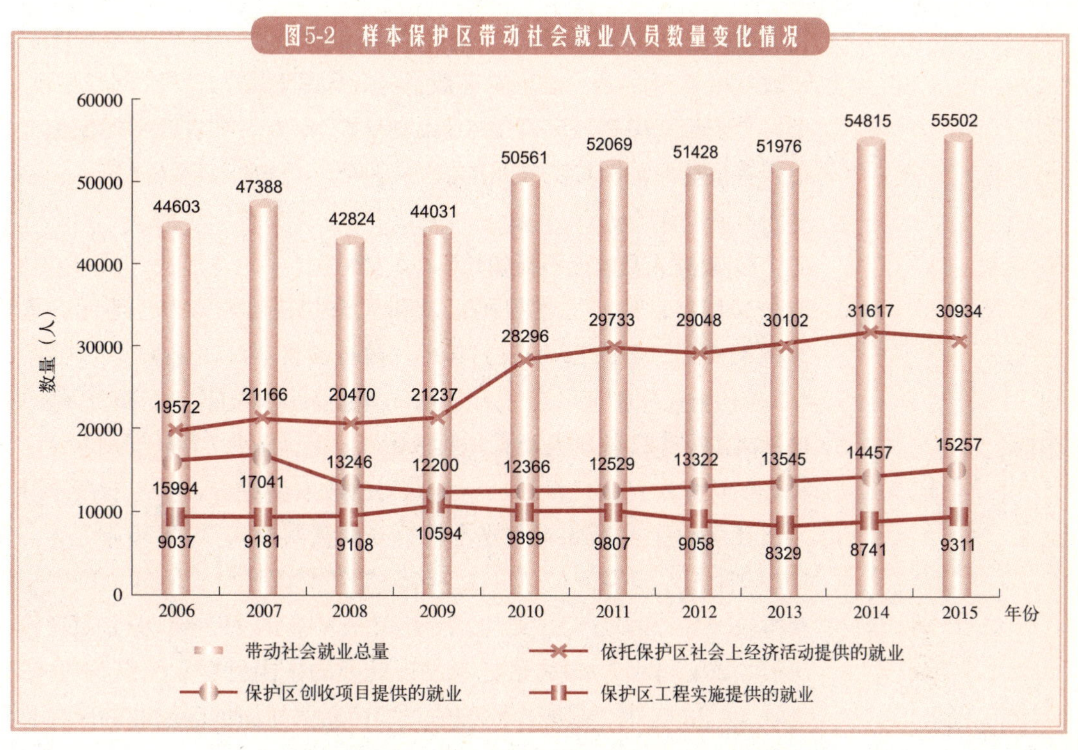

图5-3 样本保护区带动社会就业人员领域结构

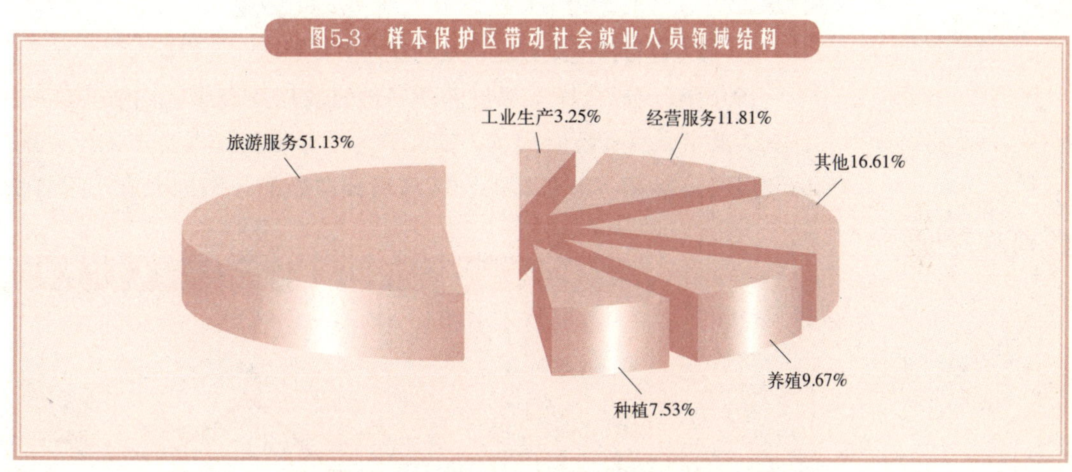

图5-4 样本村依托保护区就业领域结构

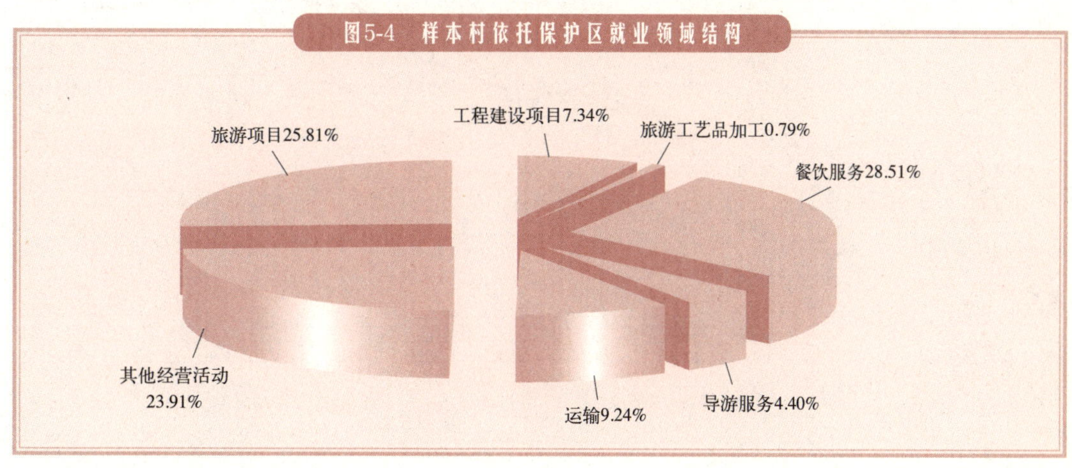

托保护区开办了家庭旅馆，接待游客22.84万人。与2014年相比，开办家庭旅馆农户数量增长57.91%，接待游客数量增长6.12%。农户调查问卷显示，2015年，有310个农户表示家中有外出打工人员，户均1.66 人，占农户平均家庭人口的33.75%。其中，有依托保护区打工人员的农户100个，户均打工人员1.63人，占这些农户平均家庭人口的33.47%。

2. 就业人员收入不断增长

2015年，依托样本保护区就业人员共获得收入7.55亿元，人均1.36万元，与2014年相比，增长了3.81%。其中，依托创收项目就业人员人均收入1.49万元，增长4.20%；依托保护区社会上经济活动就业人员人均收入1.43万元，增长7.52%；依托保护区工程建设就业人员人均收入0.91万元，下降7.14%（图5-5）。

但从样本村依托保护区就业获得的收入情况看，收入有所下降。2015年，4157名依托保护区实现就业的样本村群众共获得收入7619.59万元，人均1.83万元，与2014年相比，下降6.63%（图5-6）。529户依托保护区开办家庭旅馆的社区农户共获得收入1083.80万元，户均2.05万元，下降了19.92%。分别从区内村和区外村的情况看，2015年，1944名依托保护区就业的区内村群众共获得收入3341.09万元，人均收入1.72万元，下降了24.07%；2213名依托保护区就业的区外村群众共获得收入4278.50万元，人均收入1.93 万元，增长了11.59%。

3. 因生态保护造成社区群众利益损失得到进一步弥补

2015年，有2个样本保护区所在地省政府提高了区内属集体的生态公益林补偿标准。其中，经省政府同意，浙江省对主要干流和重要支流源头县级以上公益林、国家级公益林和省级自然保护区省级公益林的补偿标准进行了再次调整，由31.20

图5-5 样本保护区带动社会就业人员人均收入变化情况

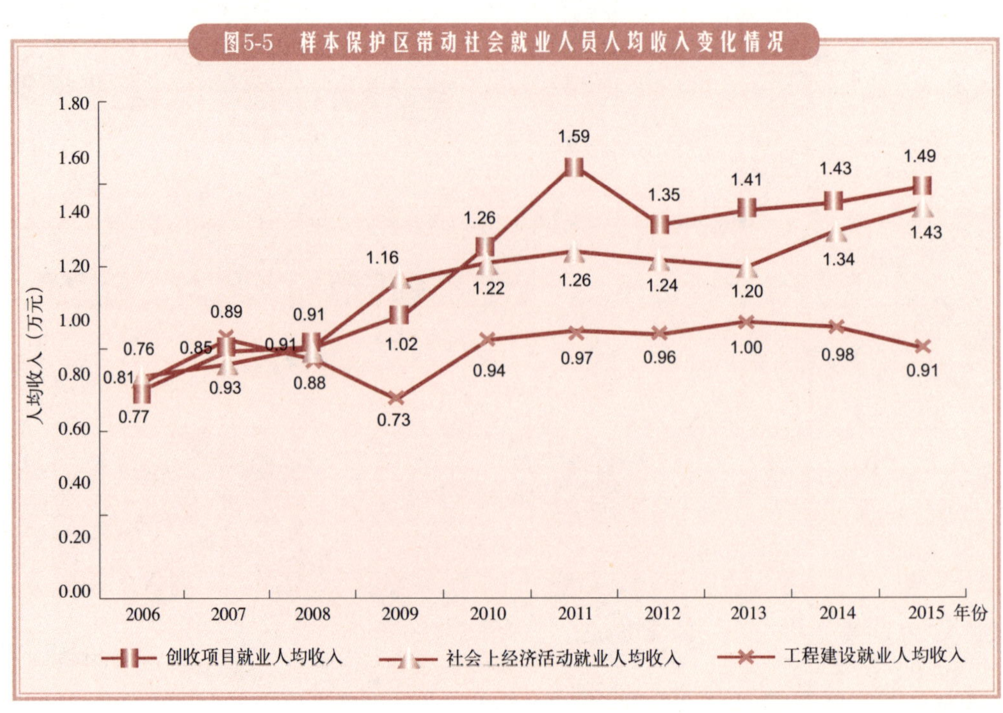

图5-6 样本村不同领域就业人员人均收入变化情况

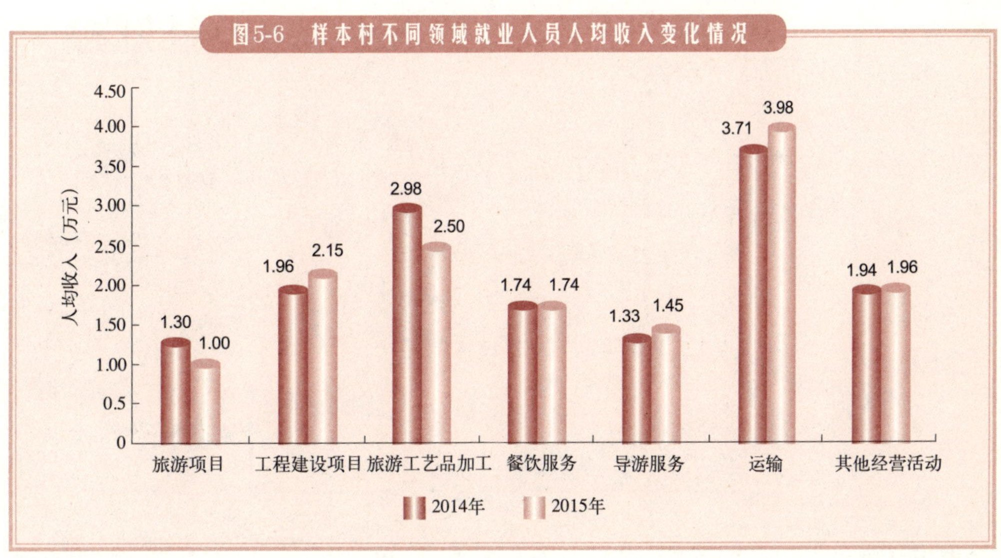

元/亩提高到34.20元/亩，增长9.62%；福建省为了加强武夷山脉重点区域生物多样性资源保护，进一步提高了福建武夷山国家级自然保护区生态公益林的补偿标准，由2014年19元/亩提高到22元/亩，增长15.79%。另外，样本保护区通过聘用社区群众参与保护工作的形式提高群众收入。如四川卧龙国家级自然保护区实行“社区共管、全民参与”的森林管护模式，2015年聘用管护人员5733名（包括保护区相邻村镇798人），人均管护工资600元/年；广东南岭国家级自然保护区增加聘用管护人员，提高管护人员工资待遇,其中，下达省级专项补助资金300元（月·人）。从保护区社区情况看，样本村公益林管护收入和生态补偿收入有所提高。2015年，样本村共获得公益林管护收入1639.47万元，与2014年相比，增长1.77%；获得生态补偿收入868.78万元，增长47.38%。

野生动物肇事补偿方面，保护区调查问卷显示，2015年，共有9个样本保护区开展了野生动物肇事补偿工作。补偿方式上，2个保护区采用直接经济补偿的形式，3个保护区仅采取了修桥、提供就业岗位等间接补偿形式，4个保护区则采取了直补加间接的补偿形式。样本保护区为开展补偿工作，2015年共直接支付补偿现金891.72万元，间接投资4811.5万元，共修筑了道路165千米，提供就业岗位284个。

2015年，因野生动物肇事，区内及周边共有4835户居民受到影响。其中，获得直接经济赔偿的有1828户，占37.81%。

4．社区群众经济状况进一步改善

2015年，65个样本村经济总收入9.99亿元，与2014年相比，增长4.83%。其中，区内村收入4.92亿元，增长4.46%；区外村收入5.07亿元，增长5.19%。但从收入增速看则有所下降。与2014年相比，样本村总收入增速下降了0.22个百分点。其中，区内村下降了0.41个百分点，区外村下降了0.06个百分点（图5-7、图5-8）。

从样本村农户人均收入方面看，2015年，65个样本村农村居民人均纯收入

图5-7 样本村经济收入结构

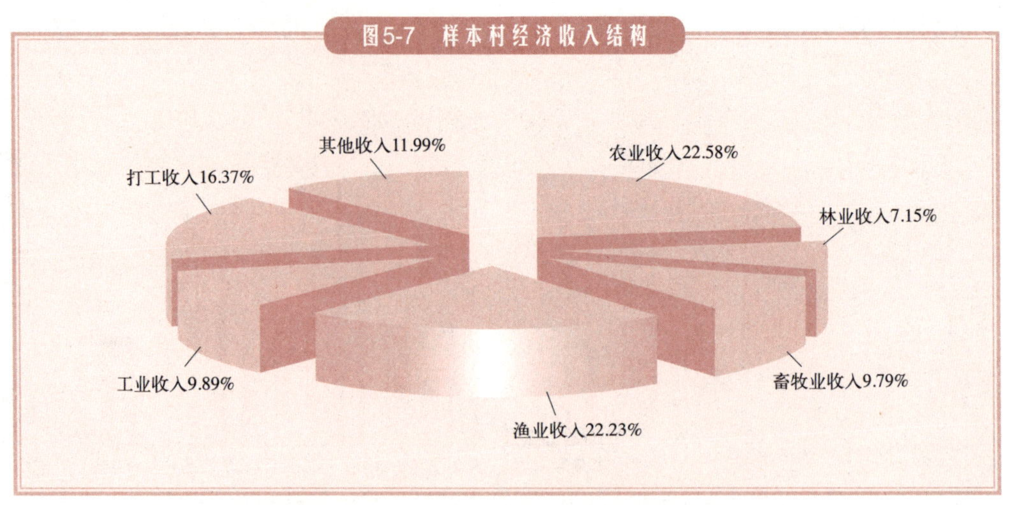

图5-8 样本村各领域经济收入对比情况

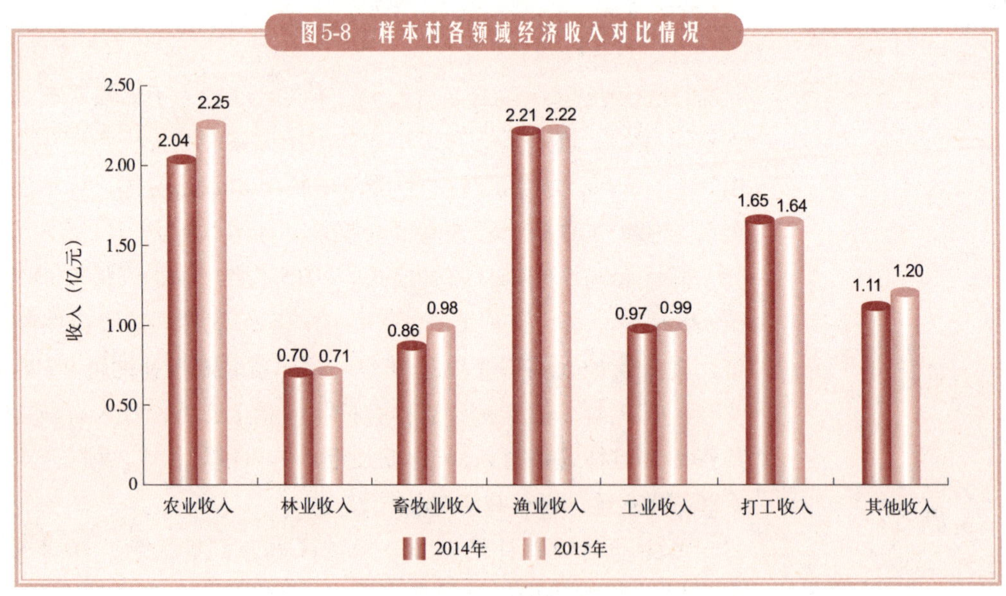

8903.81元，与2014年相比，增加了1802.05元。其中，区内村人均纯收入7461.07元，增加415.57元；区外村人均纯收入9995.62元，增加2851.28元。与区外村相比发现，区内村农民人均收入增长相对缓慢。与同期10772元的全国平均水平相比，65个样本村农民人均收入水平低17.34%，其中，区内村低30.74%，区外村低7.21%。

从农户家庭收支情况看，农户调查问卷显示，2015年，650户接受调查农户户均年收入70338.93元。其中，居住在保护区内的农户家庭户均收入57106.4元，区外农户户均收入82454.66元。收入水平上，44.92%的农户家庭收入在1万～5万之间，29.54%的农户家庭收入在5万～10万之间。从收入主要来源上，35.23%的农户表示主要来源于打工，27.08%的农户表示来源于种植作物，17.23%的农户表示来源于其他渠道；与2014年相比，650户接受问卷调查农户中，50.15%的农户表示家庭年收入有所增加，27.54%的农户表示持平，22.31%的农户表示减少。收支平衡方面，在

455户回答了有关问题的农户中，51.65%的农户表示有结余，27.69%的农户表示收支平衡，也有20.66%的农户表示入不敷出。

从农户家庭依托保护区内资源获得收入情况看，农户调查问卷显示，有171个农户表示通过利用保护区内资源开展农林作物种植、采集以及旅游经营等活动获得了收入，户均年收入19609.28元，占这些农户家庭年均收入的23.38%。与2014年相比，23.66%的农户表示收入有所增加，63.84%的农户表示基本持平，也有12.50%的农户表示收入减少。

5．社区基础设施建设不断加强

农户调查问卷显示，保护区建设在改善社区基础设施方面发挥了积极作用，改善了群众生产生活条件。650个接受调查农户中，有617个反映保护区成立后为社区新建或修缮了相应的基础设施。包括：修缮房屋，建设人畜饮水、节能灶、道路、桥梁、海堤、有线电视、围网围栏、防护林带、防火瞭望台、公交场站、旅游等设施。而在634个农户明确回答了家庭所在地的基础设施情况的农户中，60%以上表示目前的设施能够满足生产生活的需要。

（三）经济效益

1．创收项目总投资与总产值均出现下降

2015年，在我国社会发展转型，经济增速下降的大环境下，样本保护区创收项目投资和项目产值也面临“双降”局面。监测数据显示，2015年样本保护区创收项目共获得投资74193.50万元，与2014年相比，下降19.48%。项目总产值122190.35万元，下降2.95%（图5-9、图5-10、表5-10）。

图5-9　样本保护区创收项目投资与产值变化情况

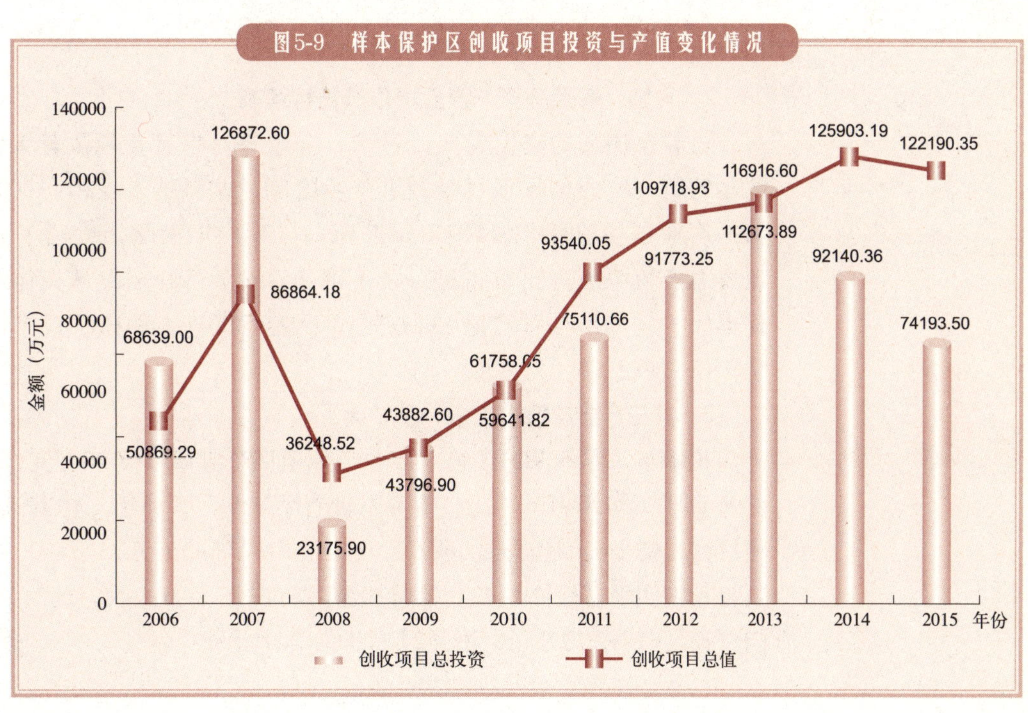

图5-10 样本保护区创收项目投资来源结构

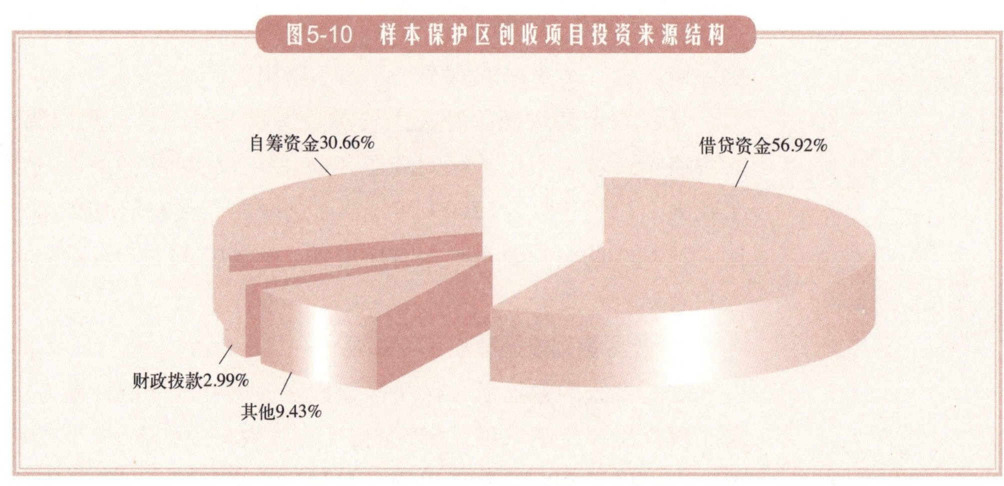

表5-10 样本保护区各创收项目投资情况 万元

指标名称	2014年	2015年	2015年比2014年增减额	2015年比2014年增减率（%）
总投资	92140.36	74193.50	−17946.86	−19.48
养殖项目	771.00	162.50	−608.50	−78.92
种植项目	1151.00	710.00	−441.00	−38.31
旅游服务项目	83583.40	63041.00	−20542.40	−24.58
工业生产项目	216.14	136.00	−80.14	−37.08
经营服务项目	1030.82	638.00	−392.82	−38.11
其他创收项目	5388.00	9506.00	4118.00	76.43

2．种植、养殖等第一产业项目产值持续减少

随着保护区的建设发展，种植、养殖等对自然资源依赖大，对生态环境影响明显的第一产业创收项目受到进一步限制。监测结果显示，2015年，样本保护区第一产业创收项目产值1912.58万元，与2014年相比，大幅下降63.33%，在创收项目总产值中所占比重也进一步下降了2.58个百分点。从具体用途看，2015年，样本保护区养殖项目产值455万元，下降65.53%；种植项目产值1387万元，下降66.18%（图5-11）。

3．第三产业产值占比进一步扩大

2015年，样本保护区第三产业创收项目产值117318.23万元，占创收项目总产值的96.01%，与2014年相比，提高2.34个百分点。2015年，样本保护区共向旅游服务项目投入资金63041万元，项目实现产值104777.43万元，下降0.14%。其中，旅游门票收入则实现了较高增长。接待旅游人员1246.97万人次，比2014年增长了8.98%；门票收入61069.73万元，增长24.17%。

图5-11 样本保护区各产业产值结构

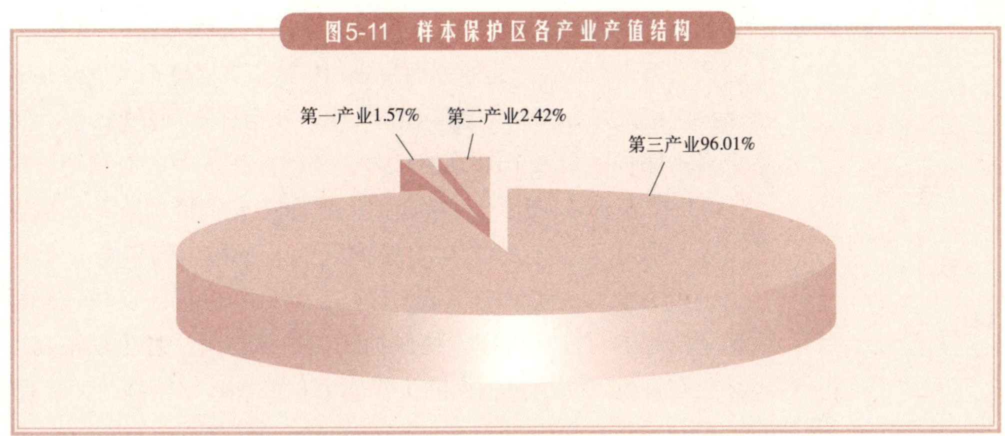

四 保护区建设管理成效

（一）科研经费增加

2015年，样本保护区共获得科研经费3934.41万元，与2014年相比，增长32.54%。其中，实际到位科研经费3408.41万元，增长15.36%，资金到位率则达到了86.63%。共有科研人员共计906人，比2014年增加2人；完成和在研的项目150项，增加了5项。2015年，样本保护区新取得的科研成果76项。

（二）破坏自然资源违法犯罪行为得到有效遏制

2015年，样本保护区中共有巡护人员11512名，累计完成巡护工作722.64万千米，其中，日常巡护工作量628.31万千米，稽查巡护工作量94.33万千米。人均每年日常巡护工作量545.79千米。与2014年相比，巡护人员队伍基本保持稳定，累计完成巡护工作量增长2.45%。其中，人均日常巡护工作量增加22.46千米，增长4.29%。管护成效上，2015年，共制止非法进入保护区人员13744人次，清除非法进入保护区人员5358人次，清除非法狩猎工具1229套（铗）。与2014年相比，非法进入保护区人员和非法狩猎工具数量均有所减少，分别下降了25.96%和53.92%。

2015年，样本保护区内共发生盗砍滥伐林木、偷猎野生动物、盗挖野生植物、非法开荒放牧等各类破坏自然资源案件451起，共查处431起，案件查处率达到95.57%。与2014年相比，各类案件的发生量下降12.93%，案件查处率提高10.82个百分点。全年，共处罚各类违法人员494人次，收缴林木125.15立方米、野生动物及其产品855只（头）张、植物255株，查处非法开荒面积35.80公顷，处理违规修筑设施面积0.3公顷。此外，2015年，样本保护区通过加强巡护，共发现火灾隐患528次。区内共发生火灾6次，与2014年相比，下降了50%，受害森林面积11.61公顷，下降了35.88%。

（三）信息化建设水平稳步提升

保护区调查问卷显示，截至2015年末，已有23个样本保护区完成了信息系统建立，累计投入资金2629.36万元。其中，中央投入占91.66%，地方投入占0.19%，保护区自筹占7.84%，其他方面投入占0.31%。信息系统软件应用方面，已有26个样本保护区引入了GIS地理信息系统软件，28个样本保护区引入了GPS全球定位系统，16个样本保护区引入了RS遥感技术。这些保护区中，有18个已成功将3S（RS、GPS、GIS）技术有效应用于日常巡护、森林防火、资源监测、数据库建设等领域。为了引入3S技术，共有16个样本保护区投入了相应的资金，累计投入1884.4万元。其中，中央投入占90.91%（表5-11）。据样本保护区反映，3S技术的引入与应用，实现了资源的可视化管理，使保护区在护林防火、野生动植物保护、疫源疫病监测、林业有害生物防治等方面的工作能力和工作效率得到了明显提高。

表5-11　样本保护区引进3S技术投入资金情况　　万元

技术类别	中央投入	地方投入	保护区自筹	其他	总计
遥感（RS）	252	0	11	12	275
全球定位系统（GPS）	480.5	7.1	41.2	0	528.8
地理信息系统（GIS）	980.6	80	0	20	1080.6
合计	1713.1	87.1	52.2	32	1884.4

五　问题与建议

（一）存在的问题

1．林业有害生物防治能力亟待提高

从样本保护区的反馈看，目前在林业有害生物防治方面的工作还存在许多问题：一是管理层面普遍认识不足，重视不够；二是基层机构建设不健全，经费短缺；三是缺乏专业技术人员、测报防治技术薄弱、设备工具不足。从监测数据看，2015年，样本保护区内发生中度和重度林业有害生物的面积分别占发生总面积的33.80%和35.19%。其中，重度面积比2014年增长了3.27倍；成灾率最高达到了20%，远高出0.4%的国家控制目标；无公害防治率仅有49.13%，比国家目标低35.87个百分点。自工程实施以来，仅有12个样本保护区建设了植物病虫害防治检疫站。保护区调查问卷则显示，2015年尚有17个样本保护区在林业有害生物防治方面没有资金投入，还有一半以上的保护区没有建设有害生物防治测报站（点），有11个保护区没有专用设施设备，有10个保护区没有配备有害生物防治技术人员，而且即使在已经配置技术人员的保护区，专职人员也仅占到了25.16%。受林业有害生物影响，在9个样本保护区内已经出现了林木死亡情况，共计死亡9295株，其中包括国家二级保护植物660株，造成直接经济损失146.70万元。

2．野生动物疫源疫病监测防控水平依然较低

保护区调查问卷反映情况显示，2015年，尚有17个样本保护区没有针对野生动

物疫源疫病监测防控的资金投入，18个保护区还没有配备专用设施设备，一半的保护区对重点区域监测防控的覆盖范围低于80%，超过30个保护区仍然没有建立预警站（点）。从保护区管理机构反馈问题看，野生动物疫源疫病监测防控存在的问题可以归纳为四个方面：工作经费严重不足；相关技术和人才极度匮乏；监测能力和监测水平不高，监测手段落后；野生动物疫源疫病应急处置能力不强。

3．保护区内贫困问题依然突出

监测数据显示，2015年，样本保护区核心区内贫困人口7800人，占核心区总人口的13.77%。与2014年相比，贫困人口数量仅下降1.87%。而同期全国农村贫困人口5575万人，只占农村居民总人口的8.80%，与2014年相比，贫困人口数量下降了20.55%。两者相比，样本保护区核心区内贫困人口比重比全国平均水平高出4.97个百分点，减贫速度低18.68个百分点。从社区群众收入情况看，2015年，样本村居民人均纯收入8903.81元，仍然比同期全国平均水平低1868.20元，其中，区内村低3310.90元，区外村低776.38元。

4．补偿与实际损失间差距仍然很大

监测结果显示，2015年，仅在3个样本保护区所在地针对区内属于集体的生态公益林补偿标准高于15元每亩的国家标准，这与权利人的利益损失相差巨大。样本村2015年因为野生动物活动造成的农作物损失面积达到3004.72公顷，造成经济损失466.32万元，但获得补偿只有4.62万元，仅相当于实际损失的0.99%。农户调查问卷显示，大多农户认为当前的补偿不能弥补损失，特别是集体土地被划入保护区补偿又不到位，造成社区与保护区之间仍然存在矛盾，使资源保护管理难度进一步加大。

（二）建议

1．进一步加强保护区林业有害生物防控

自然保护区保护着我国大量具有代表性的自然生态系统和有特殊意义的自然遗迹，更是珍稀濒危野生动植物物种的天然集中分布区。因此，着重开展林业有害生物防治工作。**建议：**一是将林业有害生物防治列为工程建设项目，安排建设资金；二是配备齐全的药械设备；三配足专业技术人员；四是增加专业技术培训。

2．提高保护区野生动物疫源疫病监控能力

建议：一是加大投入，解决野生动物疫源疫病资金不足问题；二是加强队伍建设，对现有职工加强专业技能培训，提升监测防控能力；三是完善基础设施、设备建设，加强防控物质储备；四是加强与相关科研院所、社会机构的协作，建立起科技支撑平台，在合作中不断学习和掌握监测防控的新技术、新方法，并在监测预警、取样调查、应急处置等工作中予以应用，提高工作的效率和能力。

3．加大保护区社区扶贫力度

要解决保护区社区贫困这一问题，政府始终应承担主体责任，发挥主导作用。**建议：**将保护区内贫困人口一并纳入国家扶贫计划或地方扶贫计划，通过产业扶

贫、移民扶贫、教育扶贫、就业扶贫、保障扶贫等，多渠道开展精准扶贫，彻底解决保护区贫困人口贫困问题。

4．完善生态补偿机制

建议：一是针对有补偿标准，但标准较低的，应参照实际情况，设计更为科学、合理补偿标准，并且随着国家财力不断提升，逐步提高生态公益林补偿标准；二是对尚无补偿标准，要制定统一补偿政策，如湿地以及野生动物肇事补偿；三是要制定有激励性补偿政策，探索建立差异化补偿机制，以解决“有管没管一样补，管好管坏一样补”的不公平问题。特别是对生态区位重要的保护区应给予更高的补偿标准。

调查员报告

湖北省秭归县
新一轮退耕还林还草工程
实施情况调查报告

秭归县地处长江西陵峡段，位于三峡工程坝上库首，是伟大爱国诗人屈原的故乡和中国脐橙之乡，是全国退耕还林试点示范县和国家林业局领导联系的退耕还林科技支撑示范点。全县国土总面积2427平方千米，林业用地277万亩，其中有林地205万亩，活立木蓄积552万立方米，森林覆盖率79.4%。辖12个乡镇186个村14.5万户38万人，其中乡村人口31.6万人。秭归县2000年开始实施第一轮退耕还林，2014年启动新一轮退耕还林工程建设，现将有关情况汇报如下。

（一）新一轮退耕还林实施情况

新一轮退耕还林启动后秭归县做了以下工作：一是对全县坡耕地现状进行了调查摸底。2013对全县耕地现状和农户退耕意愿入户调查，全县6.2万个农户申报实施新一轮退耕还林，申报面积为50498亩。二是编制了《秭归县新一轮退耕还林实施方案》。根据全省统一安排部署，在现场调查和数据解析的基础上，由县政府召集相关部门对秭归县实施新一轮退耕还林的规模和范围进行审核后，编制了《秭归县新一轮退耕还林实施方案》，新一轮退耕还林还草总规模为退耕还林4.33万亩，方案上报后，经省级审核确定秭归县新一轮退耕还林建设2.24万亩， 2014年省安排秭归县计划1.48万亩。三是进行认定和组织实施。截至目前，完成坡耕地核实认定面积18484亩，涉及9个乡镇29个村6578个小班13873户；实施面积17921亩，涉及9个乡镇28个村6148个小班12500多个退耕农户；完成县级自查验收面积12000亩，涉及3个乡镇18个村。

（二）主要做法

1. 成立机构，明确职责

自新一轮退耕还林还草工程启动以后，秭归县高度重视、高位推进、统筹实施，县委、县政府召开了专题办公会，对新一轮退耕还林还草工程建设领导机构、各部门职责和有关事项进行了专题研究和安排部署，成立了以县长为组长，发改、财政、林业、农业、国土、畜牧等单位负责人为成员的新一轮退耕还林领导小组，召开了全县退耕还林工作会议，对退耕还林工作进行了全面安排。与此同时，各乡镇相继调整充实了新一轮退耕还林领导小组和工作人员，召开了动员会和督办会。

2. 强化督办，确保进度

自全省新一轮退耕还林视频推进会议以来，尤其是2014年11月省厅到秭归县督办以后，县政府迅速召开了新一轮退耕还林督办工作会议，分管副县长王耀群主持会议并作重要讲话，发改、财政、林业、农业、国土、畜牧等成员单位负责人和各乡镇分管领导分别就存在的问题、难点和加快实施进度讲了意见和看法。会议明确了“先实施后调整”的工作方法，打破了基本农田的限制，要求相关部门通力协作、各尽其责，各乡镇要把握时间节点，必须在2015年12月31日前完成全部建设任务。县政府办、县林业局组织督导专班，对9个乡镇和部门重点项目村进行督办指导，对落实会议精神不到位、实施进度慢的乡镇进行通报，会后，县政府办公室副主任郝光楚带领林业、农业等部门负责人分别到有任务的9个乡镇进行了督办，县林业局组成5个专班包乡镇负责技术指导，乡镇退耕办和林业站驻村组织实施，加快了工程进度，确保了12月底全面完成。

3. 积极引导，发挥主体作用

一是宣传引导。利用各种会议和宣传资料，对国家实施新一轮退耕还林工程建设的战略意义、实施原则、退耕范围和对象、补助期限和标准等进行了广泛宣传，让广大人民群众对新一轮退耕还林政策家喻户晓。各乡镇都召开了新一轮退耕还林工作会议，项目村第一时间向农户宣传退耕还林实施对象、补助标准、管理程序等政策，营造全民参与、全民知晓的氛围。县退耕办编印了《新一轮退耕还林政策宣传册》和翻印了《湖北省新一轮退耕还林还草管理办法》2000余份，发放到县、乡镇、村、组各级领导干部和部分农户，让领导干部先了解后宣传，让群众先学习后实施。二是政策引导。以退耕农户为实施主体，充分尊重农户意愿和自愿，在符合对象和适地适树的前提下，退多少，退什么，由农户说了算；允许套种，增加农户短期收入；进行技术培训，促进早见成效等政策的落实，极大调动了退耕农户积极性。三是产业引导。为使新一轮退耕还林达到退得下、稳得住、不复耕、能致富的目的，结合秭归县两果两叶发展目标，在新一轮退耕还林中全县立足产业发展，定植核桃、柑橘、茶叶为主的经济林15000亩，占实施面积的80%以上，这些产业将成为退耕农户增加收入的新的来源，是新的希望，从而增强了农户退耕还林的信心。

4．创新方式，确保质量

（1）创新认定方式

根据省林业厅、省国土资源厅《关于开展新一轮退耕还林退耕地核实认定工作的通知》（鄂林退[2015]97号），2015年6月，县林业局、县国土资源局组织了4名技术人员成立认定工作专班，对照秭归县2014年最新、高精度航片，结合国土部门二调资料对符合退耕还林条件的小班进行全部筛选，初步确定全县可实施的退耕还林范围。县林业局会同县国土资源局，根据秭归县实际情况，制定详细的退耕地核实认定方案，首次采用招标采购方式确定具有测绘资质的第三方中介机构进行坡耕地核实认定。测绘人员同乡镇政府、林业站工作人员及村干部一同上路，根据退耕户意愿，将退耕还林任务落实到山头地块和退耕农户。

（2）创新实施方式

在实施过程中秭归县将退耕还林与各类涉林企业和专业合作社对接，由企业和专业合作社引领退耕农户通过退耕还林发展产业，增加农户收入，扩大企业生产基地，达到农户公司双赢。据不完全统计，秭归县有梅家河乡三掌坪村忆乡情蔬菜专业合作社、郭家坝庙垭御蜀通中药材专业合作社等6家专业合作社引领和参与退耕还林工程建设，梅家河乡三掌坪村忆乡情专业合作社吸纳该村100多个退耕农户为会员，发展香椿300亩，合作社负责技术指导，回收香椿加工，使退耕户有稳定的收入。郭家坝庙垭御蜀通中药材专业合作指导退耕农户种植中药材，退耕农户在合作社打工，每年可以受益1万元以上，退耕户非常乐意与合作社合作。

（3）创新验收方式

检查验收是林业部门的主要职责，是退耕还林工程建设的重要环节，检查验收结果是政策兑现的直接依据，在事情繁多、人员严重不足的情况下，县林业局抽调专业技术人员10名，组成5个工作组，其中4个验收组1个质量检查组对实施的新一轮退耕还林进行严格验收。为扎实打好基础，采用1/2000的影像图分户验收，分块标注退耕农户姓名，验收组、乡镇退耕办、林业站、村干部、退耕农户及有田界相联的农户同时到达现场共同认定地块四界及质量，分别做好记录，做到了县乡村户都有一本明白账。工作人员从6月中旬开始，验收人员不畏炎热酷暑、晴天一身汗、雨天一身泥，坚持质量标准、严格执行检查验收办法，验收结果得到基层干部和退耕农户的认可，工作作风赢得了老百姓的称赞。

5．突出重点，力助扶贫

一是在计划安排上优先扶贫村和扶贫户。2014年14800亩，涉及28个村，其中重点扶贫村13个，占46%，贫困户830个，实施面积2700多亩，可为贫困户户平增加现金收入1600多元。二是为贫困户发展产业奠定基础。在树种选择上本着因地制宜、适地适树、农民自愿的原则，积极引导发展秭归县特色产业（柑橘、茶叶、核桃），在2700亩中90%以上为经济林，为稳固脱贫打牢了基础。三是通过退耕还林，增加劳务输出，获得打工经济收入。

（三）下一步工作

① 加快检查验收进度，验收结束后，再分村组公开公示开始政策兑现。

② 开展补植补造和后期管护工作。对验收不合格的地块各村进行统计，列出问题清单，研究制定整改补植措施，开展补植补造和后期管护，达到合格标准。

③ 加强新一轮退耕还林工程档案管理。项目村和乡镇退耕办收集齐全退耕农户申请、退耕还林合同、坡耕地核实认定、检查验收等相关资料，进行整理、归档和保管，并确保档案的完整性、准确性和系统性。

④ 启动2016年度6000亩退耕还林计划的实施。

（四）存在的问题与建议

1.存在的问题

① 退耕补助标准降低，期限缩短，农户积极性降低。第一轮退耕还林补助资金生态林为2890元/亩，经济林为1825元/亩，补助期限10年和16年，而新一轮退耕还林补助资金为1500元/亩，补助期限只有5年，与退耕农户的希望值差距大，降低了退耕农户的积极性，对退耕还林成果的巩固极为不利，达不到退耕还林的初心。

② 限制条件多，造成地块分散，实施难度极大。依据秭归县国土部门第二次全国土地资源调查结果，秭归县15° 以上坡耕地中，基本农田较多，基本农田将坡耕地分割成分散小块，加之土地开发整理复垦耕地、坡改梯耕地、上一轮退耕还林退耕地、已用于其他造林项目耕地等较为集中成片的都不能纳入新一轮退耕还林范围，导致新一轮退耕还林地块极度分散，增加了规划设计、检查验收和组织实施的难度，更重要的是不便于产业后续发展。

③ 实施程序复杂，坡耕地认定、农户申请、规划设计、苗木采购、组织实施、检查验收、政策兑现，基层实施工作量非常大，人力物力有限，而且涉及部门多，协调难度非常大。坡耕地核实认定工作是制约新一轮退耕还林实施进度的瓶颈因素。

④ 新一轮退耕还林政策不完善不稳定，一方面要求基层严格执行国家政策，一方面又要求边实施边调整，基层难以把握。

⑤ 由于受上一年冬天极端低温的影响，部分高山地区造林后遭遇冻害，导致成活率低。

2.建议

① 新一轮退耕还林政策应该延续第一轮退耕还林政策不变，统一按生态林补助标准执行，补助期限16年，前8年每年每亩230元，后8年每年每亩125元。

② 放宽实施条件。根据三峡库区的区域定位是重点生态修复区，不是粮食主产区，农民以种多种经济作物为主，以种粮为辅的实际情况，建议三峡库区15度以上的坡耕地只要农户愿意退都可以纳入，“把先实施后调整”变为开前门。

③ 简化实施程序。在实施程序上把先认定后实施改为先实施后认可。

④ 增加工作经费，给足认定验收费用，明确规定认定和验收由第三方独立进行，林业部门进行监督，解决林业部门既当运动员又当裁判员的问题。

（执笔人：湖北省秭归县林业局　马德举，谭本旺）

湖北省竹溪县退耕还林工程实施情况调查报告

竹溪县隶属湖北省十堰市，位于湖北、重庆、陕西三省（直辖市）交界的秦巴山区，西接陕西省平利、镇坪、旬阳三县，南交重庆市巫溪县，东邻湖北省竹山县，是湖北面向大西北、出入大西南的重要通道。竹溪是南北气候区划过渡的分水岭，是汉江最大支流堵河的源头、国家南水北调中线工程重要水源区。境内有大小河流197条，年降水量1100毫米左右，地表径流量35.2亿立方米。全县林业用地面积420万亩，其中有林地面积390万亩，森林覆盖率76.8%，植被覆盖率81.3%；活立木蓄积量达1948万立方米。居湖北省各县、市前列。竹溪是全国500个资源富县之一，动植物资源丰富。我国著名的植物学家吴征镒教授赞誉“竹溪是秦巴山区动植物的绿色基因宝库、生物的百科全书”。目前已查明植物204科1043属3400多种,其中，国家一级重点保护野生植物5种，国家二级重点保护野生植物22类，列入中国物种红色名录濒危物种评价体系的植物种类120种，列入濒危国际贸易公约的野生植物62种。全县有脊椎动物28目98科218属318种，其中国家一级重点保护野生动物3种，二级重点保护野生动物36种，列入中国动物红皮书36种。

（一）退耕还林工程建设总体情况

林业在竹溪经济社会发展中占有十分重要的位置，因此，历届县委、县政府都高度重视林业工作，在第一轮退耕还林工程建设中，县委、县政府将其作为全县的民心工程和德政工程来抓，取得了显著成效。截至2015年年底，全县累计完成第一轮退耕还林退耕还林工程造林31.76万亩。其中，坡耕地退耕还林15.5万亩，荒山造林14.16万亩，累计争取国家投资3.5亿元，全县有40200多农户，平均每户领取补助粮食现金8000多元。

新一轮退耕还林工程启动实施以来，县委、县政府将此项工作纳入重要议事日程来抓，动员全县广大干部群众积极参与，要求县直各部门通力配合，各项工作有序推进。截至目前，全县共完成新一轮工程造林7万亩（其中2014年2万亩，2015年5万亩），7万亩退耕还林的外业设计工作和年度实施方案编制工作已全面结束。2014年度实施方案已经县委、县政府审核批准，涉及11个乡镇2个国有林场7683个农户30732个人9785个小班，计划在9月底以前全部兑现到位；2015年建设面积实施方案，待县政府审核批准后，在2015年12月底以前完成政策资金兑现工作。7万亩造林面积已由县人民政府组织县国土部门对照作业设计地块进行核实认定，林业部门已与国土部门进行了对接，已将年度设计图纸移交给国土部门，由国土部门结合发改办西部〔2015〕2502号文件要求，逐步按要求完成设计退耕地块的核实认定和地块上图落界工作，为全县退耕还林工程建设提供了保障。

（二）第一轮退耕还林取得的成效

通过第一轮退耕还林工程建设的实施，使竹溪县生态环境得到有效改善，林业产业迅速发展，带动了群众增收致富，其生态、经济和社会效益十分明显，被群众誉为“德政工程”、“民心工程”。

1．生态意识明显增强

一是全民生态意识普遍提高。通过实施退耕还林工程，使竹溪县干部群众的生态环境意识、生态保护意识普遍增强，全社会关心支持和投入生态环境建设的积极性空前高涨，尤其在实施退耕还林时加强茶叶产业建设的行为得到了群众的大力拥护和支持，用农民自己的话说，就是“退耕还林建产业，一举两得是茶叶；生态经济双丰收，感谢党的好政策”；二是“三大主体”造林蔚然成风。激活了全县“三大”主体的造林活力，仅2015年春季撬动民间资金近8000万元投入退耕还林茶叶、油茶、核桃及木本药材等产业基地建设，“三大造林主体”，已成为全县造林绿化主导力量；三绿色创建空前高涨。全县已创建“生态家园”试点村17个、生态乡镇5个、生态村62个、省级“绿色示范乡村”18个、“宜居村庄”20个、3A级景区5个。2014年被国家林业局命名为“全国珍稀树种培育示范县”、2016年被国家林业局授予了“全国绿化模范县”称号，并先后创建了省级森林城市、省级生态模范县和省级园林城市。

2．生态环境明显改善

在退耕还林工程实施中，我们始终突出生态效益。近几年来，我们按照“生态优先”的总体要求，强化水土保持措施，推行生态建园模式，实行工程化管理，坚持科学设计，按设计施工，按标准验收，做到了“建一片，成一片”。通过大力实施退耕还林工程，全县新增林地30多万亩，有效遏制了水土流失,减少了洪涝灾害的发生，改变了昔日“山上秃子头，黄土遍地”。全县空气质量优良天数共171天，达标率93.7%，其中PM10平均浓度62微克/立方米，PM2.5平均浓度31微克/立方米。土壤侵蚀模数由1999年的每平方千米2940吨下降到目前的每平方千米2740 吨，每平方千米减少200吨，下降6.9%。

3．生态产业蓬勃发展

一是茶叶主导产业发展迅速。抢抓退耕还林工程建设的机遇，大力调整产业结构，优化产业布局，以茶叶为主的支柱产业得到蓬勃发展。截至目前，全县茶叶基地面积达到23万亩，比实施前不足4万亩增加了19万亩；二是保障水电产业发展。由于生态环境的改善，初步实现了“人栽树、树蓄水、水发电”的良性循环。由于水资源得到保障，吸引了众多客商到竹溪发展水电产业；截至目前，全县水电总装机达60万千瓦（含潘口电站20万千瓦），年增加税收7000万元以上，使竹溪县进入了全省水电大县行列；三是森林旅游效益叠加。由于退耕还林工程建设的实施，促进全县生态水平的整体提高，开发了楠木寨 “楠木故里，水上新洲游”、中国茶叶之乡“朝秦暮楚，神奇竹溪”探秘游、鸡心岭“一脚踏三省，中国自然心”等多条旅游线路，众多国内外游客慕名而来，“竹溪美丽乡村游”声名远扬。2015年，茶叶、魔芋、核桃、中药材等绿色产业规模共达100万亩，林下经济收入突破2亿元，生态旅游综合产值达到5亿元，3万多户农民依托林下经济户均增收4000多元。

（三）新一轮退耕还林主要做法

1．领导重视，高位谋划

自新一轮退耕还林工程建设实施以来，县委、县政府主要领导分别组织林业、国土、财政、发改等部门负责人，先后多次召开专题会议，对新一轮退耕还林政策进行深入研究和广泛宣传，认真组织开展调查摸底和申报审核工作，将新一轮退耕还林工程启动工作纳入全县最重要工作之一，作为实现精准扶贫战略的重要抓手。指标下达后，县委、县政府迅速成立了新一轮退耕还林工作领导小组，县长亲自担任组长。县委书记、县长还先后两次组织国土、林业、财政、发改等部门召开座谈会，就新一轮退耕还林工程建设听取部门意见，进行全面的安排部署。在县委、县政府的统一领导下，宣传、国土、财政、审计、监察、农业、发改等部门在工程推进中，主动积极支持配合。林业、国土等单位抽调骨干技术力量组成工作专班，全面开展地块核实和外业调查设计工作；在财政项目资金相当紧张的情况下，为尽快实施退耕还林工程建设，2015年年底县政府整合各部门项目资金5000多万元，率先在生态脆弱地区、重要水源区两岸和群众意愿强烈的乡镇先行启动新一轮退耕还林工程建设，并实行了分类奖补的机制，按照新建茶叶基地每亩1300元、核桃和油茶600元的标准，对退耕还林户进行奖补，为新一轮退耕还林工程建设奠定了坚实基础。

2．精准定位，科学规划

为了确保新一轮退耕还林工程取得实效，真正实现生态增效、农民增收的目标。结合县情、林情，我们按照“产业富县，生态立县”战略部署，坚持走“生态产业化，产业生态化”可持续发展道路，将退耕还林工程建设与林业产业发展和绿满荆楚行动相结合，坚持“因地制宜，适地适树，生态优先，兼顾效益”的原则。一手抓生态建设，一手抓林业产业建设，确定发展适合本地的茶叶和核桃两个主导产业，优先突出竹溪县百里绿廊、百里果廊和百里景廊建设重点，结合绿满竹溪行动，确立规模建设、产业优先、退耕富民的建设理念。制定了5年间依托退耕还林发展5万亩核桃和5万亩茶叶的退耕还林发展规划，真正使新一轮退耕还林工程成为全县农民脱贫致富的又一民心工程。按照国新一轮退耕还林工程建设要求，竹溪县率先完成县内汉江一级支流堵河流域源头——竹溪河、汇湾河沿线重要水源区范围内15～25度重要水源区非基本农田区区域的退耕还林工程，着重要突出以核桃为主的干果林基地和以桃、枣、李、杏为主的特色小水果基地；同时，充分发挥第一轮退耕还林茶叶基地的产业主导的优势进一步加快高效茶叶基地的建设，并突出县域特色木本药材——梭椤果，加大木本药材基地的建设力度。确定全县新一轮退耕还林北部小水果、东部茶叶、西部核桃和南部木本药材的四大规模种栽植区域，结合精准扶贫的产业扶贫政策，保证全县退耕还林工程建设的高效稳步的推进和建设成果的有效巩固。

3. 部门支持，合力推进

竹溪县是全国首轮退耕还林试点示范县，通过实施第一轮退耕还林工程，农民从中得到了实实在在的实惠，特别是通过实施退耕还林工程促进了全县茶叶产业的快速发展，4万多农户从中受益，使全县人民真切认识到退耕还林工程是他们脱贫致富的民心工程。因此，全县上下强烈要求实施新一轮退耕还林工程建设的意愿高度统一。新一轮退耕还林正式启动以来，在县委、县政府的统一领导下，宣传、国土、财政、审计、监察、农业、发改等部门在工程推进中，主动积极支持配合。林业、国土等单位抽调骨干技术力量组成工作专班，全面开展地块核实和外业调查设计工作；在财政项目资金相当紧张的情况下，为尽快实施退耕还林工程建设，2015年年底县政府整合各部门项目资金5000多万元，率先在生态脆弱地区、重要水源区两岸和群众意愿强烈的乡镇先行启动新一轮退耕还林工程建设，并实行了分类奖补的机制，按照新建茶叶基地每亩1300元、核桃和油茶600元的标准，对退耕还林户进行奖补，为新一轮退耕还林工程建设奠定了坚实基础。据统计，自2014年以来以来全县共引入民营大户120多个、组建林业专业合作社53个，辐射带动贫困户2.1万户，流转、承包荒山、坡耕地8万余亩，通过推行农户+专业合作社+企业土地入股的模式，积极参与全县退耕还林工程建设。

4. 创新机制，保障推进

一是建立投入机制。为了确保新一轮退耕还林工程顺利实施，县委、县政府创新资金整合、金融服务考核机制，采取捆绑使用土地整理、小流域治理、小农水、精准扶贫等部门项目资金，与农商行、邮政银行合作开发了助农贷、扶贫贷、互惠贷等金融产品支持退耕还林工程建设，有效弥补了退耕还林项目资金投入不足的问题。在新一轮退耕还林工程建设启动中，全县已整合项目资金5000多万元、撬动民间资金8000余万元，参与退耕还林工程建设。二是建立经费保障机制。县政府从2015年起按每亩配套5元的退耕还林专项工作经费，纳入地方财政预算。并每年预借县林业局200万元专项资金，投入全县退耕还林苗木基地建设。三是建立科技服务保障机制。2015年年初，县政府专门聘请了省林科院为竹溪县科研技术合作单位，负责为全县退耕还林工程建设提供技术服务。并与河北德胜公司建立了核桃产业发展技术合作，依托秦巴山区核桃职业技术培训中心，每年为竹溪县培训不少于50～100名核桃专业技术人员。四是建立制度保障机制。2015年年底，在省退耕办的指导支持下，我们相继制定了《竹溪县新一轮退耕还林工程建设管理办法（试行）》、《竹溪县新一轮退耕还林种苗管理办法》、《竹溪县新一轮退耕还林档案管理暂行办法》和《竹溪县新一轮退耕还林工程建设检查验收办法》等规范性文件，印发了1.5万册《新一轮退耕还林宣传资料》。

（四）退耕还林工程建设存在的主要问题

1．第一轮退耕还林成果巩固问题突出

随着第一轮退耕还林补助的全部到期，成果巩固是目前退耕还林工程面临的最大问题。一是还生态林大部分由于当时树种选择时注重生态为主，营造了大面积的没有可以采伐利用的生态林，补助期满后，农户就彻底没有收入，也不能得到后期林木收益。因此，在很多地方如果管理不力，特别是在目前国家实行地力补贴政策的落实，现在耕种土地每年每亩补助达到150元左右，就会出现如果毁林复耕的情况；二是营造的部分经济林，特别是以茶叶、木本药材为主的后续产业已初具规模，但这些后续产业正处于培育的关键时期，需要稳定的政策环境和持续的投入，政策补助到期后如果没有必要的政策支持，将对整个产业发展的带来影响，从而影响整体工程成效；三是自然灾害的防治和灾后重建缺乏保障，特别是我们山区造林地面临森林火灾和森林病虫众多考验，在补助期满出现自然灾害后，由于没有政策支撑很多地有没有能力实现灾后重建和恢复，导致工程建设成效低下。

2．新一轮退耕还林推进问题突出

新一轮退耕还林是在各级强烈要求下，以国家六部委出台相应政策，推进的一项生态建设民生工程，但在上述推进中，充分显现出了国家所出台的政策诸多不合理性：一是政策补助标准过低。目前由于受到国家出台新的地力补贴新标准的影响，诸多农民在选择是否退耕还林的问题出现了动摇，觉得退耕还林政策补助太低，没有积极性，给整体工程建设的推进造成一定的阻力；二是相关的配套政策僵化。首先是地块核实认定的政策标准不合理，对新一轮退耕还林项目的实施各方面要求都比较严，基本农田政策红线不能闯，由于在山区很多地方基本农田的划分原本就不合理，很多已划分的基本农田根本就不适宜农民耕种，但要退耕还必须经过国土部门调整认定后再实施，给整个工程建设带来了不必要的政策瓶颈。其次就是大户流转实施退耕还林工程建设，必须强调将政策补助兑现给大户，极大地挫伤了广大大户实施工程建设的积极性，虽然保证农民的利益，但同时人为制造了一系列的矛盾。再者新一轮退耕还林政策规定“不得把坡改梯耕地纳入退耕范围”，不切合地方实际，广大农民群众想不通。在实际操作中，“休耕的坡耕地”这一概念不好把握，同时，目前国家正在实施精准扶贫，山区将有一部分农户实施扶贫搬迁，

搬迁后耕地可能会有一段时间休耕，如果按照规定不纳入退耕还林，又会造成矛盾，影响国家精准扶贫的大战略。

（五）关于进一步优化工程建设的建议

1．广泛调研，进一步优化政策

加快对新一轮退耕还林政策及现有的《退耕还林条例》的修订和优化，特别是地块的核实认定，保证新一轮退耕还林的快速推进。同时，进一步制定出台以巩固退耕还林成果的专项意见，加强对成果巩固的指导与管理，特别是强化对现有林地的生态补偿、灾后重建及后续配套政策的完善，以进一步巩固前一轮退耕还林成果。

2．严格政策，强化林地管理

要加强对第一分界线退耕还林林地的严格管理，重点做好林地的保护与利用，除国家重要工程外，对退耕还林地征占用要进行严格审批，同时要切实做好采伐后林地的迹地更新和造林，以及自然灾害后的恢复重建，确保工程建设的林地总量。

3．科学施策，保证退耕农民收益

特别是新一轮退耕还林工程建设中，以实施农（矮秆农作物）林间作建设的木本油料林、木本药材和茶叶产业基地，是否可以灵活把握，在保证经济林果生态效益的情况下，保证农民享受其他农业种植补贴不受影响，从而保证农民收益。

（执笔人：湖北省竹溪县林业局　谢青）

广西壮族自治区东兰县新一轮退耕还林还草工程实施情况调查报告

2014年，国家启动新一轮退耕还林工程，自治区下达东兰县2014－2015年任务6.1万亩（其中，2014年4.1万亩，2015年2.0万亩），占全区总任务的12.2%，占全市总任务的30.9%，这是上级对革命老区的关照，我们深受鼓舞。为加快东兰县新一轮退耕还林工作的实施，2016年5月9日全区召开新一轮退耕还林工作电视电话会议后,东兰县高度重视，立即召开全县新一轮退耕还林工作推进会，精心组织、强化领导、全力以赴抓好新一轮退耕还林工作，取得了一定的成效。目前，全县已完成2014年、2015年度新一轮退耕还林6.1万亩的外业勾图、面积落实到户、合同签订、资金兑现6110万元，档案整理归案已经完成。我们的主要做法如下。

（一）加强组织领导，明确工作任务

东兰县成立了以县人民政府主要领导为组长、分管领导为副组长、各相关部门主要领导为成员的工作领导小组，统筹协调工作中遇到的困难和问题。及时制定印发了《东兰县新一轮退耕还林工作方案》，对政策再明确、措施再细化、责任再落实。每个乡镇成立了专门工作组，县林业局抽调14名工作能力强、业务精通、责任心强的工作人员分别到14个乡镇开展指导工作，与乡镇工作组一起完成整个工作过程，确保新一轮退耕还林工作按时按量按质完成。

（二）强化舆论引导，营造良好氛围

实施新一轮退耕还林，是国家从发展战略做出的一项重大决策，既是一项生态工作，也是一项民生工程。退耕还林工作涉及千家万户群众的切身利益，东兰县充分利用广播、东兰电视台、短信、山歌会等群众喜闻乐见的方式进行宣传，把新一

轮退耕还林新政策编成小册子发放到农户手中，做到家喻户晓，群众皆知，使群众积极参与到新一轮退耕还林工作中，全力营造实施新一轮退耕还林的良好舆论氛围。

（三）加强业务培训，促进工作开展

为使乡镇林业站工作人员熟悉新一轮退耕还林新政策及操作方法和程序，东兰县在2016年5月10～14日对全体乡镇林业站工作人员进行了为期5天的新一轮退耕还林业务培训，通过对外业勾图、地理信息系统、表格填写、档案管理等相关业务进行培训，从而提高工作人员的技术水平及退耕还林作业设计质量。

（四）强化地块确认，明确地类范围

根据自治区8个部门联合下达《关于加快推进新一轮退耕还林工作的紧急通知》（桂林发〔2016〕11号）的要求，结合东兰县实际，明确地类范围，对2013年以来在实地是耕地已经种植苗木达不到造林成活率标准及2014年以来在土坡或石山地区实地是耕地（含石山裸地）上已经种植核桃或其他树种且坡度达25度以上的地块列入全县新一轮退耕还林范围，由各乡镇林业站和国土资源管理所技术人员对纳入新一轮退耕还林任务范围的地块进行现场核实确认签字，现场核实确认主要包括地类确认、造林时间确认、户主确认、拍照取证、村屯公示等。

（五）加强督促检查，实行严肃问责

为加快推进东兰县新一轮退耕还林工作，每周五要求各乡镇上报工作进度，并在东兰电视台进行通报，同时，以短信形式将进度排名情况发送到县委、县人民政府主要领导，各乡镇主要领导、分管领导以及相关人员。对工作进度慢、连续两周排名末位的乡镇，县主要领导要约谈乡镇主要领导。县委、县人民政府组织督查组对各乡镇各阶段工作进行督促检查，对在新一轮退耕还林工作中完成较好的乡镇、单位和表现突出的个人，给予表彰和奖励；对工作进度慢、落实工作不到位的乡镇和单位给予通报批评，并责令整改；对工作不作为、整改措施落实不到位的相关责任人进行问责，确保退耕还林工程质量。

（执笔人：广西壮族自治区东兰县林业局　梁运）

广西壮族自治区隆林各族自治县新一轮退耕还林工程实施情况调查报告

自2002年退耕还林工程项目启动以来，十多年来全县共完成退耕还林工程建设43.55万亩，退耕地还林14.85万亩，配套荒山造林24.2万亩，封山育林4.5万亩。项目共覆盖全县16个乡镇（原21个乡镇合并后为16个乡镇）156个村委会1055个自然屯，直接受益农户20152户86280人。工程总投入7.19亿元，其中国家补助资金达4.87亿元，全县退耕户人均从工程建设中直接获得经济收入（国家补助）5650元。据《隆林县2015年森林资源主要数据更新报告》，全县林地面积408.62万亩，有林地面积344.4万亩，全县森林活立木蓄积量965.03万立方米，森林覆盖率增加了11.6个百分点，达65.2%。昔日荒山已变成了绿坡，生态环境得到改善，社会、经济效益开始显现。

（一）生态效益凸显

1999年全县森林资源二类调查森林覆盖率53.6%。实施退耕还林工程后，在退耕还林工程的带动下，隆林各族自治县掀起了一股造林热潮，各项生态建设工程、林业重点工程也相聚落户隆林。促使隆林林业产业得到了前所未有的发展。全县林地面积增加到344.4万亩，森林覆盖率增加了11.6个百分点。随着退耕还林工程的实施群众告别了刀耕火种，开荒种地时代。随着森林覆盖率的提高，水土流失的情况已经大大地减少，往日干涸的小河小溪又开始流水，特别是往日东大门隆林至百色公路边随处可见的泥石流、滑坡等现象已经不复存在（图6-1、6-2）。

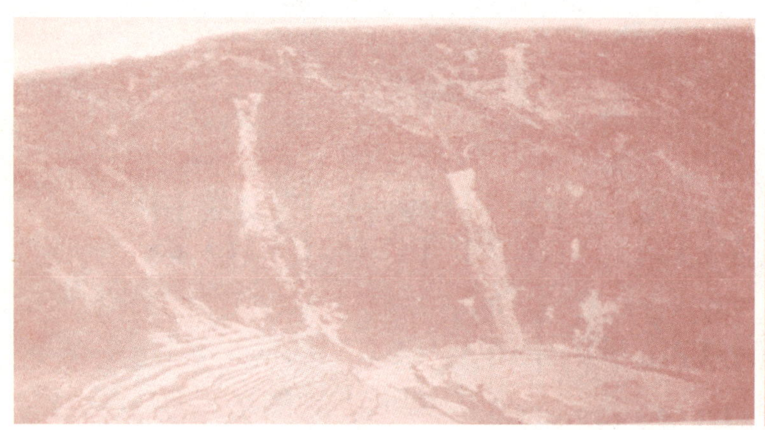

图6-1 2002年水土流失严重的平班镇北楼河山头原貌

图6-2 实施退耕还林后的平班镇北楼河山头现状

图6-3 沙梨乡母施村安置场队新村和退耕地上的板栗林

（二）社会效益和经济效益显著，促进地方产业结构的调整

实施退耕还林工程：一是促进了农村产业结构的调整优化。通过实施退耕还林工程，林业、果品得到较快发展，以沙梨乡母施村安置队为例，退耕地种植板栗，经过多年栽培，板栗进入丰产期，硕果累累，板栗户年收入最低2万多元。高的达10多万元，涌现出了一批板栗新村（图6-3）。

以新州镇、者浪乡、克长乡等为代表实施的退耕种植杉木，因做到适地适树，杉木速生丰产，10年生的杉木树高平均达12米，平均胸径达14厘米，按当前木材市场价亩产值达5000元（图6-4）。

图6-4 新州镇那么村那么队退耕地上的杉木

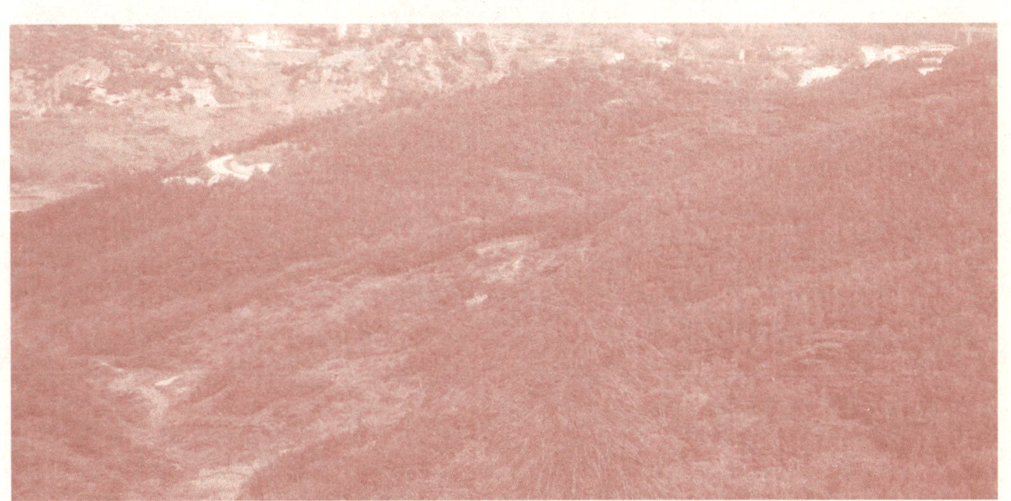

图6-5 天生桥镇祥播村那安队马尾松退耕地造林和对面坡无林地对比

以平班镇、革步乡、天生桥镇等为代表实施的退耕地种植马尾松，长势良好，生态效益、经济效益兼备，按当前木材市场价亩产值达3000元。生态效益更加凸显（图6-5）。

以德峨镇、桠杈镇等为代表的石山区在兼顾经济效益的基础上，以生态效益为主，实施了退耕地种植酸枣、香椿为主，同时林下还种植金银花，实现了生态效益、经济效益双收（图6-6、6-7）。

林业占农林牧渔业总产值的比例逐年提高；通过合理选择造林树种、优化造林技术模式和积极创新经营机制，退耕还林工程既发挥了生态效益，又调整了农业结构，培植了后续产业，退耕农户通过"公司+农户"的模式，直接参与到植树造林中，保证了退耕农户近期靠以粮代赈增收、远期靠产业发展致富目标的实现。

图6-6　桠杈镇龙歪村龙计队退耕地上的酸枣造林

图6-7　桠杈镇生基弯村生基弯队退耕地上的香椿造林

二是农业生态环境得到改善。据调查，2002年前，隆林各族自治县因多次爆发冰雹、洪灾、泥石流等自然灾害，直接、间接经济损失无法估量。退耕还林后随着森林覆盖率的提高，农业生态环境得到有效改善，坡耕地水土流失得到有效治理，高温、干旱、风雹、洪水等自然灾害将逐步得到遏制，灾害损失将逐年减少，农业效益将明显提高（图6-8）。

三是增加了退耕农户收入，促进农村剩余劳动力转移。

按照国家规定退耕还林经济林补助5年、生态林补助8年，每亩每年150千克粮

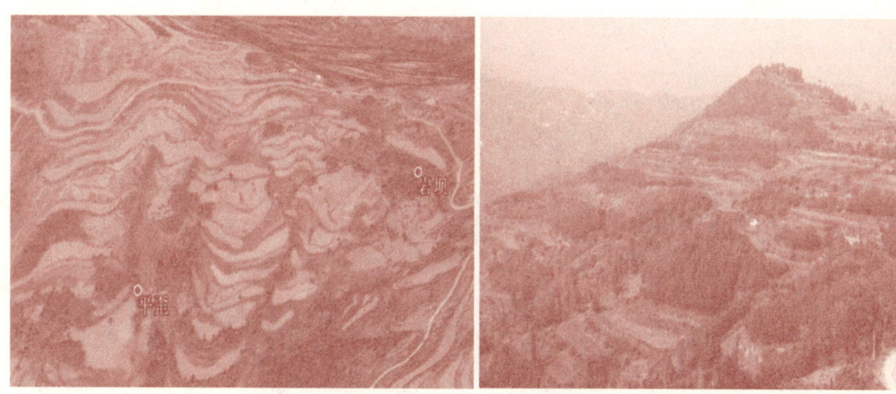

图6-8　沙梨乡岩偿村岩坝屯退耕前后生态现状对比

食，20元生活补助费，解决了农民的生活问题，增加了退耕农户的收入。2002－2013年，全县共实施退耕地还林工程43.55万亩，获得国家政策补助4.87亿元，20152户，共8.6万人参与到这项工程中，户均累计获得补助收入2.41万元。而且退耕地林副产品的收入也比当地传统的农业种植收入高得多。以石山为例，石山地区农民习惯种植玉米，种1亩地能收150元左右，石山地区退耕地造林以种金银花为主，金银花100千克就可以收2000元，相对来说种金银花的效益就比种玉米高出好几倍。在我们监测户中，国家的退耕还林政策兑现部分所占比例极小，但从监测户在获得国家补助的同时，退耕农户还从高投入低产出广种薄收的粮食生产中解放出来，从事种植、养殖、加工、劳务输出以及社会化服务行业，所带来的收入提高了群众的收入。同时使农村产业结构逐步趋向合理，调整了农村产业结构，促进了农民收入的持续、稳定增长。

（执笔人：广西壮族自治区隆林各族自治县林业局　黄嘉俊）

重庆市云阳县
新一轮退耕还林还草工程
实施情况调查报告

云阳县位于重庆市东北部、三峡库区腹心地带，东邻重庆奉节，南接湖北利川，西连重庆万州，北依重庆开州、巫溪。全县辖区面积3649平方千米，辖38个乡镇4个街道，人口137万人。

云阳县是林业资源大县之一，县内林特资源丰富、野生动植物种类繁多。全县拥有林地353.6万亩，森林273.8万亩，森林活立木蓄积960万立方米，森林覆盖率达到50%。

（一）第一轮退耕还林工程实施情况

2000年以来，云阳县开展了第一轮退耕还林工作。全县累计实施退耕还林128.76万亩。其中坡耕地造林42.06万亩，荒山造林72.3万亩，封山育林10.5万亩，灾后重建3.9万亩。完成巩固退耕还林成果任务63.53万亩，生态移民搬迁21700人。

（二）新一轮退耕还林工程实施情况

云阳县委、县政府高度重视新一轮退耕还林工作，把实施新一轮退耕还林作为促进农村产业结构调整、培育发展特色产业基地、精准扶贫增加农民收入的重要手段，动员各方力量，全力推动新一轮退耕还林工作。县政府多次召开专题会议，研究确定了全县实施新一轮退耕还林35万亩，2020年全面结束新一轮退耕还林工程建设任务的总目标。2014年、2015年、2016年，市下达云阳县新一轮退耕还林任务分别为5万亩、5万亩、18万亩，目前，全县完成了10万亩退耕还林苗木栽植任务，已完成2014年、2015年退耕还林项目县级验收，2016年退耕任务正在落实到农户。新一轮退耕还林，全县主要抓了以下工作。

1．强化了组织领导保障

县政府成立了由分管县长任组长，发改委、财政、国土、农委、林业等部门为成员的新一轮退耕还林工作领导小组，统筹指挥新一轮退耕还林工作。继续实行县级领导联系乡镇，部门帮促乡镇责任制，县政府与实施单位签订责任书，层层落实责任，明确建设目标和任务，形成了上下协调、各方配合的工作格局。

2．合理选择退耕还林树种

按照国家和市里新一轮退耕还林工程相关文件精神，结合上一轮退耕还林工作的经验，围绕建设生态经济示范县的目标要求，云阳县确定新一轮退耕还林以营造经济林为主，实现增绿增收双赢。坚持因地制宜，在立地条件较好的区域，根据气候条件、农户意愿、市场需要，重点发展柑橘、核桃、李子、冬枣、石榴等果树和杜仲、枳壳等中药材，建设果药基地，促进林农增收。在立地条件较差的地方，仍然以营造耐旱耐瘠的柏木、栾树、桤木等乡土树种为主，适地适树。

3．出台了激励扶持政策

县政府出台了《关于新一轮退耕还林的实施意见》（简称《意见》）。《意见》明确：新一轮退耕还林实施区域，坚持相对集中连片造林、适度规模经营，在尊重农民意愿和保证退耕农户利益的前提下，积极推行业主开发和承包经营。由业主投资开发经营，且规模达到300亩以上、进入县联交所流转的坡耕地退耕还经济林的，由县上整合相关项目资金，在国家补助种苗造林费300元/亩的基础上，每亩再一次性补助300元，以弥补种苗采购、劳务和后续管护资金不足。在造林机制上，实行“一栽二补三管”、验收合格才付款的管理模式，确保工程建设成效。

4．精心组织实施退耕还林

2015年3月起，县林业局牵头，国土、发改、农委等部门配合，抽调技术人员，深入全县42个乡镇，就新一轮退耕还林建设规模、实施区域、品种布局等方面进行调查摸底，广泛征求基层干部群众的意见，做到了下情清楚。根据调查摸底结果，结合全县实际情况，聘请专业机构，分年度制订了实施方案。之后，又聘请专业机构编制作业设计，聘请监理单位负责实施过程监督。为确保工程实施进度和质量，县政府专门召开了新一轮退耕还林工作动员部署会，县政府主要领导、分管领导深入乡镇调研指导；县林业局组织5个指导督促组，下乡入村开展技术指导和工作督查；各乡镇组织工作队，逐村逐户宣传动员、落实地块、丈量面积、签订合同、采购苗木、指导栽植管护，确保了工程顺利推进。各乡镇积极引进业主，通过土地流转、承包经营等方式，实行连片开发退耕，集中统一管护，较好地解决了农户缺劳动力、缺技术、缺资金等问题，确保了栽植质量和后期管护措施落实。在已完成的10万亩退耕还林中，涉及34个乡镇185个村，退耕还生态林2.39万亩，退耕还经济林7.61万亩，其中业主连片开发和实行集中统一管护的近6万亩。

（三）退耕还林效益监测情况

1．县林业局高度重视退耕还林效益监测工作

云阳县退耕还林效益监测工作，在国家林业局经济发展研究中心、市林科院的精心指导和技术支撑下，在县林业局统一领导和组织部署下，县退耕还林管理中心、森林资源监测中心规范操作流程，技术指导到位，负责监测站点的监测、仪器的保护、监测数据的收集整理和按时报送。

2．确定专人进行径流场和固定样地建设

径流场和固定样地建设在水口镇枣子村、老林村、水口村，根据签订的建设合同，按照《云阳县坡面径流场修建技术及固定样地修建规格》，以及县林业工程技术人员现场选址情况，组织工程施工队进场动工建设，建设坡面径流场4个，固定样地3个。径流场由保护带、围墙护埂、集水槽、引水槽、观测房等部分组成。固定样地为边长20平方米的正方形，四角用水泥桩做好标记。

3．拟定《云阳县退耕还林效益监测实施方案》

从退耕还林效益的监测时间、监测内容、操作步骤、监测方案、监管责任等多方面，每年都编制了具体的退耕还林效益监测实施方案。

4．对水口镇退耕还林生态效益监测径流场和固定样地进行常规观测及取水工作

按照市林科院《退耕还林生态效益监测数据采集要求》，开展了径流场、固定样地基本信息收集、径流场取水数据测量、土壤剖面层次调查、固定样地每木检尺记录等项工作。

5．对退耕还林监测工作，做到了3个落实

一是领导重视，科室责任落实。县林业局、水口镇都成立了退耕监测领导小组，以县退耕还林管理中心、森林资源监测中心和镇林业组为主要监测力量，抓好退耕监测。二是监测设备设施配备落实。除国家林业局经济发展研究中心配备的退耕监测设备如专用电脑、专用照相机外，市、县林业部门还配备了GPS定位仪、TDR土壤水分分析仪、恒温干燥箱、电子天平、平板电脑、打印机等专用监测设备。三是监测人员和经费落实。有专职的监测人员，其工资待遇和设施维护经费基本到位。

（四）存在的主要问题及建议

1．退耕还林种苗造林费缺口大

国家对退耕还林工程虽然总体投入较大，但落实到退耕还林地块上，每亩投入的标准太低，与工程实际需要相比，缺口太大。用于工程建设的种苗及造林补助费300元/亩，仅仅相当于一个普通农民工2～3个工日的工资。如果营造生态林，仅够种苗钱；如果发展经济林，更是杯水车薪，其种苗造林费严重不足，后期管护没有资金来源。建议国家将生态林种苗造林费增加到1000元/亩，安排管护经费100元/（亩·年），管护期3年；将经济林种苗造林费增加到1500元/亩，安排管护经

费150元/（亩·年），管护期5年。

2．退耕还林户现金补助标准低

第一轮退耕还生态林的，国家累计补助（粮食和现金补助）2960元/亩；退耕还经济林的，国家累计补助1850元/亩。而新一轮退耕还林，现金补助只有1200元/亩，补助期限和金额大幅缩水。如果考虑这十多年的物价上涨因素，新一轮退耕还林的现金补助不及第一轮的1/3，这既严重挫伤了农民的退耕还林积极性，更不利于退耕还林成效的巩固。建议将退耕农户现金补助标准提高到3000元/亩，至少应与第一轮补助持平（生态林再增加1760元/亩，经济林再增加650元/亩）。

3．退耕还林与守住耕地保护红线有冲突

按照新一轮退耕还林政策，25度以上坡耕地，15度以上重要水源地都可以退耕，但从云阳的实际情况看，划定的62494公顷基本农田，很多都处于这个范围。从国土、林业部门调查统计的情况看，云阳县规划退耕还林的35万亩坡耕地中，有20万亩属于基本农田，其中长江两岸绿化提前实施退耕还林占用基本农田10万亩。要实施退耕还林，就不得不突破这条红线，要守住这条红线，退耕还林就难以实施。在三峡库区继续大规模退耕还林，符合保护母亲河的精神，有利于保护涵养三峡库区生态，也是对我国生态文明建设的重大贡献，目前农民有一定的退耕还林积极性，建议国家因势利导，对三峡库区区县给予特殊政策，调减基本农田面积，鼓励退耕还林，以增强生态涵养发展区生态功能。

4．第一轮退耕还林户补助问题应予重视

第一轮退耕还林80%以上为生态林，补助将陆续到期，而这部分生态林主要是发挥生态社会效益，几乎没有经济效益，停止补助后，退耕农户的收入将会有所下降，势必会影响到退耕农民的生计和退耕还林成果的巩固。建议国家对退耕还林还生态林的，按照125元/亩的补助标准再延长一个补助周期；对还经济林效益不好的，继续实施巩固退耕还林成果专项工程，增加退耕农户经济收入，巩固退耕还林成果。

（执笔人：重庆市云阳县林业局　唐荣栋）

重庆市城口县
新一轮退耕还林还草工程
实施情况调查报告

（一）新一轮退耕还林工程进展情况

2014年，国家启动实施了新一轮退耕还林还草工程，至2016年重庆市共下达城口县新一轮退耕还林计划任务22万亩。其中，2014年3.5万亩，2015年7.5 万亩，2016年11.0万亩。

1．主要做法

（1）加强组织领导，落实工作责任

为实施好新一轮退耕还林工程，根据工作需要，县政府调整充实了县退耕还林工程领导小组成员，领导小组组长由县人民政府县长亲自担任，县委副书记和县政府分管副县长任副组长，县发改委、县财政局、县林业局等相关部门领导为成员，领导小组办公室设在县林业局，由县林业局局长兼任办公室主任，具体负责退耕还林日常工作。在落实责任方面，确定由乡镇（街道）主要领导为第一责任人，分管林业的乡镇（街道）领导具体抓好相应工作，各乡镇（街道）都成立了退耕还林工作领导小组，并层层签订责任书，确保工作责任落实。在实际工作中，城口县还推行了县职领导包片、县属部门包乡镇（街道）的办法，充分发挥县退耕还林工程领导小组成员单位的职能作用，确保了新一轮退耕还林工作的顺利实施。

（2）强化宣传发动，出台配套政策

始终把新一轮退耕还林政策宣传作为工程建设的重要内容，城口县利用会议、电视、公众信息网络等多层次、多渠道开展新一轮退耕还林宣传，努力营造良好舆论氛围。自新一轮退耕还林工程实施以来，县委、县政府组织召开专题会议11次，印发宣传手册1万余册，办专栏32期，召开群众院坝会100余次，极大地提高了广大退耕农户对退耕还林的认识和政策的理解，极大地调动了社会参与退耕还林的积极性。在充分调研的基础上，2015年3月18日，县政府出台了新一轮退耕还林的实施意见，实施意见明确了指导思想、目标任务、基本原则、政策兑现、实施步骤等，在财政紧张的情况下，明确县财政按10元/（亩·年）的标准给乡镇（街道）补助工作经费。

（3）详细摸清家底，科学编制方案

城口县采取“自下而上、上下结合”的方式，坚持“农民自愿，政府引导”的原则，结合扶贫攻坚需要，于2014年12月组织开展了新一轮退耕还林计划任务申报，摸清了实施新一轮退耕还林的退耕农户意愿、产业发展方向、任务需求等。委托市林科院编制了《2014－2020年退耕还林总体实施方案》。在新一轮退耕还林中，城口县以实施新一轮退耕还林工程为契机，大力营造经济林，坚持“谁造谁有”的林业政策，开展核桃、板栗、木瓜、笋竹、中药材等特色经济林建设。结合林权制度改革，对现有陡坡耕地，采取租赁、股份合作等形式进行运作，鼓励和支持有经济实力、懂技术、善经营的生产经营大户承包坡耕地，连片种植，规模经营，把生态优势变成经济优势，形成一种既要“金山银山，又要绿水青山”的统一关系，使山更绿、水更清、天更蓝、人更富，处处呈现“青山环抱小康村，绿水常绕丰裕居”的繁荣文明景象，真正体现科学发展观的要求。

（4）严格实施步骤，推动工程建设

在实施新一轮退耕还林工程建设中，城口县严格按照市上和县上已经明确的计划申报、方案编制、计划下达、政策宣传、组织造林、实测丈量、分户公示、签订合同、政策兑现等9个实施步骤有序推进工程建设。

（5）推进精准扶贫，实现助农增收

城口县在退耕还林工程建设中，把扶贫开发作为第一政治任务、第一民生任务、第一经济任务来抓，把精准扶贫、精准脱贫作为退耕还林工作的主攻方向，坚持退耕还林与精准扶贫相融合、林业产业与到村到户扶持相结合，因地制宜、改革创新，以更加明确的目标、更加有力的措施、更加有效的行动，推动退耕还林政策向扶贫对象聚集、帮扶力量向扶贫对象聚合，做到扶贫对象、目标任务、建设内容、措施方式、考核奖惩、政策保障“六个精准”，确保如期完成扶贫攻坚任务，加快脱贫致富奔小康步伐。 2015年，城口县印发了《城口县林业精准扶贫实施方案》，确立了大力实施退耕还林扶贫工程，增加贫困户退耕还林的政策性收入的工作目标。一是在新一轮退耕还林实施中，本着自愿的原则，用2年时间（2015年、2016年），对原来没有覆盖的贫困村实行全覆盖；对贫困村没有覆盖的贫困户，用2年时间，对所需地块实行全覆盖，让贫困户每亩增加800元以上的政策性收入。二是在退耕还林造林上，不限制生态林、经济林的比例，鼓励多种植经济林，以增加贫困户的收入。三是对原来已经实施了退耕还林并有发展能力的贫困户，在自愿的前提下，用退耕还林后续产业政策扶持发展林业产业。如城口县坪坝镇新华村和光明村大力扶持贫困户种植猕猴桃、车厘子，户均栽植1亩，2015年，参与种植的两村农户户均增收8000余元。沿河乡通过帮扶贫困户发展笋竹产业，户均栽植白荚竹2.8亩，2015年，仅此一项，该乡农户户均增收6000余元。通过发展退耕还林后续产业，扩大了退耕贫困村、贫困户的就业和增收空间，提高了退耕还林综合效益。2014年和2015年，城口县共计11万亩退耕还林建设任务，覆盖了全县5320个贫困户，占全县贫困户的48%。

2．工程进展

目前，已全面完成2014年3.5万亩退耕还林栽植任务、县级自查验收和直补资金兑现工作，其中，经济林面积2.69万亩，占计划任务的77%，生态林面积0.81万亩，占计划任务的23%；完成2015年退耕还林栽植任务7.31万亩，占总任务的97%，涉及全县24个乡镇（街道）71个村（居民委员会），共栽植核桃、板栗、李、桃、杉木、柳杉等各类苗木1600余万株；2016年11.0万亩退耕还林工程年度计划任务也已分解下达到全县22个乡镇（街道）。

城口县在实施新一轮退耕还林工作中，虽然做出了一定成绩，但离上级要求和与兄弟区县的工作相比还有一定差距，我们将在今后的工作中，牢固树立和贯彻落实创新、协调、绿色、开放、共享的发展理念，切实抓好退耕还林的各项工作，着力实现地增绿、林增效、人增收、景增美的“四增”目标，努力建设大巴山腹地重要生态屏障。

（二）退耕还林效益监测情况

城口县的退耕还林社会经济效益监测自2003年开始，监测的主要内容包括监测点基本情况、工程进展、政策执行及成效等，监测方法采用入户调查，调查内容包括退耕补助兑现、专项建设、退耕还林的林木经营、问题、建议等。

通过对庙坝镇排山村10户退耕农户进行定点连续跟踪监测，监测结果表明：一是农户耕作方式得到改变。由于退耕还林工程的实施，农民由传统的大面积耕种土地改变为把更多的精力投入到剩余的土地上精耕细作，提高了单位面积的产量。二是农户家庭平均纯收入逐年增加。实施退耕还林工程后，从农业生产中转移劳动力外出务工，有常年性和季节性的外出务工，为家庭带来了较多的工资性收入退耕后年收入由原来的几千元增加到几万元，最多的接近20万元。三是退耕还林生态改善对提高耕地生产力效益开始显现。

但同时也出现了不容忽视的问题：一是部分退耕农户存在“等、靠、要 ”思想；二是退耕还林后，农户缺乏抚育管护意识，栽植的苗木任其自生自灭；三是自2015年，随退耕还林补助政策的陆续到期，退耕农户的政策性收入将逐步取消，加之，城口县上一轮退耕还林大部栽植的是生态林，生态效益虽然发挥，但经济效益难以显现，直接影响退耕农户的经济收入和生存问题，如不尽早解决好，有可能出现复耕现象，甚至影响社会稳定。建议：一是提高退耕农户的思想认识，解决思想问题；二是尽早出台政策，将退耕还林地纳入生态效益补偿范围，且补助标准不能太低。

（执笔人：重庆市城口县林业局　庞武斌）

甘肃省会宁县新一轮退耕还林还草工程实施情况调查报告

2014年，国家重新启动新一轮退耕还林，为了全面做好全省新一轮退耕还林还草的启动实施工作，甘肃省发展改革委、林业厅、农牧厅、财政厅、国土资源厅联合将国家《新一轮退耕还林还草总体方案》转发给各市（州）人民政府，任务下达后，会宁县高度重视。领导指示一定要认清实施新一轮退耕还林还草政策是贯彻落实科学发展观、推进生态文明建设的战略举措，是贫困地区农民脱贫致富、加快全面小康社会建设的有效途径，一定要抓好此次机遇。

（一）基本情况

会宁县累计完成新一轮退耕还林任务55000亩。涉及全县28个乡镇90个行政村5391个农户，其中贫困户2152个。2015年完成新一轮退耕还林任务40000亩。涉及全县9个乡镇22个行政村2164个农户。造林林种全部为生态林。截至目前已全部完成了造林任务。

（二）具体做法与经验

1．大力宣传，将新一轮退耕还林还草政策宣传到户

通过多种途径和通俗易懂的方式，详细解读退耕还林还草的实施范围、补助标准、兑现方式、公示制度等具体要求，将新一轮退耕还林还草政策宣传到户。做好新一轮退耕还林还草政策引导工作，充分尊重农民意愿，宜林则林、宜草则草，切忌搞“一刀切”、强推强退，引导广大农户积极参与工程的实施。

2．领导高度重视，为工程实施提供有力保障

为确保完成任务，会宁县高度重视，县上主管领导于2015年1月28日召开了全

县新一轮退耕还林工程启动会议，全面启动实施会宁县新一轮退耕还林工程，动员全县上下进一步深化认识，深刻领会政策精神，扎实推进退耕还林工作。2015年11月又对全县2015年度退耕还林工程40000亩建设任务的实施工作进行了详细安排。要求各乡镇按照国土局提供的二调成果图形数据库于2016年2月初全面完成建设小班地块的选择、涉及农户面积的丈量和农户自愿申请书的填写，于3月中旬开始组织农户在造林之前根据地块的实际情况完成整地，于4月初至4月底前完成造林工作。

3．明确职责分工、抓责任制落实，提高工程建设质量

县林业局实行领导包片、技术人员包乡和包技术，积极配合乡、村、社开展新一轮退耕还林工作，帮助乡镇完成年度退耕还林工程实施方案和作业设计的编制工作，完成整地和造林各个技术环节的指导工作，与乡镇一起监督苗木的调供和栽植。至2015年3月中旬开始，县上主要领导与各乡镇签订了退耕还林目标责任书，林业局与各乡镇签订了项目承包协议。林业局包片领导、包片技术负责、包片技术人员全部深入田间地块，与乡镇林业员一道奔波在整地、造林一线指导工作。

（三）存在的问题

1．土地地类不符

根据国土局提供的二调成果图形库现地对照发现，25度以上非基本农田坡耕地很大一部分是坡度较为平缓的沟坝地和部分宜林地荒山，这些沟坝地是干旱山区农民农业收益的重要来源，将较为平缓、收益较高的土地实施退耕还林，农民感到可惜而不愿意实施，还是希望退耕还林工程建设上山。有的乡镇部分地块经乡政府现地踏查和跟农户走访调查发现为荒山地且没有具体到农户而不能实施。

2．部分地类已变

国土局二调成果图中25度以上非基本农田坡耕地部分地块由于经过几年的变化和实施了其他项目（如推成梯田或种植了苜蓿、药材等），部分农户愿意实施退耕还林但属于总方案中提到的“四不准”范围而不能实施。

3．工程实施困难

面积分散不集中，位置偏僻不易实施，国土局二调成果25度以上非基本农田坡耕地面积分散不集中，全县9.19万亩涉及9000多个小班，1亩或几分地的地块很多且位置偏僻不易实施，零散栽植难以保证栽植成活率和保存率，达不到改善生态预期效益；部分25度以上非基本农田为弃耕地，由于长时间未进行耕种，地类基本等同于荒山，通往作业地块的道路早已不通，苗木、灌溉水无法运输，增加工程实施难度，难以保证栽植成活率和保存率。

4．后续管护困难

零散区域栽植，会使人为、牲畜、鼠兔等破坏现象增加，管护难度、管护经费进一步提高，增加了退耕农户补植补造负担，难以达到“栽一片活一片保存一片”的效果。

5．农户支持情况

上一轮退耕还林工程对会宁县生态效益、经济效益、社会效益都有明显改善，退耕农户对退耕还林工程重要性认识较高，特别支持、欢迎退耕还林工程重新启动；各乡镇农户对实施新一轮退耕还林满怀信心，有的农户反映他家的耕地很陡峭属于25度以上坡耕地，但不在国土局提供的图斑范围内而不能实施；有的农户的地块比较平缓适合于种植农作物而农户不愿意实施退耕还林;以往的退耕还林实施政策、管理模式已经被会宁县农户认可，现在很难接受依据国土二调成果图班实施，甚至在个别乡镇出现农户在国土局提供的图班外强行整地栽植的情况；另外第一轮退耕还林工程政策兑现结束每亩2000元，历时16年，而新一轮退耕还林工程每亩兑现1500元（包括300元的苗木费用），历时5年兑现3次，兑现总额度减少，部分农户由于劳力不足等原因不看好此项工程（叫人整地造林每亩需投资500元以上）。

6．基层工作人员支持情况

退耕还林工程是一项惠民工程，大家都认同工程实施后，带动农民创收，增加农户收益，但对以往不合格面积暂缓兑现和惠民政策相矛盾感到无奈，以至于无法对不合格面积拒绝补植补造现象真正实施暂缓，使补植补造工作很难落到实处，增加基层工作难度。

7．退耕地种植经济林果情况

新一轮退耕还林工程建设之初，县上结合扶贫开发、特色林果产业发展和改善民生情况给全县农户做了大力宣传，但在具体实施过程中，各乡镇农户普遍反映特色林果产业在25度以上非基本农田坡耕地中实施成活率不高，大家不愿意种植特色林果树种。

8．工作经费情况

退耕还林工程量大面宽，基层工作人员常年奔波在山头地块，各种资源消耗较大，地方配套经费无法落到实处，增加了工作难度，影响了工作进度。

总之，会宁县新一轮退耕还林工程实施过程中遇到了各种各样的困难和问题，给退耕还林工程建设带来了很大的阻力，有的农户特别愿意实施，但他的耕地不在国土局二调成果25度以上非基本农田坡耕地范围内；有的农户耕地在25度以上非基本农田坡耕地范围内，但人家不愿意实施退耕还林；部分25度以上非基本农田坡耕地地块在近几年实施了梯田建设，而相关农户愿意实施，另有部分农户不愿意实施；国土局二调成果25度以上非基本农田坡耕地中部分地块经现地查看属于集体荒山地；有的农户愿意实施但由于劳力不足等原因不能按时完成整地造林任务；有的农户耕地面积在国土局提供的图班范围内，前期表示同意实施，但在具体整地栽植时又没有整地栽植，造成乡镇做好的设计又得重新调整，重新选择地块，影响了全县的整体造林进度。

国土局二调成果中会宁县25度以上非基本农田坡耕地面积可实施退耕还林的面积较大，达到了9.19万亩。会宁县根据各乡镇实际，将建设任务分解下达到各乡镇时都按照小于国土局提供的面积分解下达，但在具体实施时由于各种各样的困难和矛盾导致个别乡镇任务实施非常困难。

（四）建议

（1）建议根据会宁县实际，在不突破25度以上陡坡耕地的基础上，根据农户自愿情况，规划集中连片实施退耕还林。

（2）基本依据国土部门第二次土地调查数据库，并根据当地实际情况和农户自愿情况，在安排退耕还林工程建设任务时尽量做到集中连片，但不完全框在国土二调成果图范围内，适量放宽栽植规划坡地坡度标准，有利于建设整片规模化林果产业基地，有利于发动农户或大户承包栽植积极性，降低管护成本，提高管护成效，增加绿化效果，减少工作经费。

（3）建议改进退耕还林补助资金“一册明，一卡通”的发放程序，把政策兑现与补植补造、抚育管护挂钩。发放程序采用县上制定的存折发放办法，以便乡镇利用政策兑现杠杆（合格面积兑现，不合格面积暂缓直至补植补造验收合格后再行兑现），督促退耕户及时补植补造。退耕还林的目的是还林后使农民在林地收益中惠民，而不是通过补贴惠民，把退耕还林补贴当做惠民资金使用，导致现在执行的退耕还林补贴惠民资金“一折统”和限定时间将退耕还林补贴必须发放到农户的政策，不利于基层干部督促退耕农户在退耕地补植补造。

（4）增加退耕还林专项服务资金，退耕还林涉及面积广、工程量大，基层工作人员长期出入工程区域，管护、车辆消耗等工作经费极度短缺，严重影响工作进度、工作成效。

（5）建议加大对退耕还林区林业支柱产业的扶持力度，因地制宜推广林果、林药、林牧等经营模式，引导山区群众走产业化的发展路子。

（执笔人：甘肃省会宁县林业局　韩红林）

甘肃省泾川县
新一轮退耕还林还草工程
实施情况调查报告

泾川县是被国家林业局经济发展研究中心确定的全国5个新一轮退耕还林工程社会经济综合效益监测重点县之一。从2015年开始，泾川县连续调查3个年度（2013－2015年）的退耕还林工程社会经济效益监测数据，本次共调查20个农户，分为10个新一轮退耕还林农户和10个非退耕还林对照农户。现将调查情况报告如下。

（一）新一轮退耕还林工程实施情况

2014年度省上下达泾川县新一轮退耕还林建设任务9008亩，经自查验收，全县共完成退耕地还林9008亩，占下达任务的100%。涉及13个乡镇和温泉开发区，35个行政村2166个农户，实施小班57个。按退耕地类别分：25度以上坡耕地（国土部门划定的非基本农田）45个作业小班，面积7237亩，25度以上坡耕地（基本农田）12个作业小班，面积1771亩（目前已调整为非基本农田）；退耕林地所有权属于集体，承包经营权和林木所有权属于农户；按林种分：经济林7571.5亩（其中核桃5122.9亩、山楂776.6亩、苹果67.5亩、文冠果210亩、山毛桃718.2亩、油用牡丹286亩、山毛桃与刺槐混交林390.3亩），占总面积的84%，生态林1436.5亩（全部为刺槐纯林），占16%。面积保存率100%，成活率85%以上合格面积9008亩。

（二）新一轮退耕还林工程社会经济效益监测调查内容

泾川县新一轮退耕还林工程社会经济效益综合监测对象分为3个层次、8个方面内容，分别为：一是全县社会经济效益状况和退耕还林工程实施后每年全县社会经济发展的变化情况；二是新增2个监测村——王村镇泾源村新一轮退耕还林综合效益监测村和王村镇上塬村非退耕还林对照村；三是新增20个农户——王村镇泾源村郭拴学等10个新一轮退耕户年度生产、生活、经济收入支出变化情况及群众退耕还林政策执行情况的意见建议的调查问卷和退耕地块、耕地地块调查问卷以及王村镇上塬村10个非退耕对照户家庭基本情况调查表。总体涉及资源、人口、经济、生态、营林、退耕成果巩固、政策兑现等各项指标。为确保调查数据的准确可靠性，调查村选择新一轮退耕还林面积较大、群众基础较好的王村镇泾源村和自然社会经济状况比较相近的上塬村作为非退耕对照村。为了确保调查户具有科学性和代表性，在退耕农户调查选取方面，严格按照国家林业局经济研究发展中心制定的《新一轮退耕还林还草综合监测方案》要求，对上塬村148个新一轮退耕户进行编号，以手机计时功能随机叫停最后一位数字5作为起始数字，每隔15户抽取1户，从005号开始，依次选择编号为020、035、050、065……125、140的农户进行调查。根据统计学原理，经过随机选择的调查户，基本上能够准确代表和反映全县退耕村与农户的社会经济及生产生活状况，达到了国家监测的预期目的。

（三）泾川县实施新一轮退耕还林的主要做法

实施新一轮退耕还林是改善生态环境、推进生态文明建设的战略举措，也是调整优化产业结构、帮助贫困山区农民脱贫致富、加快全面小康社会建设的有效途径。在实施新一轮退耕还林工程建设过程中，泾川县各级组织高度重视，抢抓机遇，突出重点，科学谋划，精心实施，坚持“两个”有机结合，严把“三个”重要环节，落实“四项”关键措施，取得了良好成效。主要做法如下。

1．坚持“两个”有机结合，确保符合山区群众发展的迫切愿望

在新一轮退耕还林工程实施过程中，注重坚持“两个”有机结合，即：一是坚持新一轮退耕还林与精准扶贫有机结合。针对贫困山区的实际情况，合理确定新一轮退耕还林重点区域，依托项目支撑扶持，加大扶贫开发力度。县退耕办抽组6名专业技术人员，深入现场调查规划设计，科学编制实施方案，为推进新一轮退耕还林工程建设提供重要依据。二是坚持新一轮退耕还林与培育富民产业有机结合。由于山区坡耕地面积较大，发展特色经济林具有较大的潜力优势。按照因地制宜、适地适树的要求，宜乔则乔，宜灌则灌，不限定生态林与经济林的比例，主要选择核桃、山楂等生长适应性强、经济价值较高的经济林树种，大力发展山区特色果品产业，为群众增收致富奠定良好基础。

2．严把“三个”重要环节，确保符合国家和省市政策规定和质量标准要求

全面贯彻执行国家和省市关于新一轮退耕还林政策，注重严把“三个”重要环节，分别为：一是严把实施地类关。根据县国土局提供的第二次全国土地调查资料，采用GPS定位仪、1∶1万地形图现场勾绘和量算面积，合理确定25度以上坡耕地非基本农田作为工程实施的重点区域，其中对个别部分工程地块，采取“先退后调、登记备案”的方式，合理调整实施区域，确保加快了新一轮退耕还林工程建设进度。二是严把大苗栽植关。在苗木栽植方面，县上统一规定苗木规格，特别是对经济林树种，要求选择大苗栽植，其中：核桃2～3年生嫁接苗，地径大于1.5厘米、苗高大于1.5米；山楂2～3年生嫁接苗，地径大于1厘米，苗高大于1米，确保达到早结果、早丰产、早收益的目标。三是严把苗木防冻关。针对核桃、山楂等苗木容易发生冬季冻害情况，对能够压倒埋土越冬的苗木，全部落实埋土越冬措施；对苗木较大不能够压倒埋土越冬的，采取树干周围绑草把、树干基部培土堆的方式，增强防冻防寒效果，确保苗木安全越冬，提高苗木成活及保存率。

3. 落实“四项”关键措施，确保新一轮退耕还林工程建设顺利推进

按照高标准、高质量、严要求的工作思路，全力抓好各项关键措施落实。一是强化责任落实。县上成立新一轮退耕还林工程建设领导小组，县政府与各乡镇签订目标责任书，分解下达任务指标，坚持把新一轮退耕还林纳入林业建设重点工程，主要领导亲自抓，分管领导具体抓，实行包抓工程建设目标管理责任制，有效督促落实任务。二是引导群众参与。采取召开群众会议、举办培训班、现场指导讲解、印发宣传材料等多种方式，深入宣传政策，让群众知晓政策。县退耕办人员深入乡村，召开群众会议，举办培训班15期，印发宣传材料2100多份，积极引导群众共同参与工程建设。三是健全完善机制。注重结合实际，研究制定印发《泾川县新一轮退耕还林检查验收办法》、《泾川县新一轮退耕还林补助资金兑现管理办法》等规范性文件，健全完善机制，规范管理程序，确保规范操作运行。四是严格核查验收。县委、县政府坚持把新一轮退耕还林列入重点工作考核内容之一，由县上分管领导负责带队，先后多次进行集中督查，采取召开促进会、汇报会等形式，查找问题，督促加快进度。县退耕办抽组专业技术人员，先后10多次巡回到各乡镇进行检查，对各乡镇任务完成情况，深入开展县级自查验收，督促整改完善，全面提升工程建设整体水平。

（四）存在的主要困难和问题

1. 部分工程退耕地块较为零星分散

根据县国土部门认定能够纳入新一轮退耕还林的25度以上坡耕地非基本农田，可供实施的图斑太零碎，面积分配不均。最多的乡镇2300多亩，占下达全县新一轮退耕还林任务总面积9008亩的25.9%，面积最小的乡镇仅有55亩（其中3个乡镇面积均在100亩以下，1个乡镇没有任务），占下达任务总面积的0.6%；面积最大的村1529亩，占下达任务总面积的17%，面积最小的村16.3亩，占下达任务总面积的0.2%。由于部分乡村没有纳入新一轮退耕还林范围，这些乡村群众要求退耕还林的愿望十分迫切，难以满足群众的实际需要。

2. 造林苗木质量有待进一步提高

新一轮退耕还林实施过程中，部分乡村对栽植核桃等经济林苗木，让群众自行采购，造成部分工程栽植核桃苗木不合格，甚至一些工程采用实生苗栽植，直接影响了工程建设整体质量。今后实施新一轮退耕还林方面，应采用政府集中采购供应的方式，提高苗木整体质量。

3. 新一轮退耕还林管理有待加强

由于新一轮退耕还林实施工程提供的卫片不够清晰，给数据录入造成了一定困难。同时，在数据录入过程中，由于乡村缺乏技术人才，导致数据录入工作进展十分缓慢。在信息管理方面，应加大技术培训力度，提高新一轮退耕还林工程信息化管理水平。

（五）几点建议

① 泾川县属于黄土高原沟壑区水土流失治理重点县之一，现有适宜新一轮退耕还林面积较大，群众退耕还林愿望十分迫切。建议增加泾川县新一轮退耕还林指标，满足群众的迫切需要。

② 新一轮退耕还林工程实施过程中，涉及面广量大，开展调查验收经费不足。建议加大新一轮退耕还林工程管理经费投入，确保满足实际工作需要。

③ 新一轮退耕还林兑现涉及农户数量多，填报兑现工作量大。建议研究开发新一轮退耕还林补助兑现信息管理软件，便于乡村与林业、金融部门之间农户兑现信息资源共享，提高新一轮退耕还林管理水平。

（执笔人：甘肃省泾川县林业局　郭保才）

甘肃省环县
新一轮退耕还林还草工程
实施情况调查报告

（一）新一轮退耕还林草工程进展情况

按照上级安排，从2014年开始，环县正式启动了新一轮退耕还林草工程。3年来累计下达工程建设任务250837亩，其中2014年下达任务3万亩，2015年下达8万亩，2016年140837亩。工程实施两年多来，我们始终按照农民做主，政府引导的原则，精心组织，科学规划，严把标准，强力推进。2014年工程2015年春季实施，2015年工程2015年秋季和2016年春季实施，目前已全面完成了前两年11万亩还林任务。工程涉及全县17个乡镇84个行政村6816个农户3.48万人。2014年第一批500元/亩农户补助资金已全额兑付到户，2014年第二批300元/亩和2015年第一批500元/亩的农户补助资金已完成审核拨付，预计10月前可全部兑付到户。2016年134837亩还林和6000亩还草工程正在进行规划设计，计划11月初开始整地造林，2015年4月前完成建设任务。在具体工作中，我们的做法措施如下。

1．精选地块

任务落实前，对照国土部门耕地资源数据资料和二轮土地承包合同，由县林业局工程技术人员与乡镇、村、组干部及相关农户共同确认需要退耕的具体地块，现场勾绘，现场量算面积，在不影响群众基本口粮田的前提下，确保全部退耕面积准确落实到25度以上坡耕地非基本农田上。一户一班，建立包括农户基本情况、退耕面积、栽植树种、检查验收、成活保存、补助兑现等信息管理系统，实行无纸化管理。

2．精准到户

退耕还林工程是迄今为止环县政策性最强、投资量最大、涉及面最广、群众参与程度最高的一项生态工程。我们也将其作为目前最大的生态扶贫和强农惠农项目来抓。在退与不退的问题上，一切由群众说了算，在给谁退耕的问题上，按照优先向生态脆弱乡镇和贫困村倾斜的原则，重点扶持建档立卡贫困户需求，最大限度地发挥退耕还林精准扶贫、精准脱贫的作用。据统计，2014－2015年，11万亩退耕任务共安排贫困村76个、贫困户3318个，贫困覆盖面分别为90%和49%。

3. 精细操作

退耕还林政策性强，群众反应敏感。从地块规划到资金兑付，始终坚持公正、公开、自愿、准确翔实的原则，建立了一套完整的操作程序。退耕地块先由农户提出书面申请，县、乡、村、组四级干部依据申请现地核定地类、面积，公开公示7天无异议后，农户签字确认，并进行规划设计，乡镇人民政府与农户签订退耕合同。作业设计报市林业局批复后，编制工程预算书，以县财政投资评审中心核准价格为标底公开招投标，择优选拔造林企业承包实施，包苗木、包整地、包栽植，保成活，并聘请工程监理全程跟踪质量、进度监督，林业技术人员全程进行技术指导。工程完成后，经乡镇自查，县级全面核查，拨付合格面积工程款和通过惠农“一折统”兑付农户政策补助款，不合格面积责令限期整改，整改完成后及时兑付资金。

4. 精心管护

环县是个半农半牧县，林牧矛盾比较突出，如何管理好还林成果极为重要。为此，我们在大力发展舍饲养殖、强化退耕农户自家管护的基础上，在全县10个林场成立了10个、共30人的封山禁牧中队，选聘了213名公益林护林员和345名建档立卡贫困户生态护林员，坚持每天出山巡逻，严查严管羊畜出山偷牧和认为毁林行为，有效地巩固了新一轮退耕还林成果。

（二）新一轮退耕还林草工程监测工作开展情况

1. 监测村的选择及基本情况

将全县10个土地面积和新一轮退耕还林任务量大的村编号1－10，打开手机计时功能随机叫停后，以最后一位数字为准，对照编号随机抽取退耕监测村。

选中的监测村为曲子镇西沟村，局里县城40千米，距离乡镇驻地15千米，原属于3个行政村，2003年合并为一个村，总面积56.67平方千米。全村前一轮退耕还林面积1272.19亩，新一轮退耕还林面积2014和2015年共2580.4亩。全村总户数604个，总人口2562人，其中新一轮退耕还林农户330个，占全村总户数55%。该村不仅国土面积和新一轮退耕面积较大，而且村内山、塬地形地貌兼有，代表性较强。由于在全县251个行政村当中，截止2015年底，已经实施两轮退耕还林的239个，剩余12个空白村不但全部有继续实施新一轮退耕还林的条件，县上计划在2016年要全部安排，而且这些空白村的临近村已实施了两轮退耕。所以，在确实无法抽选既临近、又无退耕村的情况下，我们就将退耕监测村与非退耕监测村放在了西沟一个村。同时，经与该村干部座谈，这个村的一部分农户均为机平地，不但从来没有退耕，而且今后永远无退耕条件，能够长期区分开退耕与非退耕对照户，这也符合今后开展新一轮退耕监测农户不变的工作要求。

2．监测户的选择及基本情况

在抽中的监测村中，将村内的330个退耕农户全部进行编号，按照抽样强度330/10=33，将所有农户按照001-330进行了编号，打开手机计时功能随机叫停以最后一位数作为起始数字，每隔33个农户选择1个农户作为监测户。非退耕户选择方法是：在村内全部非退户中挑选了10个与退耕户家庭产业、耕地面积、人均可支配收入较相近的农户，并保证了所选户无退耕条件作为监测户。10个退耕户中，有贫困户4个，参加新一轮退耕26块、116亩，其中只有2014年退耕的7个，只有2015年退耕的2个，2014、2015年两个年度均有退耕的1个（该户还有前一轮退耕）。

3．监测工作调查开展情况

在选好监测村、户后，首先熟读监测方案，深入了解各项监测指标的含义，分析指标体系之间的各种关系，做好为监测调查基础性工作；其次是用了一周的时间进村入户，坚持不漏1个农户，实地开展各项指标调查，与农户充分交谈，取得他们的信任和支持，掌握翔实的第一手资料。同时，对照原监测的县表数据，到统计、国土、农业、林业、扶贫、财政、水保、畜牧、气象、能源、劳务、扶贫、农调等十多个部门，对每个数据进行了再次核实核定；第三是对所采集的监测数据逐一审核，认真分析检查，去伪存真，力争最后采纳上报的数据真实、可靠。截至9月22日，已提交了全部监测成果。

（三）存在的困难问题及几点建议

1．工程实施难

由于土地面积广阔、加之十年九旱，广种薄收，山区群众对退耕还林的积极性很高，只要有退耕任务，多数都是争着抢着要。但在干旱地区造林难，成林见效更难，导致工程很难一次达标，往往要经过1～2次补植补造，而目前退耕还林工程国家下达的工程费仍为300元/亩，与提标后的三北、天保工程500元/亩工程费相比，投资标准偏低，造林工队不愿承包，后续补植补造工程费缺乏。同时，前后两轮退耕还林的农户补助政策还有800元/亩的差异，在这次农户调查中群众普遍有反映。建议国家上调新一轮退耕还林工程建设费，并完善农户补助政策，建立起两期退耕还林相一致的农户补助标准。

2．地类认定难

新一轮退耕还林明确规定基本农田不得纳入退耕范围，所退耕的非基本农田需要以国土部门数据资料库为依据。可根据现地调查，目前国土部门认定能纳入退耕还林的25度以上非基本农田地块与实际还有一定差异，导致能退耕的地块却不能纳入退耕范围。重沙化耕地同样以国土部门数据为依据，不能以林业部门定期监测结果进行认定，致使能退耕的沙地也不能退耕，指标十分有限。同时，按照国家关于扩大新一轮退耕还林的政策要求，各地已上报的陡坡耕地基本农田与非基本农田调整方案未见批复。为此，建议协调相关部门，理顺地类认定关系，确保退耕工程按实际顺利推进。

3．建设成效发挥难

由于基本农田与非基本农田插花分布，贫困户与非贫困户插花分布，要按现行政策规定，既要选择25度以上非基本农田，又要考虑精准扶贫户需求，势必造成退耕地域、地块分散，不能集中连片，难以管护，达不到生态治理成效。建议进一步完善新一轮退耕还林政策，在不影响群众口粮田的情况下，打破25度以上陡坡耕地退耕还林的政策限制，只要群众愿意，允许部分15度以上坡耕地退耕。

4．效益监测工作开展难

由于新一轮退耕还林效益监测监测村、监测户的抽选要求严，导致监测对象选择确实难。本次调查一次要3年的情况，在实际工作中，不少群众回忆往年的数据我们感觉很难，再加之首次做新一轮监测工作，受选择条件限制，不论从对象的抽选，还是表中指标含义的理解等方面，还存在不完善的地方。

（执笔人：甘肃省环县林业局　王玉亭，王忠平）

新疆维吾尔自治区新和县新一轮退耕还林还草工程实施情况调查报告

（一）退耕还林的基本情况

新和县2015年度新一轮退耕还林工程任务为18000亩，下达时间为2015年10月8日，任务主要分布在新和县依其艾日克乡、塔什艾日克乡、渭干乡、玉奇喀特乡、尤鲁都斯巴格镇等5个乡镇61个行政村（林班）517个小班2388个农户，具体种植的树种主要有核桃、红枣、苹果、杨树、香梨、桃树、杏树等。

2015年度新一轮退耕还林工程项目总投资2700万元，目前已到位资金1440万元。

（二）项目的管理情况

为了做好新一轮退耕还林工作，保证项目的顺利实施，在项目实施之前，新和县成立了以县长为组长、分管农口的县委副书记为副组长，相关成员单位的主要领导为领导小组成员的县级领导小组，成立相关业务办公室，负责退耕还林工程工作的布置落实、日常管理、经费划拨、检查督查等事宜，保证各种项目的顺利实施。项目实施过程中严格落实法人制度，项目的所有资金都是在接收到上级批复之后，严格按照有关规定开始使用，提前做好项目相关情况的公示，方便群众及时监督反映情况，严格规范项目管理，确保项目补贴足额发放到农民手中。

（三）项目的实施情况

一是进行任务分解。林业局安排相关业务负责人员与各乡镇开展联系，根据全县的汇总情况以及各乡镇农民的积极程度，对自治区下达的任务量进行了合理的分解，最终将18000亩任务落实到了5个乡镇。二是开展县级核查。各乡镇根据分解的任务量，及时地进行项目地块的落实工作。为确保项目基础资料的真实性、准确性，林业局根据各乡镇报送的地块材料，组织单位技术骨干分4个组分赴各乡镇开展新一轮退耕还林县级核查工作。前后共用2个月的时间对各乡镇落实的项目地块的属性、面积、树种保存率、坐标点等内容进行了检查，并对所有项目地块进行拍照编号存档，确保了项目地块的真实性以及与上报材料的一致性。三是组织各乡镇开展合同的签订和公示工作。通过合同的签订，确保补贴资金发放之后退耕户能够足够重视退耕地块树种的管护工作。通过公示确保了农户的知晓率，保证补贴资金发放的合理、合规，为下一步资金的发放打下坚实的基础。

（四）项目的成效

退耕还林工程项目的实施，不仅能够改善全县的生态环境，也改变传统农业生产方式和结构，同时也能促进的新和县特色林果业结构的调整，促进全县农村经济发展。大面积的退耕还林有效恢复和保护了林木资源，为林区植被生物多样性的持续发展，区域内生态环境了。

（五）问题及建议

1. 存在问题

退耕还林工程实施以来，新和县做了大量工作，也取得了一定的成绩，但也存在一些问题。主要表现在：一是大部分农民申报的地块经送国土部门核查为基本农田，而基本农田不能列入项目，必须退出去，所以造成工作量的成倍增加；二是部分农民由于管理不善，致使部分地块灌水不及时，导致有些地块出现缺水死苗的现象，到种植棉花时节农民又进行了复耕种棉花，致使部分地块保存率不达标需要重新置换。

2. 政策建议

新一轮退耕还林工程涉及面广、难度和工作量比上一轮退耕还林重，所以希望上级部门考虑提高工作经费。

（执笔人：新疆维吾尔自治区新和县林业局　阿曼古丽·卡哈尔）

福建武夷山
国家级自然保护区工程
实施情况报告

为全面客观准确地反映福建武夷山国家级自然保护区林业重点工程建设情况，评估工程实施所产生的生态、经济和社会效益，了解工程建设中存在问题，为国家制定相关政策，加强自然保护区建设与管理提供第一手资料。2016年2～5月，福建武夷山国家级自然保护区组织相关人员，通过进村访户、组织谈话、实际查访、查阅资料等多种形式，从保护区工程实施、主要物种变化、动植物资源状况、工程实施效益等方面进行监测与评价。调查结果显示，工程建设成效明显，通过工程建设实施，保护区基础设施方面得到了完善与加强，生物多样性得到有效保护，主要保护对象种群数量明显增加，社会效益逐渐显现。

（一）保护区基本情况

1. 保护区概况

福建武夷山国家级自然保护区位于武夷山脉北部最高地段，地处武夷山市、建阳区和光泽县三市县（区）境内，与邵武市和江西省铅山县毗邻，地处东经117°27′～117°51′，北纬27°33′～27°54′，总面积56527公顷，森林覆盖率达96.3%。境内地形地貌复杂，气候条件优越，地带性植被保存良好，为各种野生动植物生存、繁衍提供了优良的生态环境，据最新的调查统计，保护区内已查明的植物有3306种、动物有5249种，其中许多生物为中国所特有。

在改革总设计师邓小平同志的亲笔批示下，福建省政府于1979年4月6日批准建立福建武夷山自然保护区。同年7月3日，国务院批复同意将福建武夷山列为国家重点自然保护区。保护区隶属福建省林业厅，为正处级参公管理事业单位，核定编制70人，管理局下设办公室、科研宣教科、森林防火办公室、保护管理科、计财与项目科等12个职能科室、5个管理所和11个检查哨卡。设立森林公安分局1个，编制34人，在5个管理所下设4个森林公安派出所和1个公安执勤点。

1987年9月福建武夷山自然保护区被UNESCO《人与生物圈计划》国际协调理事会接纳为生物圈保护区。1992年2月在北京“中国自然保护区优先领域研讨会”上被确定为中国40个具有国际保护意义的A级保护区之一。1999年12月，福建武夷山国家级自然保护区和武夷山国家级风景名胜区被联合国世界遗产委员会列入《世界文化与自然遗产名录》，成为世界双重遗产保留地。2006年10月，被国家林业局列入首批“全国示范自然保护区”。2008年，武夷山自然保护区被列入福建省省级生态文明教育基地。2010年荣获福建省首批“生态文明教育基地”。

2．资源概况

（1）生物资源

福建武夷山国家级自然保护区是中国东南大陆生物多样性最丰富的地区，也是许多古代孑遗植物的避难所，被中外生物学家誉为“东南植物宝库”，发现于本区的动植物新种及新亚种就达1000多种。属国家重点保护的植物有银杏、南方红豆杉、水松、钟萼木等25种，属国家重点保护的动物有黄腹角雉、金斑喙凤蝶、云豹、毛冠鹿等60种，属国际候鸟保护网的有101种。拥有2.9万公顷地球同纬度带现存面积最大、保留最完整的中亚热带森林生态系统。区内已定名的低等植物有840种、高等植物种类有2466种，属国家重点保护野生植物名录有22种，其中国家Ⅰ级重点保护有南方红豆杉等4种，国家Ⅱ级重点保护有闽楠等18种。野生动物已知的脊椎动物有475种，已定名的昆虫有31目341科4635种，约占福建省已定名昆虫的80%、全国已定名昆虫的20%；其中，国家Ⅰ级重点保护野生动物有黄腹角雉、金斑喙凤蝶等9种，Ⅱ级重点保护野生动物有短尾猴等48种。

（2）植被资源

保护区分布有常绿阔叶林、暖性针叶林、温性针叶林、温性针阔叶混交林等11个植被型，15个植被亚型，25个群系组，56个群系，170个群丛组（包含了我国中亚热带地区所有的植被类型），具有中亚热带地区植被类型的典型性、多样性和系统性，这在我国乃至全球同纬度带内都是罕见的。

（3）世界著名的生物模式标本的产地

中外科学家发现武夷山保护区的生物新种（包括新亚种）的模式标本达1000多种，保护区以种类众多的动物模式标本而闻名于世，这不仅表明它在生物分类学中的重要意义，也说明它在生物多样性保护中的巨大价值。

无论从物种多样性、遗传多样性，还是从生态系统多样性来说，武夷山在中国生物多样性保护中都具有关键意义，是中国也是全球同纬度带中应优先保护的关键地区。武夷山保护区由于其完整的生态系统、丰富的物种资源和优越的自然环境条件，具有很高的科研价值，也为生物、生态、地质、地貌、水文、经济及农林等学科提供了良好的生态监测和科学研究基地。

（二）工程投资及实施情况

1．工程投入情况

保护区自建区以来先后完成了三期工程建设，总投资概算为3707万元。一期工程建设开始于1989年，项目资金210万元；2000年，国家林业局以林计发〔2000〕260号文批准开展二期工程建设，项目资金为839万元，2004年，国家林业局以林计批字〔2004〕602号文批准保护区开展宣教及监测体系建设，项目资金为1485万元；2007年，国家林业局以林计批字〔2007〕424号文批准开展三期工程建设，项目资金为1173万元。建设项目包括保护与恢复设施、科研宣教设施、基础设施建设等，三期工程已基本完成。保护区利用三期国家和地方配套资金及部分保护区自筹资金，开展了一系列行之有效的保护管理、科学研究、宣传教育和社区共管建设，基本完成了为珍稀物种保护和生态系统安全及保护区后期续建奠定了良好基础。

国家林业局分别于2010年至2015年连续五年批复国家级自然保护区能力建设补助资金1360万元。保护区通过项目的实施，基础设施更加完善，宣教功能得到充分发挥，职工队伍整体素质得到进一步提升，管护能力得到进一步加强。

2．工程实施情况

（1）保护与恢复工程

完成远程监控中心2处，监控点6处；监测点6处，固定样地30个。监测样线30千米，布设了了望塔2处，完成防火路维修、防火林带、生物防火林带抚育、专用公路的养护、环境保护设施、界桩界碑、常绿阔叶林管护、森林病虫害监测等项目工程；开辟了42条巡护道路，配备了必要的监测、防火、交通、通讯等设备。

（2）科研与宣教工程

建立了森林生态系统定位研究监测站、完成监测房、实验房、道路、电力线路、气象站、径流场、2个测水堰、铁塔、珍稀植物园建设，宣教中心房建设、博物馆维修、宣教设施维修等建设项目全部完成。

（3）基础设施工程

完成了管理局、5个管理所、12个保护站的新建工作；完成现有的大部分管理所保护站设施修缮工作，还建成了武夷山办事处、专家工作用房、学生楼、职工食堂等后勤保障设施。

（三）工程实施产生的效益情况

截至2015年年底，武夷山保护区实现连续29年无森林火灾，无重大林政案件、无有害生物入侵的目标。

1．生态效益

① 武夷山脉是闽江和赣江的分水岭，是闽江的主要源头和集水区之一，对闽江

流域的水土保持起着十分重要的作用，在福建省以及全国的生态建设中都占有十分重要的地位。

② 有效地保护了武夷山自然保护区丰富的自然资源，使保护区成为巨大的物种基因库，为培育新品种提供强大的后备资源。林业重点工程实施，使森林资源得到极大增加，2014年，全区森林覆盖率达96.3%，较建区时提高了4.3个百分点，活立木蓄积量665.1万立方米，增长了22.8%。

③ 保护区内保持的自然原始状态，可作为研究生态变化的参照与基准，以便更加准确地评价生态系统在天然或人工条件下的演化方向、演化速率，以及演化阶段，这对人类研究合理的生态结构、积极保持生态平衡有着重大意义。

④ 在有效保护的前提下，合理地开发利用保护区的自然资源，充分发挥保护区的资源优势，不仅为国家经济建设积累更多的经验，而且为合理开发更大区域内的自然资源提供评价参照体系。

⑤ 以保护区丰富的动植物资源及其巨大的科学价值吸引国内外先进科学技术、信息，促进国内和国际间的学术交流，开发人类共同的财富，为世界和人类经济发展作出贡献。

⑥ 武夷山自然保护区是世界著名的生物模式标本的产地，尤其以种类众多的动物模式标本而闻名于世。这不仅表明它在生物分类学中的重要意义，也说明它在生物多样性保护中的巨大价值。

2．经济效益

① 项目工程实施，带动区内村民收入极大提高。走绿色发展之路，将社区扶持工作重心转移至社区服务，发展生态旅游与实验区经济资源利用，有效扶持毛竹经营、茶叶生态经营及生态旅游服务，增加社区居民经济收入，增强保护区自养能力。监测样本村数据显示：区内桐木村全村经济收入2000年为248.70万元；2008年为994.11万元；2015年为1230万元；村民人均收入2000年为3300元；2008年为6000元；2015年为10530元。同时，与保护区所在地政府协商，选择适当时机，在保障当地居民利益的前提下，通过林地置换等方式，鼓励保护区内的社区居民向保护区外搬迁，逐步减小居民生产生活对保护区的影响。

② 随着工程的实施，带动保护区社区及周边地区经济的发展，区内及周边地区的居民生活水平逐年稳步提高，形成了安居乐业的局面，增进了人与大自然的和谐。在增强社区自身经济实力的同时，社区相关产业得到发展，为当地剩余劳动力提供就业机会。2008－2015年，保护区引导社区村民种植铁皮石斛、绞股蓝、金线莲等林下经济产业280亩，共出资350万元；引导村民发展生态茶园建设，扶持资金936万元。帮助社区村民培训茶叶生产及加工技术共计4批次，受众人员达1500人；培训养蜂户达200个。对区内村民修路、扶持学校发展、改建沼气池、美化村庄等，投入资金近500万元。

③ 保护区内野生食用植物、药用植物以及其他工业植物种类繁多，蕴藏量大。使可再生资源得到更好的发展和更加科学合理的利用，直接经济效益将得到进一步提高。

④ 通过引导、扶持社区经济发展，保护区的建设发展进入良性循环，同时农村经济也迅速发展，社区居民从单纯的种植业、竹茶粗加工，转向以毛竹、茶叶等再生性生物资源的种植业为基础、以可再生性生物资源的深加工和高附加产品生产为重点的最佳产业结构模式；从单一落后的利用方式转向科学、合理的综合利用，社区经济日益壮大。

3．社会效益

① 生物多样性保护和科研科普的理想基地。保护区以得天独厚的自然地理条件和丰富的生物资源以及典型的中亚热带森林生态类型，被中外生物学家誉为“绿色翡翠”、“研究亚洲两栖爬行动物的钥匙”、“生物模式标本的产地”。保护区内数万种的生物资源，是人类共同的财富。保护区的建设和发展，将为人类永久地保留这些资源做出贡献。同时，保护区丰富的自然资源、景观资源又成为生物科学研究、教学实习、科学普及与考察的理想场所。

② 提高全民环保意识，促进精神文明建设。保护区内拥有丰富的生物资源和自然景观资源，不仅能满足人们向往、回归大自然愿望，而且又是对人们进行自然保护宣传教育和科普教育的理想场所，唤起公众的自然保护意识，进一步推动自然保护事业的发展，保护区内的一草一木、一山一水及所有的保护设施，都是对人们进行环保教育的很好材料和课堂，有利于促进身心健康和精神文明建设，有利于激发人们热爱祖国，热爱大自然的真实情感。

③ 保护区与社区和谐发展，区内村民参与保护意识加强，社会效益凸现，形成区内较为稳定的社会单元。2015年武夷山保护区再次荣获“全国青少年科普教育基地”和“全国青少年科技教育基地”殊荣。

（四）问题与建议

1．存在问题

① 建设资金不足。2001年-2010年保护区总体规划建设投资估算5477.4万元。规划通过审批后，武夷山保护区管理局就积极筹措建设资金，通过争取上级拨款分年度实施建设项目，立项批复资金3774.48万元，而实际投资2784.8万元（需地方配套1157.92万元，仅解决168.24万元），仅达到规划投资的50.8%，约二分之一的规划项目因资金不足而未能完成。特别是保护工程规划资金2875万元，实施1058.2万元，仅达到规划数的36.8%，许多保护设施由于资金不足无法建设，造成保护设施不够完善，对保护区的保护管理工作造成一定影响。

② 科研力量不足。保护区现有工作人员组成中科技人员人数偏少，相较保护区的保护研究而言，无论从人员数量上还是科研能力上，均存在明显不足。专职专技人员的缺失导致一些科研项目虽有规划但开展的难度很大。

③ 社区扶持搬迁项目难以实施。保护区内的居民长期以来靠山吃山，毛竹和茶叶经营收入是当地居民的主要经济来源。特别是近几年，经营毛竹和茶叶的经济回报较为丰厚，居民普遍不愿搬迁，搬迁工作难度极大。57户核心区边缘居民迁移，

只完成4户地质灾害点搬迁工作。

④ 保护区的建设和管理未纳入当地统筹规划。由于管理体制等方面原因，大多数地方政府没有将保护区内涉及的区域纳入当地社会经济发展规划，统筹考虑，不利于保护区的有效管理。

2．建议

① 保护区管理局现行参公管理，除正常公务活动经费支出外，并未有其他资金来源，项目建设资金必须由财政负担，因此保护区应积极争取专项资金报批；同时多做项目储备，积极申请扶持政策，拓宽资金来源渠道，争取社会资金投入。多方位筹措资金，努力解决配套建设资金不足问题，以确保规划项目实施。

② 加强保护管理基础设施建设，积极采用先进管理理念与技术，努力提高保护管理水平，有效保护自然资源和自然环境，力争创建全国乃至世界闻名的自然保护区。

③ 完善科研场所和科研设施的建设，搭建有效科研平台，加强科研协作，共同开展科研活动。同时，有计划地接收硕士、博士毕业生，或采用优惠政策引进专业对口的高素质研究、管理人员，充实科研力量。对现有科研人员进行专业技术培训，提高整体科技人员的综合科研能力。

④ 对区内群众实施生态搬迁工程。由国家和地方政府共同制定保护区移民搬迁的政策和法律，鼓励区内群众搬迁，并为搬迁提供在土地、税收、交通、生产资料和其他公共设施等方面的保障。这样既能提高群众的生产生活水平，也更有利于自然保护法律法规和政策措施具体有效落实。

⑤ 建议国家将达到一定规模、有典型代表性和影响力的自然保护区在机构规格上给予提升，在行政级别上按更高级别设置，在跨区域（或省）建立的保护区管理局设立与当地行政机构级别相当的管理分局，便于加大与地方政府的沟通协调力度，加强保护区的管理。

（执笔人：福建武夷山国家级自然保护区管理局　段军让）

附录

附　表

附表7-1　天保工程二期样本企业基本情况
附表7-2　天保工程二期样本企业木材产量与公益林建设情况
附表7-3　天保工程二期样本企业富余职工分流安置与养老保险情况
附表7-4　天保工程二期天保工程样本企业后续产业发展情况
附表7-5　天保工程二期样本企业资金管理情况
附表7-6　天保工程二期样本县综合情况
附表7-7　天保工程二期样本县森林资源与生态状况
附表7-8　天保工程二期样本县工程进展情况
附表7-9　天保工程二期样本县工程投资情况
附表7-10　天保工程二期样本县林业产业发展情况
附表7-11　退耕还林工程样本县社会经济情况
附表7-12　退耕还林工程样本县生态治理与森林资源情况
附表7-13　退耕还林工程100样本县工程实施情况
附表7-14　京津工程样本县（旗）综合情况
附表7-15　京津工程样本县（旗）森林资源和生态治理情况
附表7-16　京津工程样本县（旗）工程进展情况
附表7-17　京津工程样本县（旗）工程投资情况
附表7-18　保护区工程样本保护区投资情况
附表7-19　保护区工程样本保护区功能区划及土地权属情况
附表7-20　保护区工程样本保护区带动就业情况
附表7-21　保护区工程样本保护区带动社会就业人员收入情况

附表7-1 天保工程二期样本企业基本情况

指标名称	单位	有效样本（个）	2011	2012	2013	2014	2015
企业经营区面积	公顷	37	16287183	15466366	16134965	16285983	16066646
企业经营区总人口	人	37	2937709	3042958	3056292	2973457	2936741
林业用地面积（跨地域租用经营的林地不计人）	公顷	37	12282031	12258636	12089516	14484032	13223282
森林面积	公顷	37	9057375	9073788	9081545	9143358	9970373
其中：天然林面积	公顷	37	8154693	8170879	8187379	8238167	9064001
森林蓄积	立方米	37	1053860276	1068437051	1083469316	1101953361	1132233848
其中：天然林蓄积	立方米	37	995073416	1002027048	1015597628	1031085796	1059167544
在册职工人数	人	37	159767	164427	163428	156730	148324
在岗职工人数	人	37	115502	117384	113534	115071	106816
年末离退休职工人数	人	37	151594	142289	133393	151676	128683
在岗职工人均工资	元/（年·人）	37	24879	22037	24452	30825	33207

附表7-2 天保工程二期样本企业木材产量与公益林建设情况

指标名称	单位	有效样本（个）	2011	2012	2013	2014	2015
本年实际木材产量	立方米	37	1794478	1332651	1148832	970283	548811
责任落实的管护面积	公顷	37	12125619	12068433	12176177	12681111	13370355
落实管护人员数量	人	37	37424	32775	30165	30007	28495
当年实际人工造林面积	公顷	37	8397	7269	5019	5632	5751

附表7-3 天保工程二期样本企业富余职工分流安置与养老保险情况

指标名称	单位	有效样本（个）	2011	2012	2013	2014	2015
年末在岗人员参加基本养老保险统筹的人数	人	37	142498	111311	109017	108528	103837
年末下岗待安置人员参加保险人数	人	37	136823	14892	3861	3207	4796
年末离开本单位仍保留劳动关系职工参加保险人数	人	37	8137	13862	16900	22777	20774
年末按时足额享受基本养老金的离退休人数	人	37	151500	147629	158391	166583	–

附表7-4 天保工程二期天保工程样本企业后续产业发展情况

指标名称	单位	有效样本（个）	2011	2012	2013	2014	2015
企业总产值	万元	37	1590328	1850450	2047868	2037125	1993910
其中：第一产业	万元	37	713602	786259	890108	875356	779222
第二产业	万元	37	570577	679872	701409	542914	596591
第三产业	万元	37	306149	384320	456351	618854	618097
企业增加值	万元	37	728166	811857	824229	922053	837302
企业负债	万元	37	626773	987779	890845	985467	1115547
企业上缴利税	万元	37	30991	46203	42330	38945	27708
锯材产量	立方米	37	276098	274320	251929	176886	47247
人造板产量	立方米	37	252852	192755	206448	207762	95138

附表7-5 天保工程二期样本企业资金管理情况

指标名称	单位	有效样本（个）	2011	2012	2013	2014	2015
计划到位资金	万元	37	418308	562045	410086	519865	–
当年实际到位资金	万元	37	432515	538328	403228	512989	575356
资金支出合计	万元	37	388294	552484	466532	535863	662208
其中：基本建设支出	万元	37	69140	202965	85803	92243	96414
其中：人工造林	万元	37	6227	5571	3332	2478	–
封山育林	万元	37	3752	1728	1811	1472	–
财政专项支出	万元	37	308623	348518	380134	431160	498141
其他用途	万元	37	10530	1001	596	12461	67653

附表7-6 天保工程二期样本县综合情况

指标名称	单位	2011	2012	2013	2014	2015
行政区土地面积	万公顷	1891.25	2150.06	2146.29	2143.04	2145.45
工程区土地面积	万公顷	1744.62	2003.41	2000.65	1997.67	1984.37
年末总人口	万人	1974.21	1988.80	1989.57	1999.92	2003.05
其中：工程区总人口	万人	1833.42	1908.38	1852.30	1897.06	1908.49
贫困人口数	万人	479.57	434.64	355.83	328.63	235.02
国内生产总值	亿元	3262.61	3889.02	4387.05	4959.70	5412.8
地方财政收入	亿元	364.26	489.18	769.40	569.06	734.76
地方财政支出	亿元	863.72	1051.97	1592.52	1270.72	1400.37
农林牧渔总产值	亿元	906.26	1069.47	1176.38	1460.16	1536.26

注：50个样本中，有4个是跨行政区的国有林场和自然保护区，表中涉及“产值”、“收支”的4个指标统计对象数量是46个。

附表7-7 天保工程二期样本县森林资源与生态状况

指标名称	单位	2011	2012	2013	2014	2015
林业用地面积	万公顷	1118.01	1284.54	1297.42	1317.54	1327.60
天保工程区有林地面积	万公顷	672.74	755.86	757.91	759.76	768.74
其中：天然林面积	万公顷	511.70	590.97	590.46	593.98	602.14
人工林面积	万公顷	161.04	164.89	167.45	165.78	166.60
天保工程区森林蓄积量	万立方米	55421.61	63946.69	65478.18	68808.53	67430.15
森林覆盖率	%	36.66	37.73	37.88	37.58	37.32
水土流失面积	万公顷	592.95	449.79	430.13	425.41	401.77

附表7-8 天保工程二期样本县工程进展情况

指标名称	单位	2011	2012	2013	2014	2015
规划管护面积	万公顷	735.35	879.72	887.35	896.91	888.87
实际管护面积	万公顷	870.00	900.24	904.61	911.43	955.92
实际人工造林面积	万公顷	1.78	1.95	2.42	0.82	1.79
实际飞播造林面积	万公顷	0.33	0.27	0.27	0.20	0.37
本年封山育林面积	万公顷	2.83	2.73	3.23	2.27	2.12
年初富余人员数	人	2375	1959	–	–	–
年末富余人员分流人数	人	2565	3583	–	–	–
年末参加基本养老保险社会统筹人数	人	14919	15169	11568	13937	12441

附表7-9 天保工程二期样本县工程投资情况

指标名称	单位	2011	2012	2013	2014	2015
计划到位资金	万元	77798.84	80559.06	124957.67	128194.84	167245.35
实际到位资金	万元	81270.51	85955.43	124407.37	128399.79	164043.91
实际完成投资	万元	59831.83	96335.05	136021.19	130138.92	167256.56
其中：封山育林	万元	2429.78	2489.57	3131.27	2628.20	1910.60
飞播造林	万元	681.13	180.00	259.00	225.00	495.00
人工造林	万元	5385.00	12719.50	11373.50	6022.97	4598.87
森林抚育	万元	3378.40	2685.17	9195.51	7536.83	11980.23
生态补偿	万元	–	–	54050.45	70731.03	81235.34
森林管护费	万元	37821.44	47049.28	47367.67	31918.15	36513.75
基本养老保险费补助	万元	4795.34	6535.02	5909.95	5625.62	6024.51
政社性支出补助	万元	1361.31	3182.17	1352.62	1484.44	1327.29
森林抚育人员补助	万元	2064.36	3562.76	7465.36	7702.56	6100.53
其他用途	万元	1787.07	15613.58	537.50	311.38	19693.00

附表7-10 天保工程二期样本县林业产业发展情况

指标名称	单位	2011	2012	2013	2014	2015
林业产业总产值	万元	2621912.00	3722279.80	4734033.90	6370892.17	7198362.53
其中：第一产业产值	万元	1767307.00	2383890.00	2873853.10	3909757.17	4159016.92
第二产业产值	万元	520322.00	688535.80	929215.10	1281097.00	1463421.20
第三产业产值	万元	334283.00	649854.00	930965.70	1180038.00	1575924.41
其中：森林旅游与服务业	万元	259118.00	432595.00	565804.80	745378.00	908841.00

附表7-11 退耕还林工程样本县社会经济情况

指标名称	单位	有效样本(个)	1998	2005	2006	2007	2008	2009	2010	2011	2012	2013	2014	2015
行政区土地面积	平方千米	100	421725.85	420918.95	420712.42	420705.76	419880.00	419384.45	419292.26	418960.10	416801.74	416661.97	415925.08	415924.97
耕地总面积	万公顷	100	539.69	477.23	478.24	489.81	496.36	515.03	524.66	530.95	534.18	544.74	579.08	578.22
其中：25度以上陡坡耕地	万公顷	100	106.61	62.43	63.47	64.89	57.84	54.42	–	–	–	–	41.56	–
乡镇数	个	100	2377.00	2041.00	1948.00	1923	1911.00	1911.00	–	–	–	–	–	–
年底总人口	万人	100	4317.64	4428.95	4459.20	4490.33	4516.00	4521.08	4572.03	4611.48	4621.74	4641.48	4665.19	4650.64
其中：乡村总人口	万人	100	3707.98	3693.17	3709.36	3707.35	3690.00	3691.64	3703.20	3691.89	3738.51	3706.15	3746.95	3677.68
年末乡村从业人员	万人	100	1935.81	2071.57	2019.44	2038.92	2048.00	2007.26	2099.92	2136.44	2106.90	2142.62	2165.36	2113.13
外出务工农民数	万人	100	305.71	641.82	763.10	697.14	769.00	786.74	891.01	942.97	914.19	921.47	869.26	903.25
国内生产总值	亿元	100	1334.42	2910.95	3426.05	4032.91	5027.01	5816.83	6881.37	8419.56	9652.96	9998.58	11859.12	12121.66
地方财政收入	亿元	100	63.20	149.11	170.70	243.37	311.86	364.28	483.48	607.81	744.24	864.19	984.09	1045.85
农林牧渔业总产值	亿元	100	721.33	1161.72	1266.77	1554.09	1797.82	1919.68	2150.81	2501.10	2842.05	2600.38	3380.70	3640.90
其中：农业总产值	亿元	100	433.84	594.32	640.78	750.28	891.81	960.76	1128.22	1297.71	1490.76	1603.49	1778.30	1904.09
林业总产值	亿元	100	38.10	68.88	76.11	97.97	98.79	126.87	121.62	152.82	189.98	243.47	231.56	296.76
畜牧业总产值	亿元	100	234.46	463.48	465.03	639.49	728.81	745.94	797.39	922.75	1031.03	1072.42	1174.19	1227.55
渔业总产值	亿元	100	14.92	35.04	32.09	36.65	42.11	46.2	50.71	56.22	65.27	77.02	85.93	108.12
农作物总播种面积	万公顷	100	647.28	637.99	656.10	700.92	1060.64	737.88	750.88	788.42	728.65	768.02	774.05	851.27
其中：粮食播种面积	万公顷	100	483.96	450.18	458.26	537.13	555.18	501.3	544.78	560.05	541.74	530.74	525.04	844.77
粮食总产量	万吨	100	1912.32	1932.81	1940.71	2061.73	2106.19	2132.27	2293.35	2270.79	1722.07	2370.25	2617.22	2490.08
农村居民人均纯收入	元/（人·年）	100	1540.96	2470.91	2667.97	3165.41	3670.00	4095.00	4774.00	5728.00	6194.00	7492.05	8111.66	8890.06
县贫困人口数	万人	100	831.13	536.05	519.02	508.63	570.20	–	–	–	–	–	–	407.24

注：2015年县贫困人口数为县建档立卡贫困人口数。

附表7-12 退耕还林工程样本县生态治理与森林资源情况

指标名称	单位	有效样本(个)	1998	2005	2006	2007	2008	2009	2010	2011	2012	2013	2014	2015
水土流失面积	平方千米	100	1730.99	1422.98	1391.51	1418.75	1817.61	1817.61	1220.50	–	1281.80	1276.93	–	–
其中：水土流失治理面积	万公顷	100	123.31	72.78	74.30	166.71	216.22	216.22	225.39	–	191.06	223.41	–	–
沙化土地面积	万公顷	100	260.93	231.48	196.36	190.29	204.29	204.29	203.33	–	100.19	118.12	–	–
沙化土地治理面积	万公顷	100	8.42	14.01	17.71	18.25	17.46	17.46	19.88	–	19.11	22.43	–	–
林业用地面积	万公顷	100	1506.04	1719.32	1742.99	1824.76	1781.09	1829.98	1800.97	1749.87	1330.69	1571.22	1784.41	1807.23
有林地面积	万公顷	100	860.86	1000.36	1022.45	1025.13	1054.40	1078.65	1064.96	1014.18	1029.30	1054.55	1150.57	1272.09
其中：当年成林面积	万公顷	100	6.38	32.13	35.77	33.85	29.14	–	–	–	–	–	–	–
其中：退耕地造林成林面积	万公顷	100	0.00	13.40	14.65	11.10	9.94	–	–	–	–	–	–	–
配套荒山荒地造林成林面积	万公顷	100	0.00	13.70	14.49	9.90	10.15	–	–	–	–	–	–	–
森林蓄积量	万立方米	100	47339.19	55462.90	58741.77	60994.80	60773.00	60773.00	64605.67	63449.96	63660.17	65123.44	72399.09	69855.95
森林覆盖率	%	100	20.41	23.77	24.30	24.37	25.11	25.72	25.40	24.21	24.70	25.31	27.66	30.58

附表7-13 退耕还林工程100样本县工程实施情况

指标名称	单位	有效样本(个)	1999	2005	2006	2007	2008	2009	2010	2011	2012	2013	2014	2015
退耕地还林面积	万公顷	100	6.39	11.54	11.75	0.24	0.00	0.00	0.00	0.00	4.30	0.00	2.59	6.35
配套荒山荒地造林面积	万公顷	100	1.28	13.04	13.83	8.04	5.85	3.64	3.19	2.55	2.29	2.23	2.02	3.04
封山育林面积	万公顷	100	–	–	–	0.49	2.42	2.42	2.45	1.80	1.88	1.39	0.63	0.67
退耕还草面积	万公顷	100	1.13	0.10	0.10	0.00	0.00	0.00	0.00	0.00	–	–	0.07	0.08
补植补造面积	万公顷	100	0.11	22.74	18.23	28.16	20.45	25.40	0.50	–	7.04	6.43	–	–
当年享受钱粮补助的退耕还林面积	万公顷	100	8.39	112.04	111.31	119.26	116.74	117.47	106.65	105.13	88.14	101.89		97.15
当年退耕还林投资额	亿元	100	2.54	35.11	39.00	25.81	27.41	26.75	20.39	–	–	38.01	13.36	13.13
本年度退耕地还林钱粮补助到期的面积	万公顷	100	0.00	3.98	4.77	4.92	–	–	–	–	–	–	–	8.16
工程实施以来累计已领取退耕地林权证的土地面积	万公顷	100	1.91	105.07	117.64	117.64	117.64	117.64	113.67	–	–	–	129.89	–
工程实施以来退耕工程累计生态移民数量	人	100	216	67232	133855	143752	157511	142034	–	–	–	14	–	20001

注：2015年退耕地还林面积是2015年新一轮退耕完成面积和退耕工程退耕地造林面积。

附表7-14 京津工程样本县（旗）综合情况

指标名称	单位	有效样本（个）	2000	2004	2005	2006	2007	2008	2009	2010	2011	2012	2013	2014	2015
行政区土地面积	平方千米	21	122045.99	122045.99	122045.99	122045.99	122045.99	122045.99	121904.09	121151.09	121139.16	120550.89	121158.23	121158.23	132380.63
年末总人口	万人	21	585.99	593.91	593.42	592.11	598.60	603.76	603.92	606.01	609.26	609.99	613.29	613.27	734.84
其中：乡村总人口	万人	21	503.72	477.38	480.29	480.83	451.93	452.26	479.25	487.09	482.81	469.37	441.01	479.74	547.70
年末乡村从业人员数	万人	21	240.65	247.61	254.99	255.32	257.64	255.72	263.37	260.09	261.21	264.33	252.26	268.85	314.76
年末耕地总资源	公顷	21	1550878.00	1278069.70	1227930.20	1237947.90	1383412.60	1386801.20	1495613.00	1505176.39	1489704.44	1486617.02	1490795.28	1567567.04	1792791.05
牧草地面积	公顷	21	6038625.70	6170761.50	6152484.30	6237971.00	6247292.10	6260550.80	6117850.20	6179528.20	6170761.50	6170761.50	5923501.40	4554346.70	5198416.25
地区生产总值	万元	21	1865043.00	3416665.00	3907008.00	10578417.10	6709710.00	8757608.00	9824228.00	11501728.00	13575856.00	16030475.00	17010068.14	17880828.00	27301561.00
农林牧渔业总产值	万元	21	954015.40	1586444.40	1886387.40	2231296.50	2530463.40	2988595.70	3262546.10	3562866.90	4252113.31	4355396.00	5192688.97	7934186.09	6532823.55
农作物总播种面积	公顷	21	1411603.00	1085002.10	1174807.20	1179012.00	1266207.00	2491194.00	1292862.00	1316846.10	1341180.00	1366033.73	1337555.40	1354684.72	1578713.40
其中：粮食作物播种面积	公顷	21	1083444.00	883806.60	871248.30	890383.00	946550.70	1678523.00	1020222.70	1016136.10	1098913.70	1087366.73	1074386.38	1075252.70	1190138.60
粮食总产量	吨	21	1393855.00	2633575.00	2372831.00	2483626.00	2111730.00	2888978.00	2298552.50	2884859.18	3009121.80	3647858.54	4778433.33	3904144.00	4183020.90
年末大小牲畜存栏头数	头	21	8912579	10644861	9354119	10679849	10461252	11805164	18031864	10806414	16550393	14900242	15017264	16789310	30614198.00
农村低收入人口数	人	21	1387411	1107745	1382890	848117	751990	705568	683053	782984	657375	745196	672378	646944	690354.00

附表7-15 京津工程样本县（旗）森林资源和生态治理情况

指标名称	单位	有效样本（个）	2000	2004	2005	2006	2007	2008	2009	2010	2011	2012	2013	2014	2015
林业用地	公顷	21	4064671.80	5071813.20	5195195.50	5137013.20	5217881.20	5240931.20	5542038.50	5522670.00	5511288.70	5588872.18	5364109.07	5587949.69	6336725.54
有林地	公顷	21	1616968.10	1870596.10	1883638.40	1860129.50	1990891.60	2074334.10	2124743.00	2360150.57	2371231.50	2374987.10	2398254.11	2381349.81	2376099.32
沙化土地治理	公顷	21	63356.10	143672.20	279597.70	121687.00	79363.90	134000.70	110253.70	94843.80	132473.30	118361.40	678604.10	25564.40	60216.80
水土流失治理	公顷	21	67310.00	116116.50	89501.60	70575.00	58287.82	69779.50	53813.00	30856.30	28720.00	24760.40	24106.86	15633.40	24422.80
小流域治理	公顷	21	38949.00	47501.30	30633.70	35901.50	18113.30	27700.30	27170.30	44139.70	27499.50	10433.00	6577.00	11950.00	20516.70
森林蓄积量	万立方米	21	5300.55	5895.54	7003.56	7144.59	7299.68	7628.27	7978.97	8316.18	8391.32	7917.44	7917.60	8375.90	8983.24
森林覆盖率	%	21	19.96	22.04	22.87	23.79	24.40	26.38	27.05	32.09	32.09	32.09	32.09	33.78	35.02

附表7-16　京津工程样本县（旗）工程进展情况

指标名称	单位	有效样本（个）	2000	2004	2005	2006	2007	2008	2009	2010	2011	2012	2013	2014	2015
退耕还林	公顷	21	24627.00	140990.40	149194.40	45062.30	41731.00	45330.60	3800.90	4666.70	1066.70	2600.30	1999.60	0.00	0.00
其中：退耕地造林	公顷	21	12667.00	75483.00	93504.10	24219.30	17597.00	13330.00	0.00	0.00	0.00	0.00	0.00	0.00	0.00
配套荒山荒地荒沙造林	公顷	21	11960.00	65507.40	55690.30	20843.00	20243.00	13665.30	3800.90	4666.70	1066.70	1266.30	1000.00	0.00	0.00
封山育林	公顷	21	0.00	0.00	0.00	0.00	3891.00	18335.30	0.00	0.00	0.00	1333.70	999.60	0.00	25033.30
草地治理	公顷	21	99943.20	2542856.90	1879940.00	2006297.60	303462.00	225839.70	70383.80	87208.70	27886.70	58678.00	629966.90	1000.00	286532.00
其中：人工种草	公顷	21	31220.30	30200.40	16743.60	45833.90	26085.60	22766.70	10026.30	14068.30	3320.00	22899.00	37666.60	0.00	11966.40
围栏封育	公顷	21	33667.00	59536.90	124980.90	91534.60	50867.40	59932.00	53134.90	65546.70	18466.40	22333.00	32799.30	1000.00	13409.30
禁牧	公顷	21	21522.00	2305783.00	1702283.30	1811332.30	214666.70	134666.70	0.00	0.00	0.00	0.00	546733.00	0.00	254667.00
飞播牧草	公顷	21	3667.00	4000.30	8866.30	17400.70	4067.00	4067.00	666.60	0.00	0.00	12333.00	6333.00	0.00	0.00
基本草场建设	公顷	21	9333.70	138777.00	25266.60	39171.10	7295.30	3427.70	6262.30	6700.40	5700.00	500.00	5400.00	0.00	5115.70
草种基地	公顷	21	533.20	4559.30	1799.30	1025.00	502.00	979.60	293.70	893.30	400.30	613.00	1035.00	906.70	6173.60
水源工程	处	21	1936.00	3199.00	3579.00	2805.00	2221.00	3589.00	2413.00	3282.00	1817.00	3154.00	2855.00	590.00	3121.00
节水灌溉	处	21	179.00	1925.00	3625.00	1924.00	1579.00	3164.00	1989.00	6624.00	1467.00	2069.00	3100.00	367.00	521.00
小流域综合治理	公顷	21	17800.00	37408.60	31066.90	36957.60	21309.03	29722.00	31733.00	56489.70	27100.00	10433.00	8627.00	11950.00	21624.70
生态移民	人	21	0	9671	9912	8866	5136	2553	424	0	300	1252	0	805.00	2691.00

附表7-17　京津工程样本县（旗）工程投资情况

指标名称	单位	有效样本（个）	2000	2004	2005	2006	2007	2008	2009	2010	2011	2012	2013	2014.00	2015
计划投资	万元	21	20088.56	127719.20	123323.10	81651.64	84861.32	91126.67	60044.21	77311.60	76906.60	131441.62	73309.89	90757.26	70210.69
实际完成投资	万元	21	16116.92	112253.92	121250.50	88735.94	84531.32	87930.87	60258.01	77311.60	76890.43	134932.78	76904.59	88188.11	63186.69
其中：营造林	万元	21	7318.98	14366.20	14273.80	14114.11	12526.66	14572.12	20206.00	22613.30	39525.43	76348.46	35473.75	9262.69	0.00
退耕还林	万元	21	3790.82	71347.52	80001.90	43967.10	53784.42	51012.32	22071.85	32945.26	20297.58	10599.32	17973.84	26331.42	0.00
草地治理	万元	21	3290.52	13093.20	10196.90	12162.20	7820.00	10094.20	8197.30	9497.00	7189.00	10903.00	13504.00	21557.00	0.00
水利设施	万元	21	1716.60	8147.50	11844.90	12805.21	7812.87	10975.73	9556.86	12301.38	9728.42	36576.00	9953.00	7406.00	11082.00
生态移民	万元	21	0.00	5299.50	4933.00	5687.32	2587.37	1276.50	226.00	0.00	150.00	506.00	0.00	390.00	2895.00
群众投工投劳（折资）	万元	21	9897.82	14001.40	9152.88	10661.59	9498.19	11544.05	11836.08	12066.73	17750.37	10560.30	8741.30	6675.06	6228.90

附表7-18 保护区工程样本保护区投资情况

指标名称	单位	有效样本（个）	2001	2005	2006	2007	2008	2009	2010	2011	2012	2013	2014	2015
计划到位资金	万元	40	9873.48	6809.00	14189.90	13143.74	19531.67	28940.63	21892.10	13734.65	12925.06	11472.10	15370.74	25215.77
其中：中央投入	万元	40	7915.78	5941.80	11033.60	9175.00	15422.33	27352.05	17772.10	10404.15	11444.46	8754.75	12454.74	18809.87
地方配套	万元	40	1957.70	867.20	3156.30	3968.74	4109.34	1588.58	4120.00	3330.50	1480.60	2717.35	2916.00	6405.90
其中：保护与恢复项目	万元	40	1441.80	2124.60	5317.29	2929.88	8414.16	22335.91	7796.20	6355.99	4838.30	3535.82	4391.35	10214.58
科研与宣教项目	万元	40	1500.58	1436.70	1469.00	2798.00	3346.44	2478.04	1681.90	1495.90	1583.20	905.80	3365.19	2051.34
基础设施建设项目	万元	40	5610.80	2895.80	4768.20	5242.96	4856.40	1955.43	11187.40	4135.66	3503.06	5835.26	6416.10	11141.77
其他	万元	40	1320.30	351.90	1481.41	1045.90	2357.57	2171.25	1226.60	1747.10	3000.50	1195.22	1198.10	1808.08
实际到位资金	万元	40	6579.78	8670.55	9368.20	10513.10	14433.30	28038	20380.10	10482.95	13514.36	11484.38	13237.64	22863.06
其中：中央投入	万元	40	6349.78	6933.80	8213.20	8384.00	12706.83	27154.30	17833.10	8219.45	12244.46	8828.64	11096.74	16029.37
地方配套	万元	40	230.00	1736.75	1155.00	2129.10	1726.47	883.70	2547.00	2263.50	1269.90	2655.74	2140.90	6833.69
实际完成投资	万元	40	5608.83	6031.26	11304.44	8819.88	10540.47	24629.91	17213.93	8474.62	9546.70	10011.20	9313.35	17302.28
其中：中央投入	万元	40	5368.83	4938.51	9031.21	6549.98	9208.40	23348.71	14425.23	6211.12	8393.52	7467.65	7508.12	10857.50
地方配套	万元	40	240.00	1092.75	2273.23	2269.90	1332.07	1281.20	2788.70	2263.50	1153.18	2543.55	1805.23	6444.78
其中：保护与恢复项目	万元	40	255.57	2066.70	4219.52	2479.84	4955.14	19081.66	5112.22	4132.45	3646.80	3566.28	3013.15	6618.36
科研与宣教项目	万元	40	767.10	529.38	1433.42	842.20	704.90	1851.72	1467.79	843.30	1101.57	723.80	2329.21	2479.13
基础设施建设项目	万元	40	3979.16	3010.25	4674.19	4492.26	3323.87	1776.31	9996.35	2180.87	2234.69	3960.84	3123.49	6977.41
其他	万元	40	607.00	424.93	977.31	1005.58	1556.57	1920.22	637.57	1318.00	2563.64	1760.28	847.50	1227.38

注：①2006年、2007年、2008年计划到位资金中分别有1154万元、1127万元、685万元在项目批复文件未具体分类。
②2008年计划到位资金中有127.9万元是保护区自筹资金。

附表7-19 保护区工程样本保护区功能区划及土地权属情况

指标名称	单位	有效样本（个）	2001	2005	2006	2007	2008	2009	2010	2011	2012	2013	2014	2015
保护区总面积	万公顷	40	443.00	449.55	450.65	439.37	439.45	439.45	435.47	435.47	435.47	435.07	435.07	449.36
核心区面积	万公顷	40	148.08	144.45	146.08	149.03	149.03	151.02	150.31	150.31	150.07	150.07	150.07	162.45
其中：国有	万公顷	40	133.71	129.70	131.31	131.31	131.31	133.30	132.59	132.59	132.35	132.35	132.35	144.73
集体	万公顷	40	14.37	14.75	14.77	17.72	17.72	17.72	17.72	17.72	17.72	17.72	17.72	17.72
缓冲区面积	万公顷	40	71.31	79.69	79.69	81.44	81.44	83.17	83.18	83.18	83.28	83.28	83.28	85.28
其中：国有	万公顷	40	59.18	67.04	67.04	67.04	67.04	68.63	68.23	68.23	68.33	68.33	68.33	70.33
集体	万公顷	40	12.13	12.65	12.65	14.39	14.39	14.54	14.95	14.95	14.95	14.95	14.95	14.95
实验区面积	万公顷	40	222.89	220.32	219.80	203.82	203.90	205.26	201.98	201.98	202.12	201.72	201.72	201.63
其中：国有	万公顷	40	149.61	146.56	146.56	146.56	146.64	147.19	147.19	147.19	147.34	146.95	146.95	146.86
集体	万公顷	40	73.29	73.76	73.24	57.26	57.26	58.07	54.79	54.79	54.78	54.77	54.77	54.77
保护区管理机构获得土地使用权面积	万公顷	40	243.08	244.89	245.48	245.48	245.51	245.51	244.39	244.39	244.39	244.00	244.00	244.00

注：2001－2002年有7082.5公顷的土地，2003－2008年有50887公顷的土地尚未功能区划；2009年有50887公顷的土地进行了功能区划。

附表7-20 保护区工程样本保护区带动就业情况

指标名称	单位	有效样本（个）	2001	2005	2006	2007	2008	2009	2010	2011	2012	2013	2014	2015
带动社会就业情况	人	40	14307	33355	44603	47388	42824	44031	50561	52069	51428	51976	54815	55502
其中：保护区工程实施提供的就业	人	40	1794	6511	9037	9181	9108	10594	9899	9807	9058	8329	8741	9311
保护区创收项目提供的就业	人	40	3355	10956	15994	17041	13246	12200	12366	12529	13322	13545	14457	15257
依托保护区社会上经济活动提供的就业	人	40	9158	15888	19572	21166	20470	21237	28296	29733	29048	30102	31617	30934

附表7-21 保护区工程样本保护区带动社会就业人员收入情况

指标名称	单位	有效样本（个）	2001	2005	2006	2007	2008	2009	2010	2011	2012	2013	2014	2015
带动的社会就业人员收入	万元	40	8043.53	29060.65	34911.56	41840.40	38600.67	44800.27	59393.47	66909.20	62647.97	63491.10	71584.72	75545.02
其中：依托工程建设获得的收入	万元	40	1088.57	6260.62	6937.04	8564.78	8000.05	7690.85	9300.05	9466.00	8702.35	8354.90	8609.69	8491.59
依托创收项目获得的收入	万元	40	1704.56	7690.73	12199.94	15221.70	12006.80	12474.10	15611.00	19872.40	18007.80	19040.95	20699.00	22740.21
依托保护区社会上经济活动获得的收入	万元	40	5250.40	15109.30	15774.58	18053.92	18593.82	24635.32	34482.42	37570.80	35937.82	36095.25	42276.03	44313.22

后 记

此项工作得到了国家发展和改革委员会、财政部、农业部、水利部、国务院西部开发办公室、国家统计局等单位的鼎力支持；得到了国务院发展研究中心、中国科学院农业政策研究中心、中国社会科学院农村发展研究所、农业部政策研究中心、国家统计局农村社会经济调查司、中国人民大学、北京林业大学、国家林业局各工程办和各有关业务司局等单位的通力协助。27个省（自治区、直辖市）以及内蒙古、吉林、龙江和大兴安岭森工（林业）集团的省级监测联系人及监测县（森工局、保护区）统计调查人员付出了辛勤的劳动。在此一并表示感谢！

国家林业重点工程社会经济效益监测是一项开拓性的事业，许多工作尚待完善。我们将继续努力，不断开拓创新。敬请广大读者提供宝贵意见。

地　址：北京市东城区和平里东街18号，100714
国家林业局经济发展研究中心
国家林业局发展规划与资金管理司
电　话：010-84239024，84239187
E-mail：gjlyjcbb@forestry.gov.cn

编著者

2016年12月